설교는
만나이다

정장복 지음

설교는 만나이다 설교이론의 단상과 그 실제

초판 1쇄	2019년 8월 16일
지 은 이	정장복
펴 낸 이	김현애
펴 낸 곳	예배와 설교 아카데미
주 소	서울특별시 광진구 광장로5길 11-4
전 화	02 - 457 - 9756
팩 스	02 - 457 - 1120
홈페이지	www.wpa.or.kr
등록번호	제18 - 19호(1998.12.3)
디 자 인	디자인집 02 - 521 - 1474
총 판 처	비전북
전 화	031 - 907 - 3927
팩 스	031 - 905 - 3927
I S B N	978-89-88675-76-2

값 21,000원

설교는 만나이다

설교이론의 단상과 그 실제

정장복 지음

WPA 예배와 설교 아카데미

목차

Ⅱ. 설교자가 품어야 할 153개 항목

III. 설교의 실제

설교는 만나입니다

만나는 이스라엘 백성들이 신 광야에서 먹을 것이 없어 굶주릴 때 하나님이 내리신 양식이었습니다. 이 양식은 자신들의 손으로 지은 땅의 소산물이 아니었고, 오직 하나님의 은혜로 받게 되는 생명의 양식이었습니다. 백성들은 이 양식을 먹으면서 광야의 40년을 지탱했고, 약속된 가나안 땅에 정착하게 되었습니다.

하나님을 참되게 예배하면서 살아가는 현대의 성도들에게 생명의 만나는 꼭 필요한 양식입니다. 영혼이 튼튼해지고 맑은 정신이 활보할 수 있는 양식은 첨단의 물질문명이 아닙니다. 그 양식은 66권의 성경을 통하여 내려주신 하나님의 말씀 곧 생명의 만나입니다.

지금은 이 소중한 생명의 양식을 신 광야에서처럼 하늘에서 직접 내려주시지 않습니다. 인간을 통하여 인간의 언어로 인간세계에 들려주십니다. 구약에서는 선지자들을 통하여 말씀을 주셨고, 신약에서는 예수 그리스도님이 "말씀이 육신이 되어" 인간들에게 오셔서 생명의 만나를 직접 먹여주셨습니다. 그리고 사도들을 말씀의 운반자(Bear. Conveyor)로 세우셔서 그 말씀의 사역을 이어가도록 하셨습니다.

오늘의 설교자들은 사도들이 목숨을 바친 이 성언운반(聖言運搬)의 사역을 계승한 성스러운 직분의 수행자들입니다. 그러므로 우리의 설교자들이 이 중차대한 사명을 감당하면서 초점을 두어야 할 일은 다음의 질문들을 앞에 두고 성찰을 거듭하는 일입니다.

나는 하나님의 말씀만을 운반하는 신실한 종으로 소명을 받아 충성을 다하고 있는가?

나는 하나님의 말씀인 성경의 진리를 정확하고 선명하게 선포하고 있는가?

나는 하나님이 주신 생명의 만나인 말씀을 분명하게 이해하고 회중에게 먹이고 있는가?

나는 내게 주신 말씀을 회중의 삶에 효율적으로 생활화시키는 데 적절성을 갖추고 있는가?

내가 전해야 할 메시지의 표현과 전달방법은 온전한가?

졸저는 이상의 질문에 대한 대답을 아주 쉽고 평이하게 만들어 보려는 데 목적을 두었습니다. 오늘의 현대인들이 하나님을 예배하면서 설교에 귀를 기울이지 않고 설교가 아무런 영향을 주지 못하고 있다는 말이 많이 들려옵니다. 이럴 때마다 필자는 한국교회 설교학교육의 선두주자로서 무한한 책임을 느낍니다. 그러한 까닭에 미력이나마 한국교회 설교자들에게 들려주고 싶은 내용을 정성껏 정리하였습니다.

여기에 실린 글들은 3부로 구분됩니다.

제1부는 2017년 「기독교연합신문」에 연재한 글입니다. 아주 평이하게 설교자가 옆에 끼고 있어야 할 설교의 상식이며 기초이론입니다.

제2부는 장신대에서 예배·설교학 교수로서 25년 동안 "설교학개론"과 "설교의 실제"를 가르치면서 메모해 두었던 소중한 자료들을 153항목으로 요약했습니다.

제3부는 필자가 제시한 설교이론대로 작성한 설교문 10편을 올렸습니다. 이 설교문은 총회와 신학교 경건회 시간과 생명샘교회에서 행했던 설교들입니다. 독자님들이 관심을 두어야 할 부분은 설교의 실제 앞부분에 열거한 10개 항목입니다. 하나님의 말씀이 설교자의 말로 들리지 않도록 하는 표현의 문제를 정리했습니다. 실제적인 도움이 되리라 확신합니다.

본서를 출판하면서 필자가 고마운 마음을 표현하고자 하는 분들이 있습니다. 먼저, 은퇴를 하자마자 협동목사로 불러 설교의 기회를 자주 주면서 본 센터 운영에 도움을 주신 생명샘교회의 박승호 목사를 비롯한 당회원들과 교우 여러분에게 심심한 감사를 드립니다. 그리고 귀중한 지면을 내주어 10개월 동안 설교이론을 연재하도록 하신 「기독교연합신문」에 감사의 마음 가득합니다. 그리고 본서를 촘촘히 읽고 편집하는 데 땀 흘린 나의 연구조교 최영국 목사와 본서의 출판을 맡아주시고 좋은 책을 만들기에 애써주신 "예배와 설교 아카데미" 대표 김현애 박사와 윤혜경 편집장에게 심심한 감사를 드립니다.

끝으로, 본 센터의 공간을 제공하고 학문과 연접(link)되어 있는 삶을 은퇴 후에도 지속하도록 격려와 도움을 아끼지 아니한 내 인생의 동반자요 조련사인 김준희님께 무한한 감사를 보냅니다.

이 졸저가 성언운반일념(聖言運搬一念)을 품고 땀과 눈물을 아끼지 않는 우리의 설교자들에게 도움이 되어 하나님이 기뻐하시는 결과를 가져올 수 있다면 더 이상의 감사와 기쁨이 없겠습니다.

주후 2019년 8월
예설멘토링센터에서

I. 설교이론의 단상(斷想)

제1강
하나님의 입으로 나오는 말씀으로 살리라

하나님의 입으로 나오는 말씀을 직접 우리 인간이 들으면서 살아갈 수 있다면 하나님과 인간 사이의 문제가 있을 수 없다. 모든 교회도 신학도 설교도 존재할 필요가 없다. 그러나 에덴에서 있었던 말씀의 불순종은 인간의 원죄를 형성시켰고 하나님과의 동행이라는 낙원의 삶이 차단되었다. 그로부터 죄성(罪性)으로 가득한 인간은 거룩하신 하나님의 존전에 설 수 없게 되었다. 그러나 하나님의 형상을 따라 창조함을 받은 인간이기에 하나님의 자비의 손길은 멈추지 않았다. 단절된 인간과 하나님의 관계회복을 위하여 성자 하나님은 말씀이 육신 되셔서 메시아로 우리를 찾아주셨다.

하나님과 인간의 단절된 관계의 회복을 위하여 예수님은 하나님의 나라와 그 의를 담은 복된 소식을 전하시려고 이 땅에 오셨다. 복음의 전파라는 막중한 사역을 펼치시기 전에 예수님은 성령님에게 이끌리어 광야로 나가 40주야 동안 식음을 전폐하시고 자신의 정체성과 확고한 원칙을 다짐하는 엄숙한 연단을 쌓으셨다. 마귀로부터 받은 시험은 인성을 갖춘 주님에게 대단한 유혹이었다. 그 첫 번째는 40일간 굶주린 육신의 욕구에 관한 시험이었다. 예수님은 여기에 굴하지 않으시고 인간의 진정한 생명은 육의 양식이 아니라 영의 양식인 하나님의 말씀이라는 확고한 기치(旗幟)를 높이 세웠다. 이 기치는 사도들과 초대교회에 의하여 이어져 오늘에 이르고 있다. 육신을 위한 물질의 추구에만 매달린 인간들이 새롭게 눈여겨보아야 할 특정한 부분이다.

문제는 지금 극치를 이루고 있는 물질문명의 극대화이다. 우리의 그리스도교는 복음을 들고 오지(娛地)를 찾을 때 하나님의 말씀과 함께 삶의 환경을 향상시키는 데 대단한 공헌을 하였다. 그런데 지금은 우리의 교회가 물질만능의 풍조에 밀리고 복음의 빛을 발하지 못하고 있다. 주님의 지체인 교회마저 하나님보다 물질의 풍요를 우선으로 하는 모순 속에 빠져들고 있다. 우선순위가 바뀐 사회 속에서 우리의 그리스도인들이 허우적거리고 있다. 이때 우리가 새롭게 경청해야 할 말씀은 예수님이 인용하신 말씀(신 8:3)이다. "사람이 떡으로만 살 것이 아니요 하나님의 입으로부터 나오는 모든 말씀으로 살 것이라"(마 4:4).

하나님은 우리의 진정한 생명의 건실성(健實性)을 위하여 언제나 그 말씀을 들을 수 있는 길을 우리 앞에 열어주셨다. 그것은 곧 66권의 성경과 설교와 성례전이다. 정신을 차리고 탐독하고 경청하고 순종하노라면 우리의 눈이 뜨이고 하나님의 나라와 그 의가 가득한 세계에서 우리의 영육이 활기를 찾게 된다. 하나님의 자녀가 된 희열과 행복이 가득한 새로운 에덴동산의 삶을 누리게 된다.

본서는 하나님의 말씀을 전달하는 설교사역에 초점을 맞추려 한다. 설교는 교회가 존재하는 데 최우선의 항목으로 꼽힌다. 칼뱅은 그의 명저『기독교 강요』에서 진정한 교회란 "하나님의 말씀이 순수하게 외쳐지고 들려지며 성례전이 그리스도가 제정하신 대로 이행되는 곳"이라고 정의하고 있다. 이러한 사상에 근거하여 영국교회의 설교신학을 정립했던 P. T. 포사이드는 "교회란 말씀과 함께 살고 말씀과 함께 죽는다"는 유명한 말을 남겼다. 이러한 말씀의 신학과 원칙을 지키기 위하여 개혁교회는 성례전(미사)만을 고집하던 로마 가톨릭에 저항을 하였고, '말씀의 회복'이라는 새로운 기치를 들고 종교개혁의 새로운 역사를 가져왔다. 개혁교회는 지난 500년을 이 말씀의 정신과 전통을 이어받으면서 오늘에 이르렀다.

특별히 한국교회는 세계의 어느 교회보다 말씀 중심의 교회로 그 터전을 굳건히 하였다. 하나님의 자녀 된 자들은 어떤 경우라도 하나님의 말씀을 최우선으로 삼았고 그 말씀을 따르기 위하여 숱한 순교의 피를 흘렸다. 그 결과 세계의 교회를 놀라게 하는 '선교의 기적'을 이룬 한국교회로 우뚝 서게 되었다.

한국교회에 적신호가 켜지면서 고도의 긴장감이 돌고 있다. 자칫 한국교회가 세계 선교역사상 가장 빨리 추락하는 교회로 기록을 남길 가능성이 도처에서 보인다. 하나님의 말씀이 한국교회를 떠난 것 같은 뜻밖의 일들이 여기저기서 일어나고 있다. 말씀의 종들이 칼부림을 하고, 목회자가 열세 살의 딸을 죽여 시신을 몇 개월 동안 방안에 방치한 치욕의 보도는 교회의 종말을 고하는 표징으로 보인다. 우리의 육의 삶은 전에 없이 풍족함을 누리지만, 반대로 영의 상태는 피폐와 몰락을 거듭하고 있다.

무엇을 어떻게 해야 이 절망의 나락에서 한국교회가 살아날 수 있을 것인가? 이때 우리 앞에는 "사람이 떡으로만 살 것이 아니요 하나님의 입으로부터 나오는 모든 말씀으로 살 것이라"는 이정표가 선명하게 보인다. 한국교회 설교자들은 이정표에 적힌 대로 '말씀의 사자'로서 '말씀의 대언'을 뜨겁게 외치는데 그 나타나는 현상은 전혀 다르다. 이때마다 질문이 세차게 솟아오른다. 우리의 설교, 과연 하나님의 말씀인가?

제2강
우리의 설교, 과연 하나님의 말씀인가?

세계교회의 모든 교단마다 그들이 지켜야 할 신조를 가지고 있다. 교단의 특성에 따라 그 내용은 다양하다. 그러나 교회의 정의는 모든 교회가 거의 일치한다. 그것은 '교회란 하나님을 예배하는 공동체(Worshiping community)'라는 항목이다.

여기서 우리가 유의해야 할 것은 그리스도교 예배는 타종교와는 전혀 다르게 구성되어 있다는 점이다. 타종교는 예배자들이 대상을 향하여 드리는 행위가 전부이다. 그러나 그리스도교는 하나님의 백성들이 성삼위일체 되신 하나님께 경배, 찬양, 감사, 참회, 봉헌, 간구를 드림으로 끝나는 것이 아니라 하나님께서 주시는 말씀을 경청하여 영의 양식을 공급받는 특징을 가지고 있다. 정교회나 로마 가톨릭은 말씀보다 성찬성례전(미사)을 신앙의 큰 양식으로 이어가지만 개신교는 하나님의 말씀 곧 '설교'를 최우선으로 한다.

예배하는 시간에 설교를 통하여 주시는 말씀은 그 공동체가 지탱해야 할 생명의 만나이다. 그러한 까닭에 생명을 좌우하는 이 만나는 무엇보다도 중요하다. 그러므로 거기에는 어떤 첨가물이나 잡다한 불순물이 섞이지 않고 순수해야 한다. 오염되거나 이물질이 끼어 있을 때 생명의 만나는 제기능을 발휘하지 못한다. 회중이 순수하지 못한 만나를 받아먹게 되면 그 결과는 자명하다. 순수한 만나가 아닌 혼탁한 만나를 먹은 백성들은 온전한 지·정·의를 갖출 수 없고 그 삶의 장은 기형적인 현상을 가져온다.

여기에 한국교회는 유난히 고민이 많다. 어느 나라의 교회에서도 찾아보기 힘들 정도로 한국교회는 설교가 많다. 매일의 새벽을 비롯하여 수요기도회, 금요철야, 주일 낮, 주일 오후나 저녁의 설교를 들어야 한다. 들을 때마다 자신의 설교를 하나님의 말씀으로 믿으면 "아멘 하시오" 하는 강요를 쉬지 않는다. 어쩔 수 없이 분위기에 따라 '아멘'을 하지만 생각이 있는 회중은 석연치 않은 마음을 감추지 못한다.

문제는 하나님이 직접 말씀을 들려주시지 않고 66권의 성경을 설교자들에게 주시면서 그 말씀을 선포하고 해석하고 적용하도록 하는 데 있다. 지금까지 수많은 설교자들이 하나님의 말씀의 종으로서 그 본분을 다하기 위하여 최선을 기울여 오늘의 교회를 이룩하였다. 그러나 시대의 풍조에 따라 지금은 설교자의 사고와 삶의 양태가 바뀌고 있다. 하나님보다 물질을 우선적으로 찾고 있는 속세의 한복판에서 가족을 거느리고 살아야 하는 현대의 설교자들은 어느 때보다 갈등을 거듭한다. 하나님의 종으로 하나님의 말씀을 운반해야 할 성직자로서 고고한 영성생활과 경건의 실천이 매우 어려워진다. 설교단에 선 설교자를 유심히 보노라면 하나님의 말씀을 전하려는 몸부림보다는 설교자의 생각과 경험과 지식과 분석으로 가득함을 본다. 그래서 예배를 마치고 돌아가는 회중은 저마다 한마디씩 한다. "오늘 목사님의 설교는 과연 하나님의 말씀인가?"

개혁신학을 정립한 칼뱅은 오늘의 설교자들이 수용하기 힘든 참으로 어려운 말을 다음과 같이 남겼다. "인간(설교자)의 입에서 나온 말은 하나님의 입을 통하여 나온 말씀과 동일하다. 왜냐하면 하나님께서는 하늘로부터 직접 말씀을 선포하시는 것이 아니라 인간(설교자)을 그 도구로 사용하시기 때문이다." 아무리 생각해도 충격적인 말이다. 이 말씀을 가슴에 품고 살아가는 설교자들은 설교를 이어갈 용기를 상실하게 된다. 죄인의 입에서 지금까지 나온 설교가 하나님의 입에서 나오는 말씀과 동일하다는 생각만 해도 아찔하다. 돌이켜보면 무섭고 떨리고 송구하고 위험한 자신의 설교사역이었음을 느끼게 된다. 아무리 음미해 보아도 감당할 수 없는 말이다. 과연 인간의 입에서 나온 설교가 하나님의 입에서 나온 말씀과 동일한가?

그러나 칼뱅의 말은 맞는 말이다. 하나님은 모세를 말씀의 종으로 세우시고 그 종을 통하여 하나님의 백성으로 바르게 살아가도록 율법을 주셨다. 그리고 그 율법의 틀 안에서 하나님의 말씀은 선지자들을 통하여 계속 선포되었다. 그래서 여호와 하나님의 참된 종들은 주신 말씀을 일점일획이라도 틀리지 않게 운반하려고 갖은 노력을 다 기울였다. 그 말씀사역은 오늘의 설교자들에 의하여 계승되고 있다. 설교사역자는 하나님의 선택과 부르심에 의하여 세워진 종으로서 비록 결핍된 사연이 많을지라도 그 신분은 분명히 말씀의 종이다. 그가 말씀의 단에 섰을 때는 성령님의 손에 붙잡힌 하나의 도구이다. 이러한 입장을 고수하면서 레슬리 티자드(Leslie Tizard)는 "강단에서 외치는 설교의 순간은 한 인간의 활동이나 언어의 구사가 아니며 하나님이 인간을 통하여 말씀하시는 시간이다"라는 매우 의미 깊은 말을 남겼다.

핵심은 여기에 있다. 하나님의 신실한 말씀의 종은 66권에 기록된 하나님의 말씀 가운데서 자신이 섬기는 회중을 위한 메시지를 받기 위하여 최선을 기울인다. 자신의 입에서 나온 말이 하나님의 입에서 나오는 말씀과 동일하게 하려는 땀과 눈물을 흘린다. 그러나 적지 않은 현대의 설교자들은 전혀 이러한 의식을 갖지 않고 있다. 그때마다 하나님이 주신 다음의 준엄한 경고의 말씀이 떠오른다.

"너희가 두어 움큼 보리와 두어 조각 떡을 위하여 나를 내 백성 가운데에서 욕되게 하여 거짓말을 곧이듣는 내 백성에게 너희가 거짓말을 지어내어 죽지 아니할 영혼을 죽이고 살지 못할 영혼을 살리는도다"(겔 13:19).

제3강
보라! 구약시대의 설교자들이 우리의 원조이다

"설교자의 입에서 나온 말은 하나님의 입에서 나온 말과 동일하다"는 칼뱅의 말을 오늘의 설교자들이 그대로 인정하고 수용할 수 있겠는가?

참으로 어려운 질문임은 이미 언급하였다. 거의 모두가 그럴 수 없다는 불가론을 제기하면서 적당한 타협점을 찾고 싶을 것이다. 사실 생각하면 엄두도 낼 수 없는 말이다. 허물 많은 종의 입에서 나오는 말이 어찌 하나님의 입에서 나오는 말과 동일할 수 있는지 수용하기 힘든 말이다. 필자 역시 칼뱅의 이 주장을 읽고 큰 충격에 빠져 몹시 괴로워했다. 거의 3개월 동안 설교 요청을 거부하고 고민에 고민을 거듭하면서 지낸 적도 있었다.

여기서 구약의 설교세계를 주의 깊게 살펴볼 필요가 있다. 하나님은 그 시대에도 백성들에게 하고자 하시는 말씀을 직접 하시지 않았다. 언제나 사람을 불러 말씀의 종으로 세우시고 그 종들의 입을 통해서 백성들에게 메시지를 주셨다. 이러한 사실은 선지자들이 하나님의 말씀을 전할 때마다 다음과 같이 정확한 표현으로 메시지를 전한 것에서 알 수 있다.

여호와께서 내게 말씀하여 이르시되 "………" 주 여호와의 말씀이
니라.

이 표현에 초점을 맞추고 음미해 보면 그들의 입에서 나온 말은 자
신들의 생각이나 지식이나 판단에 의한 말이 아니라 주신 말씀을 그대
로 전달하고 있음을 보이고 있다. 여기서 바로 선지자의 입에서 나온
말은 하나님의 입에서 나온 말씀과 동일하다는 사실을 확인하게 된다.
또 하나 우리의 관심을 끌고 있는 부분은 하나님이 부르시지도 않고
말씀을 주시지도 않았는데 자신의 말을 하나님의 말씀이라고 외치는
거짓선지자들이 많았다는 점이다. 그때마다 하나님은 거짓선지자들의
실상과 그들을 벌하시겠다는 준엄한 말씀을 하셨다.

"여호와께서 내게 이르시되 선지자들이 내 이름으로 거짓 예언을 하도
다 나는 그들을 보내지 아니하였고 그들에게 명령하거나 이르지 아니
하였거늘 그들이 거짓 계시와 점술과 헛된 것과 자기 마음의 거짓으로
너희에게 예언하는도다"(렘 14:14).

"여호와의 말씀이니라 보라 거짓 꿈을 예언하여 이르며 거짓과 헛된 자
만으로 내 백성을 미혹하게 하는 자를 내가 치리라 내가 그들을 보내지
아니하였으며 명령하지 아니하였나니 그들은 이 백성에게 아무 유익
이 없느니라"(렘 23:32).

오늘을 살고 있는 설교자들이 이 말씀 속에서 자신이 참선지자의 후예인지를 성찰하며 면밀히 검토해야 함을 느낄 필요가 있다. 원조 설교자들은 참선지자로서 하나님의 말씀을 받기 위하여 온몸과 생활 전체를 바쳐 마음을 열고 귀를 열고 눈을 뜨고 긴장하고 있었다. 자신이 전해야 할 말씀을 한마디라도 놓치지 않으려고 땀과 눈물의 수고를 다하였다. 그러나 거짓선지자들은 하나님의 이름을 빌려 자신의 생각과 견해와 지식과 판단을 전하는 데 급급하였다. 그리하여 육신의 삶을 윤택하게 하는 데 주안점을 두었다.

지금은 하나님이 구약의 선지자들처럼 직접 계시에 의하여 메시지를 주시지 않는다. 그럼에도 불구하고 우리의 주변에 출현한 대부분의 이단들은 '하나님의 직통 계시'라고 하면서 혼탁한 메시지를 펼치고 있다. 바로 이들이 구약에 끊임없이 출현했던 거짓선지자들의 후예들이다.

오늘 모든 설교자들은 하나님의 총애를 받고 신실한 말씀의 종으로 살았던 참선지자들의 후예가 되고 싶어 한다. 그러나 단순한 의욕만으로 그 희망을 이룰 수는 없다. 단순히 그들의 메시지만을 볼 것이 아니라 그들의 특성을 종합적으로 살펴야 한다. 그리고 다음에 열거된 그들의 특성을 자신의 것으로 내면화시켜야 한다.

먼저, 하나님의 부르심, 즉 소명이 확실하였다. 자신의 의지와 상관없이 일방적인 소명에 평생을 바쳐 말씀의 사역에 심혈을 기울였다.

둘째, 하나님께서 역사의 현장에 어떻게 개입하시고 구속의 역사를 어떤 방법으로 이루어 가시는지를 알리는 데 최선을 다하였다.

셋째, 자신을 말씀의 종으로 부르신 하나님의 존전에 누를 끼치지 않는 삶을 살기 위하여 하나님의 이끄심에 순종 일변도의 길을 걸었다.

넷째, 하나님의 말씀을 전하면서 어떠한 고난과 화를 당할지라도 자신의 임무를 끝까지 감당하였다.

다섯째, 하나님의 거룩한 말씀을 임의로 가감하지 않고 말씀을 그대로 전하려는 마음바탕이 확고하였다.

이상과 같은 참선지자들이 보여준 특성은 바로 오늘날의 설교자들에게 직접적으로 필요한 항목들이다. 그 이유는 구약시대뿐만 아니라 오늘도 참선지자와 거짓선지자가 공존하기 때문이다. 어떤 설교자들은 자신의 입에서 나오는 말을 하나님의 입에서 나오는 말과 동일시하려는 시도를 한다. 그러나 설교자들이 반드시 유념해야 할 것은 자신의 설교를 경청하는 회중의 의식과 교육수준이 설교자와 동일한 단계에 이르렀음을 인식해야 한다. 그들의 수준은 설교자를 통하여 나오는 메시지가 하나님의 말씀인지, 설교자의 단순한 판단과 지식과 경험으로 엮인 인간의 말인지를 충분히 분별할 수 있는 지적인 능력을 갖추고 있음을 언제나 마음에 두어야 한다.

제4강
신약의 설교자들은 목숨을 바친 말씀의 종들이었다

구약의 설교자들은 향후에 있을 하나님의 섭리의 말씀을 받아 전하는 것이 주된 임무였다. 그들이 받아 전하는 말씀의 예언은 짧게는 임박한 전쟁에 해당되기도 했으나 길게는 수백 년 후에 있을 일들도 있었다. 예컨대 이사야 53장에 표현된 메시아의 고난상은 700여 년 후 처절한 예수님의 십자가 희생으로 이루어질 내용이었다.

여기서 주목할 것은, 그 설교자들은 비록 자신의 세대에는 볼 수 없고 실현성이 없는 내용일지라도 하나님께서 주신 말씀이기에 흔들림 없이 백성들에게 전했다는 사실이다. 여기에 더하여 구약의 메시지는 하나님의 선민 이스라엘에 국한되거나 관련된 메시지가 주종을 이루었으며, 지극히 상징적인 메시지가 많았다. 호세아의 경우 그 가정의 형성을 통하여 하나님께서 이스라엘과의 관계를 어떻게 이어갈 것인가를 알려 주기도 하였다. 그래서 이스라엘 백성들은 확신과 혼돈으로 갈피를 잡지 못하는 경우가 많았고, 거짓선지자들은 이를 이용해 자기 무대를 넓혀 가기도 하였다.

여기에 비해 신약의 설교자들, 곧 사도들은 전혀 다른 차원의 메시지를 대하게 되었다. 그들은 구약의 예언이 실현된 현장에서 메시지를 직접 대면하고, 확신하고, 전하는 설교자들이었다. 하나님이 주신 예언을 전하는 구약의 선지자들과는 달리 구약의 예언이 성취된 사실을 목격하고, 그 목격한 사실을 목숨을 걸고 증언하는 설교자들이었다. 그들은 자신들이 증언하고 선포하는 메시지를, 단순히 인간의 오감으로 터득된 사실을 입증하는 경험이나 지식 차원으로 여기지 않았다. 이에 대한 증거는 "우리가 하나님께 끊임없이 감사함은 너희가 우리에게 들은 바 하나님의 말씀을 받을 때에 사람의 말로 받지 아니하고 하나님의 말씀으로 받음이니 진실로 그러하도다 이 말씀이 또한 너희 믿는 자 가운데서 역사하느니라"(살전 2:13)로 확인된다.

사도들은 구약에서 외쳤던 말씀의 실체, 곧 메시아이신 예수님을 "말씀이 육신이 되어" 그들 가운데 함께 거하시면서 하나님의 독생자로서 은혜와 진리가 충만한, 영광이 가득한 분임을 확신하였다. 나아가 언제 어디서나 "주는 그리스도시요 살아계신 하나님의 아들이시니이다"라는 확고한 신앙고백을 하기에 이른다. 심지어 나사로의 누이 마르다까지 동일한 신앙고백을 하였다(마 16:16; 요 11:27).

이처럼 진리를 직접 보고 들은 사도들의 메시지는 오직 그리스도이신 예수님뿐이었다. 그분의 오심, 생애, 교훈, 수난, 죽음, 부활, 승천, 재림이 설교의 전부였다. 그래서 그들이 죽기까지 줄곧 외쳤던 메시지의 내용은 매우 단순하였다. 다른 불순물이 전혀 첨가되지 않았다. 인간의 잡다한 해석도 없었다. 자기들의 스승이 즐겨 사용한 비유(예화)도 전혀 없는 순수복음 그 자체였다. 그 복음은 하나님이 피조물인 인간을 사랑하시기에 독생자 예수 그리스도를 이 땅에 보내셔서 대속물로 삼으시고, 누구든지 그 예수님을 구원의 주님으로 영접하면 영원히 살고, 그렇지 않으면 죽는다는 간단명료한 내용이었다.

이 복음을 전하기 위해 사도들은 다음의 특성을 보이고 있다.

먼저, 많은 제자들이 진리를 터득하지 못하고 떠날 때 그들만은 남들이 발견하지 못한 생명의 진리를 깨닫고 말씀에 뿌리를 내렸다. "주님, 주님께서 영원한 생명을 주는 말씀을 가지셨는데 우리가 주님을 두고 누구를 찾아가겠습니까?"(요 6:68, 공동번역)라는 대답은 이를 잘 입증하고 있다.

둘째, 사도들은 복음을 깨닫고 난 다음 자신들의 정체성을 확고히 하였다. 부르심을 받았고, 훈련을 받았고, 쓰임 받는 자임을 깨달아 전 생애를 아낌없이 바쳤다. 가룟 유다를 제외하고는 하나같이 어떤 명예나 권력, 부나 육체적 안락을 외면하고 오직 말씀이 육신이 되어 오신 주님만을 바라보았다.

셋째, 사도들은 주님께서 승천하시며 주신 마지막 명령대로 구원의 복된 소식을 예루살렘과 온 유대와 사마리아와 땅 끝까지 선포하는 사역에 최선을 다하였다. 복음의 대상을 선민 이스라엘을 벗어나 이방의 세계에까지 확산시키는 역사의 전환점을 이룩했다.

넷째, 복음을 전하기 위해 직면해야 했던 핍박과 수난과 순교의 길을 두려워하지 않았다. 다메섹 도상에서 주님의 부르심을 받고 말씀의 종으로 변신한 바울의 고백은 그 대표적 예이다.

"… 내가 수고를 넘치도록 하고 옥에 갇히기도 더 많이 하고 매도 수없이 맞고 여러 번 죽을 뻔하였으니"(고후 11:23).

이는 설교자로서의 그들의 길이 얼마나 험난했는지를 잘 말해 준다.

다섯째, 말씀의 종으로 선포하고 가르치는 사도들은 예수님이 보여주신 아가페의 사랑에 감복되어 있었다. 그 결과 원수도 사랑할 수 있는 힘과 여유가 있었다. 그리고 그들의 모습은 언제나 기쁨과 감사로 일관했다.

이상의 특징은 현대 설교자들에게 주는 함축된 의미가 참으로 많다. 오늘도 복음을 외치는 설교자들에게서 끊임없이 들추어지고 있는 각종 탐욕과 부끄러운 실상들을 보면서, 이 복음 전파의 원조와 비교될 때마다 부끄럽고 숙연해진다. 이에 오늘도 수많은 설교자들은 이 모순과 갈등을 겪으며 하나님 앞에 무릎을 꿇는다.

제5강

한국교회 초기에 심어진
설교의 혼과 뿌리를 보라

개신교보다 100여 년 전에 한국 땅에 들어온 천주교를 통하여 기독교의 진리는 이 땅에 접목되기 시작하였다. 그러나 그들은 '미사'라는 의식 위주의 종교였다. 1965년 제2 바티칸공의회 결정이 발효되기 전까지는 알아들을 수 없는 라틴어 일변도의 의식만을 가지고 있었다. 거기에 더하여 1977년 『공동번역』이 주어지기까지는 한글성경이나 설교가 전혀 없는 말씀 밖의 종교였다. 그러나 1884년 이 민족을 찾아왔던 개신교는 성경을 펼쳐 보인 말씀의 종교였다. 그 말씀은 우리말로 읽을 수 있는 성경과 설교를 통하여 주로 들려졌다. 그 말씀 속에서 이 민족이 눈을 뜨고 귀를 열어 성삼위 하나님과의 만남을 가져오게 되었고 구원의 대진리가 확산되기 시작하였다.

그러나 말씀이 이 땅에 뿌려진 시기는 나라의 운명이 거의 기울어져 가던 때였다. 일본의 강점기가 시작된 1905년의 '을사늑약(乙巳勒約)'과 한국의 입법, 행정, 사법 등의 통치권 전반이 탈취되었던 1907년의 '정미 7조약'이 발효되던 틈새에서 진리의 말씀이 선포되고 해석되어 비극적인 우리 민족의 삶의 장에 적용해야 했던 어려움을 출발부터 겪게 되었다. 이 복음을 접하고 예수님을 영접한 조선인의 신앙은 나라의 구원을 최우선으로 여겼고, 그 다음이 개인의 구원이었다.

이러한 역경 속의 민족에게 복음을 전하는 데 가장 필수적인 과제는 한국인 설교자들을 양성하는 일이었다. 말씀을 듣기 위해 모인 회중에게 한국말에 미숙한 선교사들의 서투른 설교로 진리를 선달하는 것은 매우 어려운 일이었다. 1901년 평양신학교가 세워지면서 한국인 설교자들을 양성하는 작업이 시작되었다. 5년 후 7명의 졸업생을 배출하면서 한국인 목사에 의한 설교사역은 궤도에 오르기 시작하였다.

바로 이 시기는 한국교회의 부흥의 획을 긋는 대사건인 1903년의 원산부흥운동을 거쳐 1907년 평양의 대각성부흥운동이 전국을 휩쓸고 있던 때였다. 나라의 비운에 슬퍼하면서 기독교인들의 자성의 눈물이 쏟아지면서 모두가 하나님의 도움 외에는 의지할 길이 없음을 실감하고 하나님 앞으로 구름 떼처럼 모여들었다. 모여든 회중을 위한 일은 하나님 말씀을 가르치는 일과 그 말씀을 집회와 예배에서 선포하는 '설교사역'이었다. 회중의 가장 큰 관심은 누가 하나님의 말씀인 66권의 진리를 어떻게 설교할지에 있었다. 이때 설교사역의 바른 혼과 뿌리를 심는 일을 위하여 누구도 추종할 수 없는 말씀의 종이 예비되어 있었는데, 바로 곽안련(Charles Allen Clark, 1878-1961)이다.

곽안련이 교회를 섬기는 목회자로서 목회와 설교를 충분히 경험했을 때 하나님은 1908년부터 그를 평양신학교로 불러 설교학을 강의하게 하셨다. 그는 36년 동안 강의를 하면서 한국교회 설교학 교육의 나무를 심었다. 그는 실천신학 중에서도 설교학을 제일 중요하게 생각하고 '설도법', '강도요령', '강도학', '설교학'을 집필하면서 누구도 따를 수 없는 열정을 다 쏟아 한국교회 설교사역의 초석을 쌓았다. 그는 설교학 강의를 할 때마다 다음의 '설교정의'를 외우게 하였다. "설교는 하나님의 말씀에 기초하고 사람을 구원하려는 계획과 목적에서 사람을 감동하도록 권면하는 법 있는 종교적 강화(講話)이다." 그는 이 정의를 풀이하면서 매우 의미 깊은 말을 하고 있다. "기독교의 직무는 하나님의 말씀을 전하는 것이요, 또 그 말씀을 듣는 사람들은 설교인의 개인적 견해에 특별한 주의를 하지 않는 것이 특색이다. 다만 그들은 하나님께서 무엇을 말씀하시는가를 알고자 원한다. 이것이 설교인이 할 설교의 한계(限界)이다." 여기에 더하여 그는 설교자의 소명론을 매우 철저하게 가르쳤다. 설교자의 직분을 하나님이 인간에게 주시는 최고의 '천직의 특권'임을 강조하였다.

1914년 성결교단의 최초의 목사가 된 이명직은 설교란 설교자 단독의 사역이 아니라 설교자가 하나님 앞에 "심교(心交)의 기도를 하는 중에 성신의 섭시(攝示)"를 받아서 설교를 해야 함을 강조하였다. 그는 성령님으로부터 듣고 본 것이 없이 설교자가 임의로 성경을 풀고 적용하는 것은 "신위적(神爲的)이 아닌 동시에 또 설교가 아니라 인위적인 일종의 사상과 학술의 강연"이라고 강조하면서 성령님이 함께하는 설교의 필요성을 강조하였다.

이상과 같은 교육을 받은 한국교회 초기 설교자들은 생명을 바쳐 이 천직을 수행하였으며, 갈등이나 피곤보다는 신명나는 설교의 행진을 계속하여 설교의 꽃을 피우고 열매를 거두었다. 그러나 이러한 가르침이 오늘에 이르러 희석되고 상실되고 있음은 매우 가슴 아픈 일이다. 한국교회 초기 설교자들은 참으로 값진 진수(眞髓)로 설교의 터전을 구

축하였는데 그 뿌리가 지금 흔들리고 있기에 한국교회가 이렇게 하향
길을 걷고 있는 것은 않은지 깊이 생각해 보아야 한다.

제6강
설교의 정의(定意)를 알면 깊은 고민에 빠진다

인간으로서 자신이 하는 일의 명확한 의미를 발견하지 못하고 그 일을 평생 감당해야 한다면 그것은 참으로 큰 고통이다. 뿐만 아니라 그 길은 고단하고 피곤하다. 그러나 자신에게 맡겨진 일에 대하여 정확히 이해하고 그 일을 기꺼이 천직으로 알고 수행할 때, 거기에는 차원이 다른 결과가 나타난다. 확고한 신념이 세워지고 생산적인 발전의 에너지가 생성된다. 사명의식이 고취되고 방향설정이 뚜렷해진다. 그 사명의식은 언제나 창조적이고 무한한 책임감이 몸에 배게 된다.

이 강의에서 선결되어야 할 과제는 설교자들이 자신의 설교사역에 관한 정확한 정의를 터득하고, 오늘 그 막중한 사역을 감당하고 있는지에 대한 답을 찾는 일이다. 대부분의 설교자들은 이 질문에 대한 답으로 "설교란 하나님 말씀의 전달"이라는 통념적인 한계를 벗어나지 못하고 있음을 본다. 그러나 설교의 정의는 그렇게 단순하게 답할 것이 아니다. 좀 더 구체적이고 종합적인 내용을 담은 것이어야 한다. 역사적으로 설교에 대한 정의를 많은 신조나 학자들이 단편적으로 말하는 바가 많다. 말씀의 복원을 위하여 종교개혁을 일으켰던 개혁자들로부터 현대 신학자들에 이르기까지 설교에 대한 정의는 다양하다.

제네바 신조(1536)에서는 목사의 권위란 "말씀을 자신들의 개인적인 생각과 혼합하지 않고 순수하게 전달하는지의 여부에 따라 그 인정 여부가 결정된다"고 하였다. 이 신조에 절대적인 영향을 끼친 칼뱅은 설교자를 '말씀의 전권대사'로 칭하면서 설교란 "하나님이 예배현장에 임하셔서 그 종을 통하여 말씀하신 것"이라고 전했다. 이러한 언급은 설교 그 자체의 정의보다는 설교라는 무거운 사역에 몸담게 되는 사역자에 관하여 깊은 우려와 함께 그 정체성을 강조하고 있다.

이러한 사상을 이어받은 웨스트민스터 예배모범(1644)에서는 설교를 "구원으로 인도하는 하나님의 능력이며 복음사역에 있어 가장 위대하고 탁월한 일에 해당하는 사역"으로 규정하면서 여러 항목을 상세하게 설명하고 있다. 이러한 설교사상에 깊이 영향을 받은 칼 바르트는 "설교는 하나님 자신의 말씀이다. 그러나 하나님 자신의 선하신 뜻을 따라 하나님의 이름으로 한 인간(설교인)을 선택하고 성경의 말씀을 방편으로 하여 인간들에게 증거하게 하신다"는 매우 종합적인 설교의 정의를 내리고 있다. 필립스 브룩스(Phillips Brooks)와 같은 미국 성공회의 대표적인 설교자는 "설교란 한 사람에 의하여 다수의 사람에게 주어지는 진리의 커뮤니케이션이다"라는 대단히 함축적인 정의를 내렸다.

필자는 이상의 내용을 참고하여 종합적인 설교의 정의를 다음과 같이 제시한다.

"설교란 택함받은 설교자가 당대의 커뮤니케이션을 통하여 회중에게
하나님의 말씀인 성경의 진리를 선포하고, 해석하고, 이 진리를 회중의

삶에 적용하는 사역이다. 이것은 반드시 성령님의 감화하심에 의해 이
루어져야 한다."

　이러한 정의를 설교자가 수용한다면 여기에 주어지는 중요한 질문
들이 기다리고 있다. 먼저, 나는 택함 받은 설교자인가? 나를 택하신 분
이 만족하리만큼 나의 최선은 실천되고 있는가? 둘째, 나는 하나님의
말씀인 66권의 성경말씀과 얼마나 근접해 있는가? 나는 그 말씀을 올
곧게 선포하고, 그 말씀을 정확하게 해석하고 있는가? 그리고 그 말씀
을 내가 섬기는 양들의 삶에 효율적으로 적용시키고 있는가? 셋째, 나
의 표현과 전달 방법이 오늘을 사는 회중에게 막힘이 없이 소통이 되
고 있는가? 넷째, 나의 이 모든 준비와 외침이 성령님의 역동적인 역사
아래서(Under Dynamic of Holy Spirit) 실행되고 있는가?

　설교는 고유한 사역이다. 세상의 모든 직업은 인간사회에서 인간에
의하여 진행되고 있다. 그러나 설교는 하나님이 주권을 행사하시는 특
수한 사명이 주어진 사역이다. 설교자는 인간으로, 인간을 상대하면서
전개하는 직업인이지만 여기에는 초월자 하나님의 주권이 개입하여 그
분의 뜻을 펼치는 데 모든 목적이 있다.

　이러한 이유 때문에 설교자는 언제나 인간을 바라보는 자기 성찰이
아니라 하나님을 향하여 마음을 열고 진솔한 자기진단을 이어가야 한
다. 위에서 제시한 네 가지의 기본적인 질문은 설교자를 평안하게 해
주는 질문이 아니다. 이 질문들은 설교자가 언제나 가슴에 품고 정답
을 찾기 위하여 고민하고 애타하는 모습을 보여야 할 항목들이다. 이
러한 설교자는 진정 하나님의 손에 쓰임 받고 있는 말씀의 종이다. 이

와 같이 깊은 자기 점검의 질문들을 쉼 없이 이어가는 말씀의 종에게
는 성령님이 두루마기를 입혀 성언운반일념의 '에토스(ethos)'가 박힌
말씀의 도구로서 그의 백성들 앞에 서게 하신다.

설교의 정의를 바르게 작성하기 위하여 개혁자들이 남긴 신조를 펼
쳐 보면, 그들이 철저히 강조했던 것은 어떻게 설교하느냐는 문제보다
어떤 인간이 설교자로 바르게 설 것인가 하는 문제였다. 최근의 설교학
교육이나 설교자들은 유창한 언변과 흥미진진한 전개를 비롯하여, 인
간의 감정을 얼마나 능숙하게 움직이느냐에 설교의 성패를 가름하고
있다. 이것은 개혁교회의 기본정신에 어긋나는 방법들이다. 이제 제시
된 종합적인 설교의 정의를 다시 보면서 거기에 오늘의 한국교회 강단
을 조명해 볼 필요가 있다. 그럴 때 한국교회의 설교사역에 문제가 산
적해 있음을 곧 알게 되고 위기에 직면해 있음을 쉽게 발견하게 된다.

제7강
설교의 위기요소들이 도처에서 보인다 (1)

설교 때문에 믿음이 약해지고 설교 때문에 교회를 떠난다는 소리가 들려온다. 무엇 때문일까? 과거에는 흔치 않던 지극히 부정적인 '설교에 대한 반응'이다. 이러한 반응을 대하는 한국교회의 설교자들은 매우 불쾌하고 불안한 심정을 감추지 못한다. 그러나 설교가 설교답게 들려지지 않을 때 나타나는 당연한 현상임을 부정할 수 없다. 그동안 한국교회를 지켜온 충실한 말씀의 종들은 일찍부터 설교의 탈선을 지켜보며 설교에 위기가 도래했음을 지적하고 외쳐왔다. 그렇다면 지금이라도 설교사역을 어둡게 하는 요소들을 분석하고 찾아내 그것들을 도려내고 회복하는 노력을 서둘러야 한다.

첫째, 우리의 교회가 설교 일변도의 목회현장으로 꾸려온 점을 심각하게 검토해야 할 때가 왔다. 한국에서 한 세기가 넘도록 크게 발전을 해온 우리의 개신교는 지나치게 설교에만 의존해 왔다. 한국교회의 목회자들은 금요심야기도회와 매일 새벽기도회를 계산하지 않고, 오직 주일 낮과 밤과 수요기도회에만 설교해도 일 년에 156회의 설교를 감당한다. 세계교회에서 그 유래를 찾아보기 힘든 설교 횟수가 설교의 존엄성과 질을 떨어뜨리는 일차적인 원인으로 꼽히고 있다. 이제는 모든 모임에서 설교를 하려는 시도를 과감히 바꿔 보다 효과적인 방법으로 발전시키는 길을 모색할 필요가 있다.

둘째, 우리 민족의 종교심상과 설교의 본질과의 차이점이 문제다. 우리 민족이 종교를 찾을 때 마음에 품는 키워드는 소원성취, 무병장수, 부귀영화다. 이것은 수천 년을 이어온 무속종교를 비롯한 재래종교가 뿌리내린 종교문화이기도 하다. 기독교는 이러한 종교풍토에 진입할 때부터 심각한 갈등을 겪어야 했다. 마침내는 소수를 제외하고는 기독교의 '삼박자 축복'이라는 간판을 걸고 그 많은 설교를 구사해 왔다. 그 결과 십자가 사건을 통한 구원의 종교로서, 66권의 고유한 말씀 위주의 교회가 기복신앙의 온상으로 변질되어 설교의 본질을 상실하는 우를 범하였다. 교육의 수준이 낮고 경제적으로 어려웠던 시절에 효력을 보았던 '축복설교'가 지금은 오히려 젊은 세대에게 외면을 당하고 있음을 주목할 필요가 있다.

셋째, 우리나라 신학교육에서 설교학 교육이 부실했다는 사실이다. 1943년 평양신학교가 문을 닫자 곽안련(A. Clark) 교수가 본국으로 출국하였고 설교학 교육은 단절되고 말았다. 오직 목회자들의 설교 경험담으로 설교학 강의 시간은 채워졌다. 1980년대에 들어와서야 전공교수들이 등장하게 되었고 한국교회에 필요한 설교학 교육이 이어지게 되었다. 이러한 교육의 부재는 수많은 설교자들이 모방과 창작의 틀에서 설교사역을 감당하기에 이르렀다. 설교의 탈선이 어떤 것이며, 그 결과는 어떻게 나타날 것인가에 대한 성찰이나 깊은 고민 없이 한국교회의 설교사역은 지속되었다.

넷째, 설교자의 정체성 확립의 문제다. 우리의 설교자들은 칼빈이 말한 '말씀의 전권대사', '말씀의 종'으로서의 그 권위는 일찍부터 절대적이었다. 그 결과 설교자는 '말씀의 종' 또는 '말씀의 대언자'로서 반신적(半神的)인 위상을 누렸다. 그 앞에서는 모두가 맹종만을 요구받았다. 아무도 설교자로서 갖추어야 할 책임의식과 충실한 설교내용을 이야기하는 데는 나서지를 않았다. 특히 1970년대 교회의 부흥과 함께 난립한 신학교들은, 신학대학원에서 받아야 할 철저한 소명의식의 다짐과 신학훈련이 정상적인 수준에 이르지 못한 경우가 많았다. 개혁교회 최초의 공동신앙고백인 제1 스위스 신앙고백 17조에서는 설교권을 갖게 될 사람은 먼저 하나님의 부르심과 선택을 받은 후 교회의 엄격한 평가를 받아야 함을 강조한다. 그리고 평가의 대상이 일정한 수준에 이르지 못하면 누구에게도 설교권을 맡길 수 없다는 특별한 조항을 가지고 있다.

다섯째, 설교자가 66권의 성경을 통해 주신 하나님의 말씀을 전달하지 않고 자신의 말을 하나님의 말씀으로 믿게 하는 심각한 설교의 탈선문제다. 이는 곧 본문을 징검다리로 사용하는 무서운 죄를 범하는 일이다. 설교의 근거는 언제나 성경을 통해 주신 하나님의 말씀임을 이미 강조하였다.

이미 언급한 대로 그 말씀을 올곧게 선포하고 정확하게 해석하여 그 말씀을 회중의 삶에 변화를 가져오도록 적용함이 설교의 원칙이다. 이때는 구약의 선지자들처럼 성삼위 하나님이 설교문장의 주어로 등장하여 회중이 하나님과 만날 수 있도록 함이 설교의 바른 길이다. 그러나 지금 다수의 설교자들은 각종 지식과 구수한 예화의 나열에 대부분의 시간을 보내고 마지막에 가서 본문을 인용하는 형태를 취하고 있다.

이것은 설교의 본질을 크게 벗어나는 행위일 뿐만 아니라 한국교회의 설교를 위기로 몰고 가는 탈선의 길이다. 설교자 자신의 말은 하나님의 말씀을 더욱 돋보이게 하고 이해시키는 데 사용되는 부차적인 것이어야 한다. 본문 곧 하나님의 말씀이 자신의 견해를 뒤받드는 수단으로 인용되는 것은 설교자의 무서운 과오이다. 설교현장에서 설교자만 보이고 하나님의 말씀이 들리지 않고 뵐 수 없다면 그것은 실패한 설교이다.

이제 우리는 새로운 설교시대를 맞기 위하여 힘들더라도 냉철한 진단을 할 필요가 있다. 어떤 질환이 어느 정도의 수위에 있는지를 신속히 알 때 보다 효과적인 처방이나 수술을 단행할 수 있기 때문이다.

제8강
설교의 위기요소들이 도처에서 보인다 (2)

제7강에서 열거했던 설교사역의 부정적 요소들은 한국교회가 안고 있는 근본적인 문제들이다. 설교 일변도의 목회현장이나 기복신앙을 추구하는 종교문화를 비롯하여, 설교학 교육의 부재가 길었던 신학교육은 설교자에게만 탓을 돌릴 수 없는 문제이다. 이에 더하여 교인들의 맹종만을 요구했던 설교자들의 그릇된 생각과, 말씀의 순수한 운반자가 아닌 지배자로서의 설교관습은 전래해 온 설교풍토의 단면이기도 하다. 안타깝게도 이러한 문제들이 설교의 전통으로 한 세기를 넘게 자리잡아 왔다.

따라서 이제는 우리 모두가 힘을 모아, 설교가 온전히 하나님의 말씀으로 선포되고 목양되는 길로 새롭게 바꾸어 나아가야 함이 우리 한국교회의 중요하고도 총체적인 과제라 하겠다. 이러한 무거운 과제를 안고 고민하는 오늘의 설교자들에게 시급하게 찾아온 또 다른 무거운 주문들이 일찍부터 쇄도하고 있다. 이 주문은 오늘의 한국교회 설교강단을 바라보고 귀를 기울이면서 살아온 회중으로부터 들려온 것들이다. 그들이 진솔하게 호소한 말을 들으면서 틸리케(Helmut Thielicke)가

"오늘날의 설교는 이제 임종의 단계에 왔을 정도로 쇠하고 붕괴되었다"고 했던 말이 떠오른다. 진정 설교를 '임종의 단계'로 몰고 가는 요소는 무엇인가?

첫째, 회중은 설교를 목회의 방편으로 사용하지 말아 달라고 부탁한다. 목사의 직무는 설교가 전부가 아니다. 목회라는 사역은 교인들을 영적으로 보살피고 그들을 섬기는 데 있다. 작은 결정이라도 교인들의 의사를 존중해야 한다. 개신교는 천주교처럼 중앙집권제가 아닌 개교회가 중심이 된 조직 사회이다. 그 결과 많은 부분에서 목회자와 불편한 관계에 직면할 때가 많다. 그때마다 목회자의 불만은 쌓이게 되고 이 불만은 설교를 통하여 분출되기도 한다. 누군가에 의해 상처를 받고 자신의 분노를 설교에서 그대로 표출한다. 이러한 행위는 하나님의 말씀을 들려주는 설교가 아니다. 자신의 의견에 대한 정당성과 불만을 성경말씀을 내세워 토하는 인간 감성의 발로이다. 여기에 우리의 교인들은 고개를 저으며 "제발 그것만은 삼가 달라"는 주문을 한다.

둘째, 회중은 설교자가 자신이 외치는 메시지를 먼저 실천해 주기를 바란다. 가까운 의사친구가 "의사의 말을 따르면 살고 행동을 따르면 죽는다"는 유머를 들려준 적이 있다. 목사의 탈선이 보도될 때마다 이 말이 떠오른다. 우리의 사회는 어느 나라보다 성직자의 높은 도덕률을 요구하고 있다. 이 사회에서 설교자가 겪는 가장 큰 고민 중의 하나는 자신이 외친 메시지와 실천의 불일치 문제이다. 회중은 설교자의 메시지뿐만 아니라 그 일상생활까지 주시를 하면서 실망을 거듭하고 있다. 설교의 은혜와 능력은 언제나 설교자가 '언행의 불일치'를 보편화시킬 때 쉽게 무너짐을 가슴에 새겨야 한다.

셋째, 회중은 복사한 설교 앞에 차가운 눈길을 보내며 반기를 든다. 설교의 표절 또는 복사의 문제는 어제 오늘의 문제가 아니다. 최초의 설교학 교수 어거스틴이 430년에 죽은 이후 '설교의 암흑기'는 바로 도래하였다. 설교의 능력을 갖추지 못한 당시의 신부들은 크리소스톰을 비롯한 위대한 설교자들의 설교를 그대로 복사해서 그것을 읽고 있었다. 그 결과 설교의 암흑기가 찾아왔고 사회는 바로 중세의 암흑기로 이어졌다. 지금 우리나라는 IT 천국이다. 인터넷은 가장 보편화된 첨단의 문화를 형성하고 있다. 대중교통뿐만 아니라 사람이 있는 곳이면 모두가 스마트폰을 들고 인터넷 바다를 만끽한다. 이러한 인터넷의 보급은 자기 교회 목사의 설교가 누구의 설교에서 표절, 또는 아예 그대로 가져왔는지를 쉽게 발견하게 된다. 많은 평신도들이 그 실상을 복사해 보여주면서 "이래도 됩니까?" 하는 질문을 던진다. 설교의 표절 또는 복사는 불량한 양심의 행동일 뿐만 아니라 자신의 설교능력의 향상을 사장시키는 행위이다. 그리고 생명력이 없는 메시지의 공급임을 깊이 인식해야 한다.

넷째, 회중은 '아멘'의 강요에 시달린다는 호소를 한다. 1960년대까지는 거의 볼 수 없었던 '아멘의 풍경'이 오순절 계열의 교회가 한국에 들어오면서 급속히 확산된 바 있다. 한국에 들어온 장로교는 하나님의 말씀을 명상하고 배우고 연구하는 말씀 중심의 교단이었다. 설교 시간이면 정숙한 자세로 말씀을 경청하고, 감동이 넘치는 은혜의 순간에는 아멘의 함성보다는 조용히 눈물을 흘리곤 했다. 요즈음 정신을 차리고 아멘의 함성을 강요하는 설교자를 보고 있노라면 두려움이 앞선다. 메시지의 내용보다는 '축원합니다', '믿습니다'를 특유한 음정으로 띄워 아멘을 유발하고 그것을 설교에 대한 감격적인 응답으로 간주하는 모습은 분명코 바른 길이 아니다. 성숙한 한국의 그리스도인들은 설교자의 고수로서 '아멘'으로 응답하기를 달가워하지 않는다. 그들은 순수한 하나님의 말씀 앞에서 아낌없는 아멘의 함성을 지르고 싶어 한다.

한국교회는 하나님의 말씀에 목숨을 건 무수한 순교자들의 피가 적셔 있는 교회이다. 이제는 하나님의 말씀이 순수하고 온전하게 전파되는 데에 독소가 되는 요소들을 제거해야 한다. 성전에서 장사하던 상인들에게 채찍을 들었던 예수님의 노여움이 한국교회에 내려지지 않도록 이제는 일어서서 설교사역의 정화운동이 전개되어야 한다. 세속화의 해일이 교회로 밀려오는 지금, 말씀의 종들이 진단과 처방의 손길을 서둘러야 한국교회가 미래를 이어갈 수 있다.

제9강
설교자가 존경스러워야 회중은 머리를 숙인다

1907년 한국의 대각성 부흥운동의 주역 중 한 분이었던 길선주 목사(1869-1935)는 한국교회의 자랑스러운 설교가였다. 그의 인성과 영성과 지성의 균형 잡힌 삼륜(三輪)은 오늘의 설교자들이 우러러보아야 할 귀감(龜鑑)이다. 그의 인성은 엄격한 자기관리부터 시작하여 온화한 사랑의 전령으로 구령사업에 열정을 품었고, 의의 길을 추구하는 단호함은 베드로가 연상되었다고 한다.

설교자로서 그의 영성은 자신을 예수님께 온전히 맡기고, 매일 한 시간 이상의 기도와 매주 3일의 금식기도, 그리고 매년 일주일 간의 금식기도를 실천하였다. 그의 지성은 6세 때부터 익힌 한학으로 선비의 세계에 진입하였다. 그리하여 말씀의 터득이 남달라 "성경을 강론하고 진리를 말함에 있어서 바다 같은 깊이가 있었고, 말할 때는 청산유수와 같이 자유자재로 말했다"고 한다.

설교는 한 인간으로서 인간들에게 성경 66권에 기록된 하나님의 말씀을 전하는 사역이다. 이 사역은 언제나 설교자의 인격과 사고와 행위가 존경스러울 때 회중은 먼저 머리를 숙이고 옷깃을 여미며 메시지에 귀를 기울인다. 비록 메시지를 유창하게 표현하지 못하더라도 그분이 운반하는 하나님의 말씀은 깊은 감동을 수반한다. 그분의 메시지가 불분명하고 표현력이 불만스러워 아쉬움이 있더라도, 믿음으로 앞으로의 향상을 위하여 기도하며 기다린다. 그러나 설교자가 인격적 존재가 되지 못하여 존경 대신 경멸의 시선으로 볼 수밖에 없는 대상이라면, 아무리 유창한 설교라 할지라도 성도들은 그 가시적인 설교행위에 싸늘한 눈초리를 보낸다. 언젠가는 그 앞을 떠나거나 아니면 돌팔매질을 할 것이다. 그러한 까닭에 참된 설교교육은 설교의 방법과 기술보다 설교자의 사람됨을 먼저 철저히 강조해야 한다.

그럼에도 불구하고 설교학 교수들의 관심이 설교의 이론적인 측면과 방법론을 우선적으로 생각하는 것은 매우 안타까운 현실이다. 한국의 문화권은 설교자의 높은 도덕성과 실천을 끊임없이 요구하고 있음을 깊이 새겨야 한다. 다시 말하면 '사람다운 사람'이 설교자로 등장하여 성언운반(聖言運搬)을 해야 그 말씀이 빛이 나고 능력을 발하게 된다. 시대가 어두워질수록 성경에서 강조한 "사랑, 기쁨, 화평, 인내, 친절, 선함, 신실, 온유, 절제"의 인격을 갖춘 설교자를 찾는다.

그 다음으로 설교자의 영성에 관한 문제이다. 17세기 영국 퓨리탄(Puritan, 청교도)의 아버지라 일컫는 박스터(Richard Boxter)는 다음과 같은 유명한 말을 남겼다. "나의 심령이 싸늘해지면 나의 설교도 싸늘해지며, 나의 심령이 혼돈되면 설교도 혼돈됩니다. … 자신의 마음을 보살피고 부패를 극복하며 하나님과 함께 살기 위해 자신을 매일 보살피지 않는다면… 모든 사람들은 잘못 인도되며 여러분의 양 떼는 메말라 죽게 될 것입니다."

참으로 소중한 가르침이다. 설교자는 강인한 의지와 정신을 동원하여 영적인 삶에 최선을 다해야 한다. 그 이유는 사탄의 집요한 마수가 설교자를 공격하기 때문이다. 사탄은 하나님의 말씀을 전하는 가장 경건하고 소중한 사역에 상처를 입히는 것이 주 임무이기 때문이다. 그래서 설교자는 어떤 부류의 사람들보다 훨씬 많은 유혹과 탐욕과 탈선의 함정을 만나게 된다.

오늘날 설교자 앞에 보이는 선악과는 어느 시대에서도 볼 수 없었던 '먹음직하고 보암직'한 모양이다. 인간의 의지로는 먹지 않고서는 견딜 수 없는 선악과이다. 이러한 함정에 빠지지 않기 위한 최선의 길은 성령님과 동행하고 그분의 도움을 받는 길밖에는 없다. 이 승리의 길은 박스터의 말대로 자신의 죄성을 철저히 다스리면서 하나님과 함께 살기 위하여 몸부림치는 길이다. 곧 영적인 무장이다. 주님은 "시험에 들지 않게 깨어 기도하라 마음에는 원이로되 육신이 약하도다"(마 26:41)라고 하셨다. 영적인 무장의 길을 보여준 길선주 목사에 대한 기록은 오늘의 설교자들이 주시해야 할 모범답안이다.

현대의 설교자들이 빠뜨릴 수 없는 또 한 가지는 '지성의 바퀴'다. 한국의 문화는 속세의 삶은 어두워도 글을 읽고 쓰는 선비의 세계는 언제나 숭고하기를 바라고 있다. 우리의 교회도 동일하다. 교인들은 수시로 TV 연속극을 즐기면서도 목회자는 그 시간에 설교를 위한 한 권의 책을 읽고 있기를 기대한다. 현실세계에 밝은 이야기에 열을 올리는 설교자는 환영을 받지 못한다. 회중은 자신들이 읽지 않고 습득하지 못한 책이나 차원 높은 지식을 들려줄 때 존경의 도를 높인다. 이러한 문화의 벽을 설교자는 간과할 수 없다.

이러한 기대는 부담이 아니라 오히려 당연한 요구이다. 설교자는 단순한 감성만을 담은 언어로만 설교를 진행할 수 없다. 날이 갈수록 회중의 지정의(知情意) 수준은 높아가고 있다. 설교를 듣고 평가하는 능력도 대단한 단계에 이르렀다. 그러한 까닭에 설교자는 선별된 언어와 높은 식견을 갖추고 본문의 해석과 적용을 이어가야 한다. 예를 들어, 과거에는 성경에 첨부해 있는 주석을 가지고 성경을 설명해도 무방했다. 그러나 지금은 그 성경을 회중이 손에 들고 설교자의 주석과 주해의 수준을 측정하고 있다. 그뿐만이 아니다. 설교자가 전개하는 논리적인 측면까지 우리나라의 회중은 유심히 살핀다. 환언하면 오늘의 회중은 고등교육을 받은 사람들이다. 이들에게 메시지를 효율적으로 줄 수 있는 것은 역시 설교자의 지적인 바탕이 큰 몫을 감당하게 된다.

회중이 우러러보는 인성, 하나님과 언제나 함께하는 고결한 영적인 삶, 그리고 회중을 충분히 가르칠 수 있는 높은 지성은 설교자가 일생 동안 가지고 있어야 할 세 바퀴이다. 어느 한 바퀴라도 크기나 속도를 맞추지 못한다면 전진할 수 없다. 설교자가 회중을 이끌고 하나님 앞에 나아갈 도구로서 균형잡힌 삼륜(三輪)을 갖추는 것은 현대교회를 섬기는 설교자에게는 필수요건이다.

제10강
설교는 성령님의 섭시(讖示)를 받아 나아가야 한다

설교자가 인성·영성·지성의 삼륜을 갖추고 사람들로부터 존경받는다 하여 그것으로 설교자의 자격을 충분히 갖추었다고 생각하면 그것은 큰 착각이다. 학문적 가르침을 위해 교육의 장에 선 사람은 균형잡힌 삼륜(三輪)으로 그 자격이 충분하다.

그러나 설교자는 거기에 한 단계 더 높은 인증과정이 기다리고 있다. 이 과정은 반드시 통과해야 한다. 이 과정 때문에 설교자가 되기를 두려워하고 함부로 도전하지 못하는 것이다. 그리고 이 인증 때문에 설교자가 비록 미천한 존재일지라도, 회중은 그 입에서 나오는 말씀에 권위를 느끼며 감동을 받는다.

이 인증과정이란 소명을 받아 철저한 교육과 훈련을 통하여 인성·영성·지성을 갖춘 다음에 받아야 하는 '성령님의 발성기관'으로서의 인증문제이다. 예수님께서 제자들을 말씀 전파자로 내보내시며 "… 무엇을 말할까 염려하지 말라 그때에 너희에게 할 말을 주시리니 말하는 이는 너희가 아니라 너희 속에서 말씀하시는 이 곧 너희 아버지의 성령이시니라"(마 10:19-20)고 말씀하셨다.

여기서 다시 한 번 설교자란 단순한 성언운반자(聖言運搬者)로서 '쓰임 받는 도구'임을 알게 된다. 칼뱅은 디모데후서 3장 주석에서 "예언자들은 그들이 말하고 싶을 때에 말하지 않았으며… 오직 하늘로부터 선포하도록 위임 받은 것만을 전한 성령님의 발성기관이었다"고 역설한 바 있다. 20세기 후반에 독일의 개신교 설교자들에게 지대한 영향을 끼쳤던 루돌프 보렌(Rudolf Bohren)은 그의 저서『설교학』에서 "성령님은 말씀을 주실 뿐 아니라 그 말씀의 구성에까지 관여하신다. 성령님은 말씀의 도래와 현존뿐 아니라 말씀의 미래까지 결정하신다"는 유명한 말을 남겼다.

이러한 근본원칙을 일찍이 깨닫고 설교자로서 본을 보였던 이명직은 1930년에 펴낸『이명직 설교집』에서 설교는 "인간이 하나님으로부터 심교(心交)의 기도를 하는 가운데 성신의 섭시(囁示)를 받아서 회중 앞에 나아가 그것을 가감 없이 역설함이라"는 매우 의미 깊은 말을 하고 있다. 여기에 나타난 섭시는 '속삭여 알려줌'을 뜻하는 말이다. 설교자들의 눈을 번쩍 뜨이게 하는 표현이다.

섭시(囁示)! 이것은 어느 특정인만이 누릴 수 있는 특권이 아니다. 소명을 받아 철저한 훈련을 쌓아가면서 설교자로서의 기본이 잡힌 말씀의 종이라면 언제 어디서나 도전할 수 있는 영역이다. 이 섭시의 경지(境地)에서 설교사역을 감당하기 원하는 말씀의 종에게 지름길이 있다.

먼저, 설교자 역시 인간이기에 육적인 삶의 조건과 유혹에 시달릴 수밖에 없다. 그러나 그 가운데서 성령님이 원하시는 9가지 결실(갈 5:22-23)을 보이는 삶의 길을 걸어야 한다. 첨단을 달리는 시대에 사라져가는 이 열매들이 설교자를 통하여 풍요롭게 맺힐 때 성령님의 섭시에 눈과 귀가 열리기 시작한다. 이 아홉 가지 열매는 성령님이 머무실 수 있는 설교자의 방에 비치되어 있어야 할 필수요건이다.

둘째, 하나님과의 막힘없는 커뮤니케이션을 형성하고 이어가기 위해 영적인 삶의 폭과 깊이를 회중보다 한 차원 높게 두어야 한다. 명상과 기도, 그리고 하나님의 말씀을 육신의 양식보다 훨씬 많이, 정해진 시간표대로 즐기며 섭취하는 것을 생활화해야 한다. 차원 높은 영성의 향기가 그대로 자연스럽게 풍기는 주님의 종이어야 한다. 이러한 설교자는 매우 자연스럽게 하나님과 막힘이 없는 소통을 끊임없이 이어가게 된다. 이러한 설교자는 누구와 비교할 것 없이 쉽고 빠르게 섭시의 내용을 듣고 보게 된다.

셋째, 설교에 필요한 '성령님의 섭시'는 설교하는 순간이 아니라 설교의 준비부터이다. 평소에 자신에게 맡겨진 설교에 성령님의 관여를 요청하지도 않고 고민하는 경우가 많다. 시간이 되어 설교자가 임의로 설교를 준비한 후에, 단에 올라가 설교를 하면서 성령님의 역사를 간구하는 것은 크나큰 모순이다. 성령님의 역사는 다음 주일의 설교를 고민하는 순간부터 필수적이다. 본문과 주제를 정하는 시점부터 설교자료를 찾고 원고를 완성하는 과정을 거쳐 설교를 마칠 때까지 성령님의 섭시에 의존해야 한다. 더 나아가 설교를 한 후에도 회중의 삶에 그 메시지가 살아 움직이게 해달라는 요구까지도 이어져야 한다.

넷째, 자신의 정체성이 성령님의 손에 붙잡힌 하나의 도구임을 한시도 잊지 않고 사는 설교자는 보고 듣는 모든 것이 설교의 자료가 된다. 그 손은 순간순간 주시는 영감을 메모하면서 '메시지를 위한 삶'을 이어간다. 시간과 장소를 초월하여 주시는 성령님의 섭시를 받아쓰기에 최선을 다한다. 기독교 설교의 거성들은 이러한 삶을 즐기면서 설교사역을 감당하였다.

성령님이 속삭여 알려 주시는 메시지를 품고 설교단에 설 수 있는 설교자를 상상해 보라! 설교자가 성령님의 섭시를 통하여 주시는 메시지를 가지고 회중 앞에 선다는 사실을 생각만 해도 놀랍고 행복한 일이다. 그 말씀에는 분명 권위가 있고 생명력이 넘칠 것이다. 그 현장에는 이와 같은 말씀의 만나를 먹고 활기찬 영육의 기상을 펼치는 회중으로 가득할 것이다. 이것이 진정 설교의 가장 이상적인 세계이다. 이것은 전설 속 이야기가 아니다. 바로 오늘의 설교자가 도전해야 할 과정이고, 하나님은 이러한 발성기관이 되기를 간구하는 주님의 종을 기다리신다.

숱한 설교자들이 섭시를 받아 말씀을 전하는 대열에서 개가를 불렀다. 지금도 그러한 종들이 많다. 그러나 물질문명과 첨단의 전자시대에 접어들면서 설교와 성령님의 역학관계가 서서히 멀어지며 퇴색되어 가고 있다. 그러나 분명한 것은 성령님이 하나님의 생각과 방법을 알려 주셔야 그것이 참 설교이다. 성령님이 설교자의 심령에 오셔서 때를 따라 말씀을 들려주셔야 설교는 '살아있는 만나'가 된다.

제11강
성실한 준비가 설교를 풍요롭게 한다

"나는 설교본문과 세 개의 예화만 있으면 설교준비는 끝난다." 어느 목사가 나에게 했던 말을 기억한다. 참으로 어이없는 말이다. "설교를 이렇게 쉽게 생각하는 설교자들이 한국교회 강단에서 자신의 설교가 곧 하나님의 말씀이라고 외치고 있구나"라는 생각에 이르자 참으로 암담한 마음이 들었다. 그리고 선지자 미가를 통하여 주신 말씀이 떠올랐다.

> "그때에 그들이 여호와께 부르짖을지라도 응답하지 아니하시고 그들
> 의 행위가 악했던 만큼 그들 앞에 얼굴을 가리시리라 … 이 선지자 위에
> 는 해가 져서 낮이 캄캄할 것이라"(미 3:4, 6).

이 예언의 말씀은 설교를 가볍게 생각하고 성실한 준비를 하지 않는 설교자들에게 주신 준엄한 경고의 말씀이다. 설교자가 온 정신을 집중하여 설교준비에 몰입하면, 전해야 할 메시지가 한줄기 빛처럼 선명하게 보인다. 그러나 설교준비를 가볍게 여기는 설교자는 그 시야가 어두워져 올바른 메시지를 볼 수가 없다. 더욱 두려운 것은 아무리 간구

해도 하나님은 그들 앞에서 얼굴을 돌리신다는 점이다. 이것이 예언의 말씀에서 깨닫게 되는 메시지이다.

설교의 준비는 일상적인 준비와 직접적인 준비로 분류해서 생각해야 한다. 본 강의에서 지금까지 언급해 온 것의 대부분은 설교자가 갖추어야 할 기본적인 준비에 해당한다. 설교자의 정체성 확립과 거기에 적합한 인성·영성·지성의 구비와 성령님의 섭시(攝示)를 간구하는 것까지 이 모두는 설교자의 자격을 갖추는 데 필요한 준비의 첫 단계이다. 이 단계를 지나면 설교라는 특수한 사명을 위한 일반적인 준비와 본문을 가지고 깊은 대화를 하면서 메시지를 받는 직접적인 준비가 기다리고 있다. 본문과의 대화는 다음 강의에서 좀 더 구체적으로 알아보기로 하고, 본 강의에서는 일반적인 준비가 어떤 것이어야 하는지를 찾아본다.

먼저, 시급하게 설교자들이 공부하고 준비해야 할 것은 우리의 언어 구조와 표현의 기법과 전달의 방법이다. 설교는 설교자의 삶을 통해서 위력을 나타내지만 그것은 모두 시간을 두고 진행되는 영역이다. 우선적으로 필요한 것은 언어의 사용이다. 중·고등학교에서 배운 국어 실력만으로는 완전하지 못하다. 그 부족함이 정확한 전달과 표현을 해야 함에 있어 오류와 미숙함으로 나타날 때가 적지 않다. 이런 문제를 해결하기 위하여 '우리말 바로쓰기'에 관한 전문 안내서들을 읽으며 언어를 바르게 사용하기 위한 노력을 계속해 나가야 한다. 수준 높은 인문학과 논리에 관한 책들을 읽으면서 메시지의 전개를 논리정연하게 이어나가야 한다. 국문학자들 중 "한국의 설교자가 한글문화를 흩트려 놓은 장본인이다"라는 말을 할 때마다 부끄러움과 심각한 책임을 느낀다.

둘째, 좋은 서적들을 수시로 새롭게 갖추고 독서를 생활화하며 사는 것은 설교의 일반적 준비에 있어 으뜸 요소 중 하나이다. 한국교회 목회자들의 목양실을 들를 때마다 공통적으로 느끼는 것은 서재의 책장마다 각종 전집이 가득하다는 점이다. 책으로 둘러싸인 설교자의 책상은 아름답지만 "목사님은 저 책들을 읽으셨습니까?"하는 질문을 던지고 싶을 때가 많다. 이러한 질문은 필자만이 아니고 그곳을 보는 교인을 비롯한 모든 이들이 누구나 한 번쯤 가져보는 질문일 것이다. 양서를 모으는 것은 귀한 일이다. 그러나 더 중요한 것은 값비싼 각종 전집의 수집보다 단행본의 명작을 깊이 있게 읽는 생활이다. 목사가 사람들을 분주히 대하고 있는 모습보다 책을 가까이 두고 읽는 모습을 보게 될 때 신뢰와 경외감이 든다는 것이 평신도들의 평가이다. 현대인들은 첨단의 전자기기와 밀착되어 손에 책을 잡는 대신, 틈만 있으면 스마트폰을 잡고 손과 눈을 떼지 못한다. 하지만 설교자만은 내가 읽고 소화해야 할 양서들을 읽고 설교에 활용해 주기를 기대한다.

셋째, 역사적인 설교가들의 설교를 찾아 읽는 것은 분주히 사는 설교자들에게 매우 유익하다. 필자는 스펄전을 비롯한 역사적인 설교의 거성들이 남긴 설교를 읽는 것에 큰 즐거움을 느낀다. 이들의 설교가 옮겨준 메시지는 확실히 오늘의 설교와는 차이가 많음을 느낀다. 잔잔한 은혜의 물결이 스며든다. 그 본문에서 생각지도 못했던 메시지를 던져준다. 그때마다 읽기를 멈추고 중얼거린다. '왜 스펄전 목사에게는 이러한 메시지가 보였는데 나의 뇌리, 나의 눈에는 전혀 보이지 아니할까?' 늦게야 그 대답을 찾았다. 그들은 일차산업 시대에 단순한 삶을 살았다. 맑은 하늘을 쳐다보고 비옥한 땅만을 밟으면서 하나님을 찾았던 순수성이 가득했던 삶의 무대였다. 정직한 말씀의 종으로 순진한 사람들에게 심오한 진리를 외쳤던 때였다. 그러한 까닭에 그들의 설교는 만나였고 깊은 감동이 있었다.

지금은 맑은 하늘을 보지 못한 채 호흡을 하고, 오염으로 가득한 아스팔트 위를 걸어야 한다. 혼탁한 사회의 소음을 들어가면서 건강을 잃고 살아가는 오늘의 설교지들이다. 이러한 탁류에 휩싸이면서도 일자산업의 청명한 환경에서 외쳤던 역사적인 설교가들의 설교를 읽는다는 것은 "때 묻지 않은 설교의 맑은 우물"에 몸을 적시는 일이다.

넷째, 경청하고 통찰한 것들을 기록하는 습관이다. 틸리케(Thielicke, H.)는 "내가 참여하는 모든 대화는 실제로는 설교를 위한 명상과 준비와 자료를 수집하는 시간이 된다"고 말한다. 그는 극장에서의 영화나 연극을 비롯해 일상생활에서 벌어지는 모든 일을 자신의 설교자료로 사용한다고 말하였다. 그렇다. 설교자는 모든 사건과 사물을 설교적 안목으로 보고 메모를 해야 한다. 아무리 뛰어난 총명함이라도 둔한 펜만 못하다는 '총명이불여둔필(聰明以不如鈍筆)'이라는 선조들의 말은 역시 명언이다. 한 시대를 이끌어간 설교자들은 '메모의 생활화'를 매우 소중하게 여겼다. 그 메모는 단순한 자료의 모음에 멈추지 않고, 설교자의 온 정신이 언제 어디서나 설교를 위한 준비로 가득해 있음을 입증하는 자료이다.

제12강
주님! 어떤 말씀으로, 무엇에 관하여, 어떻게 선포해야 합니까?

설교자는 평생 동안 무거운 짐을 지고 사는 존재이다. 정성을 다해 한 편의 설교를 준비하여 외친 후라도 흐뭇한 마음으로 해방감을 느낄 여유가 설교자에게는 없다. 언제나 부족함을 느끼며 줄곧 이어지는 다음 설교를 구상하고 준비해야 하는 '설교에 대한 중압감'이 마음을 누르고 있다. 한국교회 설교자들은 주일예배 설교뿐만이 아니라 그 외의 저녁예배와 각종 기도회의 설교까지 줄줄이 기다리고 있다. 생각하면 한국교회의 목사는 평생 동안 '설교의 멍에'를 메고 살아야 하는 말씀의 종들이다.

이러한 삶을 이어가는 설교자들이 월요일 새벽 성령님께 간구하는 첫 기도의 첫 항목은 일반 회중과는 다른 내용이 되어야 한다. 그것은 당연히 "주님! 이 종이 다음 주일에 어떤 말씀으로, 무엇에 관해, 어떻게 선포해야 합니까?"이다. 즉, 다음 설교의 본문과 주제와 명제를 찾는 작업이다. 이제 한 편의 설교를 준비하는 첫 단계인 본문과 주제를 확정하는 과정을 보자. 본문과 주제 가운데 무엇이 먼저인가는 문제가 되지 않는다. 주제를 선정하고 본문을 찾을 수 있고, 본문을 정하고 주제를 정할 수도 있다.

첫째, 본문(text)을 선정하는 과정에는 몇 가지의 길이 있다. 맑은 심령으로 성경을 읽는 중에 눈길을 멈추게 하는 말씀과의 만남이다. 그 순간 설교자는 지체없이 기도한다. 이 말씀이 하나님께서 주시는 말씀인지를 묻는 순간이다. 그리고 자신이 섬기는 양들이 들어야 힐 메시지가 보이는지 찾아야 한다. 난해한 말씀을 가지고 합리적인 해석을 하려는 시도는 권장할 만한 일이 아니다. 설교자의 높은 석의 실력 과시는 결코 좋은 설교로 이어지기 어렵다.

어떤 설교자는 한 번 설교했던 본문이나 친숙한 본문은 피하려는 경향이 종종 있다. 그러나 그것은 매우 잘못된 생각이다. 아무리 친숙한 본문이라도 때와 환경에 따라 우리에게 주는 메시지가 다를 수 있기 때문이다. 그리고 본문의 길이에 너무 민감할 필요가 없다. 말씀의 문맥이 이어진다면 인위적으로 앞뒤를 생략할 이유가 없다.

또 하나 중요한 것은 본문을 시간이 임박하여 쫓기듯 찾는 것은 권장할 만한 일이 아니다. 국내외적으로 예기치 못한 사건이 발생한 경우를 제외하고는, 52주의 본문을 미리 정하고 거기에 따른 주제까지 확정하는 것이 가장 현명하다. 최근에는 교회력을 따른 성서정과(Lectionary)를 세계교회가 사용하여 동일한 시간에 동일한 말씀을 외치고 있다. 여기에는 구약과 복음서와 서신서 그리고 시편까지 해당 주일의 본문을 제시함으로써 설교자들의 부담을 크게 줄어들게 하고 있다.

둘째, 주제를 확정하는 과정이다. 지금까지 한국교회에서는 주제설교를 '제목설교'라고 잘못 번역하여 많이 사용해 왔다. 제목(Title)이라는 것은 주보나 게시판에 설교의 이름을 광고하는 데 필요한 것일 뿐이다. 여기서 제목의 역할은 회중이 호기심을 갖고 경청하도록 하는 것 이상의 뜻은 없다. 주제(Subject, Theme, Topic)란 무엇에 관하여 설교할 것인가를 뜻한다.

설교자는 그날의 설교에서 "오늘의 메시지가 무엇에 관하여" 말하는지를 명확하게 제시해야 한다. 한 설교에서 여러 주제를 말하려는 의욕은 메시지의 초점을 흐리게 한다. 초점이 분명하지 않은 설교를 가리켜 '초점을 잃은 설교'라고 한다. 회중은 선명한 주제를 부각시키고 거기에 공감대를 불러일으키지 못한 설교를 들은 다음에는 "오늘 저 설교는 무엇을 말하려는 것인지 도무지 알 수 없다"는 느낌과 함께 심한 허탈감에 빠지게 된다.

주제의 선정은 본문에서 찾는 것이 가장 이상적이다. 그 이유는 하나님의 말씀에서 메시지의 핵심을 발견하기 때문이다. 또 하나의 길은 회중의 삶을 세심하게 살피는 가운데 그들에게 어떤 메시지가 필요한지 영적 감각으로 거기에 맞는 주제를 결정하는 방법이다. 설교자는 두 세계의 중간에 서있다. 하나님의 말씀과 회중의 삶, 이 중간 지대에서 메시지를 찾고 전해야 하는 존재이다. 그러므로 때로는 하나님의 말씀에서 필요한 주제를 찾게 되고, 때로는 회중의 삶에서 설교의 주제를 만나게 된다. 어떤 과정에서 주제가 발견되었을지라도 그 주제를 내포하고 있는 적절한 본문을 찾는 것은 필수작업이다.

즉, 자신이 찾은 주제에 하나님이 무엇이라고 말씀하시는지를 찾아서 전해야 한다. 주제의 선정에 있어 또 하나 유의할 것은 넓은 의미를 포함하는 것보다는 구체적인 것이 훨씬 효과적이다. 예를 들어, '사랑'이라는 포괄적인 큰 주제보다는 '사랑의 회복' 또는 '사랑의 필요성'과 같은 좁은 의미의 것이 그 효력이 크다.

셋째, 명제(proposition)이다. 명제는 자신이 전개하고자 하는 설교의 전체 내용을 간결하게 요약하는 것을 의미한다. 여기서 설교의 구상을 하면서 설교의 방향과 범위를 정한다. 설교를 준비하는 과정에서 설교의 넝세가 없을 때는 설교의 전개가 종횡무진하는 현상을 가저온다. 그러기 때문에 본문의 선정과 주제가 끝났을 때 본문과 주제의 연결성을 잘 관찰한 후에 설교의 줄기를 설정하고 그 목적과 전개의 범위를 정리한다. 압축된 설교로 간결하고 명료하게 전하도록 한다.

그러나 본문을 연구하는 과정에서 발생되는 메시지의 내용이 달라질 수 있고, 원래 의도보다 다른 방향으로 갈 수밖에 없는 경우도 적지 않다. 그럴 때마다 설교자는 자신의 구상으로 엮인 명제보다 본문의 메시지를 따르는 자세를 갖추어야 한다. 그 이유는 메시지는 설교자가 만드는 것이 아니라 본문을 통하여 주어지는 것이기 때문이다.

제13강
주신 말씀의 깊은 뜻을 알려 주소서

   설교의 성패를 가름하는 기준을 어디에 두어야 하는지를 묻는 질문이 많다. 그 대답 또한 다양하다. 어떤 설교자는 '아멘'의 함성으로 나타나는 회중의 반응을 보고 설교의 성패를 말한다. 어떤 설교자는 회중이 자신의 말에서 웃음을 자아내고 눈물을 흘리는 감성적 표현을 보는 것에 설교의 성패를 말한다.

   한국교회의 많은 설교자들과 회중은 설교에 대한 이러한 반응을 설교의 성공과 실패의 기준으로 삼고 있다. 여기에 매우 심각한 문제가 제기된다. 만약 이러한 반응들이 설교의 성패를 나타내는 표준이 된다면 설교는 매우 위험한 지경에 이르게 된다.

   그 이유는 설교자들이 우선적으로 어떻게 하면 회중의 입에서 '아멘'이 많이 나오게 하고, 어떻게 하면 많이 울리고 웃길 것인가에 보다 많은 관심이 모아질 것이기 때문이다. 만에 하나 설교자가 설교의 성패를 이러한 반응을 기준으로 삼게 된다면 설교는 퇴락의 길을 걷게 된다. 역사적으로 설교가 인간의 감성에 초점을 두었을 때 힘을 잃었고 암흑의 세계에 진입했다. 그렇다고 해서 설교자가 눈앞에 보이는 회중의 반응을 외면하고 민감하게 대처하지 말라는 뜻이 아니다.

여기서 강조하고자 하는 것은, 설교자가 기본적으로 어디에 최우선의 관심을 기울여야 하는지를 조심스레 살펴보아야 한다는 점이다. 설교신학자들은 거의 모두가 눈앞에 보이는 회중의 반응을 최우선으로 여기는 설교사역을 경계하고 있다. 그리고 설교의 최우선적인 의무는 설교의 본문을 충실히 연구하고 분석하여 하나님께서 무엇을 말씀하시는지를 이해하고 깨닫는 데 있어야 한다는 것에 일치하고 있다. 바우만은 그의 『성공적인 설교자를 위한 길잡이』에서 그날의 설교가 "성경에 얼마나 충실하느냐에 따라 설교의 성패가 좌우된다"는 말을 하고 있다.

기독교 신학의 거성이며 최초의 설교학 교재를 펴냈던 성 어거스틴은 성경말씀의 깊은 뜻을 알고 싶지만 히브리어나 헬라어의 실력이 모자라 라틴어 성경만을 의존할 수밖에 없었다. 사전이나 주석서가 없던 시절 번역본만 의지해야 했던 그 환경에서, 그는 설교본문의 깊은 뜻을 알고 싶어 남달리 몸부림치고 있었다. 다음은 그의 『고백록』에서 보여준 부르짖음이다. "당신 말씀의 깊은 뜻이 두드리는 내 앞에 열리게 하소서. … 진리시여! 당신께 비나이다. 이 종에게 이미 말씀하신 바를 나로 하여금 알아듣게 해주시옵소서."

설교자가 외쳐야 할 본문을 앞에 놓고, 그 말씀을 깊이 연구할 수 있는 도구를 자유롭게 갖출 수 있다는 것은 참으로 행복한 여건이다. 조금만 노력하면 성경원어를 비롯하여 각종 주석책을 컴퓨터 화면에서 자유롭게 펼치면서 본문을 연구하고 깨달을 수 있는 시대이다. 뿐만 이니라 가종 성경사전과 인명·지명 사전을 비롯하여 설교세계의 거성들이 남긴 설교를 마음껏 읽을 수 있다. 『디럭스 바이블』이나 『바이블

렉스』를 사용하면서 짧은 시간에 많은 것을 활용하며 고마워하는 설교자들을 볼 때마다, 오늘의 IT 기술은 모두가 설교자들을 위하여 개발된 도구로 보인다. 생각하면 설교자들에게는 은혜 중에 은혜의 시대이다.

이러한 도구들이 없을 때는 본문과는 동떨어진 은유적 해석(Allegorical Interpretation)이나 신비적 해석(Mystical Interpretation)들이 많았다. 설교자의 주관적 해석이 많아 숱한 해석의 오류들이 생겨나서 부작용이 적지 않았다. 불과 몇 십 년 전만 하더라도 계시록의 '붉은 용'은 '공산당'을 가리키는 것이라는 강의와 설교가 허다하였다. 그것만은 아니다. 남의 설교도 내 설교인양 표절을 해도 회중은 알 길이 없었다. 그러나 지금은 인터넷을 통하여 설교자의 부도덕한 표절행위까지 쉽게 발견할 수 있다. 설교자들이 말씀의 바른 해석과 정직한 설교자의 길을 걷도록 하는 데 오늘의 IT 기술은 지대한 도움을 주고 있다.

이제는 본문을 정확하게 이해하는 데 도움을 줄 수 있는 해석의 방법론을 깊이 생각해야 한다. 성경을 해석하는 데는 다양한 접근방법이 있다. 앞에서 언급한 은유적인 방법이나 신비적인 해석방법 외에도 교리적인 해석, 합리주의적 해석, 양식비평적인 해석, 신정통주의적 해석과 반신화적이고 실존적인 성경해석 방법 등이 있다. 이처럼 다양한 성경해석의 차이는 교단을 갈라서게 만드는 결과까지 초래하였다.

여기서 유의해야 할 것은 한국의 많은 교회들은 성경의 어떤 오류도 인정하지 않고 성경을 하나님의 말씀으로 믿는 성경관을 지키고 있다는 사실이다. 이러한 성경관을 가지고 살았던 종교개혁자들이 사용했던 성경해석방법은 본문을 철저하게 문법적으로 분석하고, 핵심단어의 분석과 더불어 당시의 역사적인 맥락을 연구하면서 메시지를 터득하는 성경해석방법이었다. 지금도 이 해석방법은 설교자들 사이에서 가장 보편적으로 활용되고 있다.

이제 여기서 설교자들이 유의해야 할 것은 자신의 특유한 해석을 드러내며 '신조어'들을 만들어 전통적인 성경해석에 혼돈을 가져와 교회를 복잡하게 만드는 일이다. 새로운 해석으로 수복을 받고자 하는 심리적 욕구는 언제나 철저히 자제해야 한다. 오직 하나님의 말씀이 무엇을 뜻하는지를 깨닫고자 하는 노력만이 필요하다. 그리고 그 말씀과 뜻을 회중에게 운반해 주겠다는 일념만을 품어야 한다. 설교자는 자신의 두뇌만으로 말씀을 풀려는 욕심을 부려서는 안 된다. 이 순간이야말로 "말씀의 깊은 뜻을 알려 주소서" 하는 절실한 성령님의 섭시(攝示)를 구하면서 철저한 석의작업을 이어가야 한다.

제14강
지금 여기에(Here and Now) 주시는 메시지를 묻나이다

"설교자가 자신의 생각을 성경말씀에 복종시키려고 하는가? 아니면 자신의 생각을 주장하기 위해서 성경말씀을 사용하려고 하는가?" 이는 해돈 로빈슨(Haddon W. Robinson)이 그의 저서 『강해설교의 원리와 실제』에서 던진 질문이다. 이 질문에 어떻게 답하느냐에 따라 설교의 방향과 목적과 표현이 달라진다. 설교자는 본문을 정한 후 기본적으로 통과해야 할 세 단계의 관문이 있다.

첫째는 지난 강의에서 설명한 석의(Exegesis)과정이다. 이 과정은 본문의 핵심 단어와 문맥을 비롯하여 그 본문이 있게 된 배경과 당시의 지정학적 상황 등을 상세하게 연구 분석하는 과정이다. 둘째는 주해(Exposition) 곧 강해의 과정이다. 이 단계에서 설교자는 석의과정에서 얻어진 결과를 종합하여, 하나님께서 이 본문 전체를 통하여 지금 무엇을 말씀하시는지를 찾아야 한다. 셋째는 다음 강의에서 설명하게 될 말씀의 현장화를 위한 적용(Application)이다. 이번 강의에서 다루게 되는 주해는 설교자가 매우 특별한 관심을 기울여야 할 단계이다. 이 단계에서 설교자가 어떤 자세를 취하느냐에 따라 설교의 내용과 메시지가 달라진다. 로빈슨 교수의 질문에서처럼 설교자가 자신의 생각을 합리화하기 위하여 본문 석의 결과를 사용하는 경우가 많다. 그런 경우에는 자신이 설정한 주장을 펴기 위하여 성경말씀이 이용되는 결과를 초래한다. 이것은 하나님 앞에 큰 잘못을 범하는 설교이다. 여기서는 설교자가 온전히 말씀 앞에 자신을 내려놓고 온전히 순종하고 그 말씀의 뜻만을 전하려는 의지가 확고해야 한다.

이 시점에서 설교자가 들어야 할 메시지는 다음의 세 가지 분야이다. 첫째, 오늘의 본문이 오늘 여기(Here and Now)의 이 회중에게 무엇을 의미하는지를 설명할 수 있어야 한다. 둘째, 그 사실의 진실성과 정당성 그리고 그 말씀에 대한 확고한 믿음을 갖추어야 한다. 셋째, 이 말씀 속에 나타난 하나님과 나는 어떻게 해야 성공적인 만남을 이룰 수 있는가를 찾아야 한다. 이 질문들에 대한 답은 지적인 기능만으로는 불충분하다. 여기서는 어느 때보다도 설교자가 긴장하고 마음을 비워야 한다. 그리고 무슨 말씀을 지금 여기에서 하시는지를 듣기 위해 신령한 귀를 기울여야 한다.

하나님의 말씀은 영원불변한 진리이기에 오늘 여기에 필요한 메시지를 담고 있다. 말씀의 주인은 과거의 하나님으로 끝나지 않고, 지금 여기의 하나님으로 말씀을 주고 계신다. 때문에 그 말씀을 듣기 위한 설교자의 진지한 노력이 주해의 과정에서 절대로 필요하다. 흔히들 주해 또는 강해는 단순히 본문을 풀어 설명하는 것으로 그 임무를 다 한 것처럼 착각을 한다. 그러나 설교자는 말씀과 회중의 사이에 서 있다. 그 말씀 속에 담겨 있는 메시지를 찾아 회중에게 전해주어야 하기에 결코 단순한 강해가 아니다.

여기서 설교자의 영성이 맑은 경우는 쉽게 메시지를 찾고 듣게 된다. 그러나 혼탁한 영성으로 경건한 삶을 이어가지 못한 설교자는 좀처럼 올바른 메시지를 찾지 못해 몸부림을 치게 된다. 그래서 주해 단계는 설교준비의 전 과정 중에 설교자가 가장 집중해야 할 부분이라고 한다. 설교사역을 조금만 진지하게 생각하면, 정확한 석의과정을 지나고 주해의 단계를 거쳐 은혜의 진리를 회중에게 전달하는 것은 설교자의 최대 의무이며 특권이다. 이 중차대한 의무의 핵심이 바로 이 주해의 과정에 담겨 있다. 이러한 주해의 과정을 올바르게 수행하기 위해 다음 몇 가지의 원칙을 고수해야 한다.

첫째, 메시지가 본문으로부터 나와야 한다. 설교자가 우선적으로 주지해야 할 것은 설교의 메시지는 설교자로부터 나오는 것이 아니라 하나님의 말씀으로부터 나온다는 사실이다. 그러기 위해서는 설교자가 본문의 지배자가 아니라 겸손한 봉사자로서 그 기본자세를 갖추어야 한다. 주시고자 하는 메시지가 무엇인지를 찾기 위해 무릎을 꿇고 "알려주시옵소서. 들려주시옵소서"라며 쉼 없이 애원하는 갈급한 호소가 필요하다. 그러한 자세로 살았던 설교의 거성들이 주해과정에서 발굴한 메시지들은 큰 참고가 될 수 있다. 둘째, 주해는 본문 전체의 흐름 속에서 메시지를 찾아야 한다. 현대의 지성적인 설교자들은 흔히 핵심단어들을 파고들어 분석하고 거기에 자신의 관심을 결합시키는 데 시간을 보내는 경우가 많다. 그러나 참된 주해는 하나님이 본문 전체를 통하여 무엇을 말씀하시는지에 대한 하나의 개념을 설정하고 그 개념을 중심하여 본문의 주해를 이어가야 한다. 셋째, 주해는 본문이 오늘의 말씀으로 임하도록 해야 한다. 설교자가 주해하고 있는 말씀은 분명히 수천 년 전에 있었던 말씀임에 틀림이 없다. 그리고 공간적으로도 지금의 여기가 아니다. 그러나 시공간을 초월하신 하나님은 자신의 말씀을 오늘, 여기의 회중의 한복판에서 들려주신다. 그래서 메시지는 언제나 현재성을 가진다. 그러한 까닭에 설교에서 말씀은 과거로 표현하지 않고 언제나 현재로 표현한다. 넷째, 설교자가 기본 메시지를 본문으로부터 먼저 접하고 소화하여야 한다.

발견된 메시지가 설교자의 가슴을 먼저 감동시키지 못한 채 회중 앞에 나아가는 것은 설교자의 불충한 자세이다. 다시 말하면, 설교자 자신의 심령에 은혜를 먼저 받고 나아가는 것이 설교자의 바른 절차이다. 정직한 설교자는 자신이 은혜에 접하지 못한 부분은 설교하지 않는 원칙을 지킨다.

제15강
설교의 적용(Application)이란 말씀의 현장화(現場化)이다

말씀의 꽃이 피는 곳은 말씀을 듣는 무리의 삶이 전개되는 현장이다. 설교자가 본문을 앞에 놓고 철저한 주석과 주해를 한 목적은 매우 단순하다. 그것은 회중이 선포된 말씀을 정확하게 이해하고, 그 진리를 그들의 삶에 실천하여 변화를 일으키는 데 있다. 그것을 곧 말씀의 적용 또는 말씀의 현장화라고 한다. 그래서 스펄전은 "적용이 시작되는 곳에서 설교도 시작된다"는 말을 남기고 있다. 주석과 주해가 아무리 뛰어나게 잘 되었다고 해도 거기서 나오는 메시지가 회중의 삶과 무관하게 이어진다면, 그것은 단순한 강의나 학문적 접근에서 끝나게 된다.

어떤 설교자들은 본문을 읽고 지루한 주석과 주해만을 계속하는 경우가 있다. 때로는 수천 년 전에 있었던 사건들만을 흥미진진하게 설명한다. 그러나 막상 기대했던 적용 곧 오늘의 삶과 연결되는 부분은 거의 보이지 않는 경우가 많다. 이러한 현상을 가리켜 '현장과 무관한 설교'라고 말한다. 그러므로 설교자는 말씀을 해석하고 전해야 할 진리를 찾았을 때, 우선적인 과제는 내가 먹이고 섬기는 회중의 어느 부분에 이 진리를 적용시킬 것인지를 찾아야 한다. 이 소중한 적용의 단계를 성공적으로 수행할 때 본문의 진리는 결실을 맺게 된다. 그만큼 적용이란 매우 민감한 부분이다. 그러므로 설교자가 특별한 관심을 기울여야 한다. 다음의 몇 가지 사항은 효과적인 적용을 원하는 설교자들에게 도움을 주리라 본다.

첫째, 적용은 설교자 자신에게 먼저 해야 한다. 수석과 주해를 통하여 깨닫게 된 진리는 설교자에게 먼저 적용되어 승화되는 경험을 요구한다. 설교자가 자신에게 적용할 수 없는 진리를 회중에게 적용하려는 것은 매우 부적절한 시도이다. 자신 속에서 실현될 수 있는 가능성이 보일 때 회중의 삶에 적용을 말할 수 있다. 그렇지 않은 경우라면 소리만이 울리는 꽹과리에 불과하다. 예를 들어, 청빈하지 못한 인격체로 알려진 설교자가 회중에게 청빈의 메시지를 수용하라며 소리치는 것은 아무런 반향을 일으킬 수 없다. 이러한 점에서 "성경은 설교자를 향한 최상의 설교자이다"라는 말을 새롭게 음미해 볼 필요가 있다.

둘째, 특정인을 염두에 두고 적용을 시도하지 말아야 한다. 시대의 흐름은 날이 갈수록 성(聖)과 속(俗)이 혼돈스러워진다. 그동안 우리의 교회는 순종 일변도의 교회였다. 그러나 지적인 수준과 비판의식이 높아지면서 저마다 자기의 목소리를 내는 것을 주저하지 않는다. 환언하면, 오늘의 설교자들은 초기의 교회처럼 강력한 카리스마를 보이며 회중을 이끌고 가는 데 한계를 느끼고 지친다. 그럴 때면 자신의 지도력에 맞춰 따라오지 않는 사람들의 인상이 줄곧 떠오르기 마련이다. 그 결과 적용의 대상이 자칫 보편적이 아닌 특수한 인물이 되기 쉽다. 설교는 어떤 경우도 개인을 대상으로 하여 그날의 메시지를 적용시킬 수 없다.

셋째, 설교자가 적용에 너무 치우치지 않도록 유의해야 한다. 적용이 설교의 최종적인 목표라고 하더라도 설교자의 기본임무를 벗어나서는 안 된다. 설교자의 기본임무는 말씀을 들려주고, 그 말씀을 풀어 이해를 시키며, 그 말씀을 듣는 이들이 실천하게 하는 것이다. 그런데 많은 설교자들이 삶의 장에 대한 이야기로 설교의 시간을 다 보내는 경우가 적지 않다. 하나님이 하신 말씀이 무엇이며 그 뜻이 무엇인지를 말하는 시간은 지극히 짧고 요식적이다. 그러면서 대부분의 시간을 적용을 위한 예화나 경험담을 비롯하여 자기지식의 나열과 주장을 펼치는 데 소비하고 있다. 지혜 있는 설교자는 설교 원고를 점검하면서 그 균형을 유지하는 데 깊은 관심과 주의를 기울인다.

넷째, 적용은 설교자의 주장을 관철하는 도구가 아니다. 제7강에서 설교의 위기 중에 하나가 오늘의 설교자들이 설교를 '목회의 수단'으로 활용하고 있음을 지적한 바 있다. 적용의 과정에서 설교자는 흔히 자신의 감정을 정화시키는 경우가 많다. 감정의 정화, 곧 카타르시스는 마음속에 억압된 감정의 응어리를 언어나 행동을 통하여 외부에 표출함으로써 정신의 안정을 찾는 것을 말한다. 만에 하나 설교자가 적용을 정화의 방편으로 오용하면 그의 설교사역에 적신호가 켜지게 된다. 그 이유는 이 과정에서 불필요한 언어를 비롯한 각종 실수가 상식과 교양의 범위를 벗어나 노출되기 때문이다. 거기에 더하여 하나님이 보이지 않고 오직 설교자만 보인다. 뿐만 아니라 설교자가 설교를 통하여 자신의 불편한 감정의 응어리를 뿜어내는 데 맛을 들이면 두려움을 모르고 상습화된다. 사탄은 이러한 카타르시스를 선악과로 만들어 설교자들이 적용과정에서 쉽게 입에 넣을 수 있도록 언제나 가까이에서 내밀고 있음을 유념해야 한다.

다섯째, 메시지가 누구에게나 이해와 공감을 불러일으켜 효과적인 적용을 가져오기 위해 다음 네 가지의 방법을 권한다. 첫째는 진지하고 부드럽게 회중의 가슴에 스며들도록 하는 질서 있는 설명이다. 이때 주의할 것은 설교자의 일방적인 설명이 아니라 보편타당성을 지니도록 노력해야 한다. 둘째는 말씀과 삶의 장을 쉽게 연결할 수 있는 예화의 활용이다. 예화의 사용은 설교자의 특별한 주의를 필요로 한다. 그러므로 다음 강의에 이 부분을 집중적으로 살펴보게 될 것이다. 셋째는 회중이 타의에 의한 선택이 아니라 자의로 선택할 수 있는 다양한 적용의 길을 제시한다. 지금까지 대부분의 적용은 명령적이었다. 제시한 대로 하면 복 받고 그렇지 않으면 벌 받는다는 식의 적용은 효력이 없다. 넷째는 감동적인 간증 등을 통하여 생생한 예증으로 들려주고 보여주는 방법이다.

제16강
이것이 예화의 효율적인 사용을 위한 지름길이다

예화가 없으면 설교가 안 된다는 설교자들이 많다. 이들은 적절한 예화만 있으면 설교는 아무 문제없이 완성할 수 있다고 생각한다. 그래서 본문에 대한 연구보다 예화의 발굴에 훨씬 노력을 기울인다. 설교를 온통 '예화의 진열장'으로 만들고 있다. 설교자가 '이야기꾼'으로 전락하는 모습을 보인다. 그 결과 회중은 진리의 내용보다는 구수한 예화에 관심을 더 보인다. 귀가하는 교인들을 붙들고 그들이 들었던 설교에 대한 질문을 하면 본문의 내용은 거의 기억하지 못하고 귀를 즐겁게 해주었던 예화만을 기억한다. 이때마다 하게 되는 질문이 있다. "하나님의 말씀이 예화에 가려 전혀 보이지 않는 설교가 과연 참된 설교인가?"

한국교회 교인들의 교육수준이 낮았을 때는 진리를 심어주기 위한 방편으로 어쩔 수 없이 예화의 활용이 절대적이었다. 하지만 지금은 설교를 경청하는 수준이 예전과 다르다. 설교분야를 연구하는 어느 조사에서는 지식수준이 높고 신앙의 연조가 높을수록 예화 위주의 설교에 거부반응을 보이고 있음을 밝히고 있다. 그럼에도 불구하고 한편에서는 비유를 즐겨 쓰셨던 예수님의 말씀사역을 들추며 말한다.

사실 예화는 진리를 밝히 보여주기 위한 한 폭의 그림이다. 좀 더 구체적으로 그 필요성을 나열하면 다음과 같다. 첫째, 예화는 메시지를 구체화시키는 도구이다. 둘째, 회중에게 메시지를 각인시키고 흥미를 유발시킨다. 셋째, 회중이 메시지를 기억하는 데 도움을 준다. 넷째, 예화는 실천적인 기능성을 제시한다. 이러한 도움을 받을 수 있는 예화이기에 우리의 설교자는 예화에 대하여 깊은 관심을 기울일 필요가 있다. 예화가 성공적으로 사용될 때는 대단한 효력을 발휘하지만 그렇지 못한 경우는 설교 전체가 손상을 입게 된다. 그러므로 설교자는 유용하고 효과적인 예화의 활용을 위해 다음과 같은 요소들을 눈여겨보아야 한다.

(1) 외국에서 번역한 예화에 지나치게 의존하는 경향을 벗어나야 한다. 한국에서는 한국 사회에서 발생한 이야기들이 예화로 사용되어야 공감대 형성이 빠르다. 인도의 간디, 아브라함 링컨이니 하는 식의 이야기보다는 우리나라의 역사와 문화 속에서 적절한 예화를 찾아 적용하는 것이 보다 효과적이다.

(2) 설교자는 자신과 자신의 가족 이야기는 최대한 삼가는 것이 좋다. 설교자에게 초점이 맞추어질 때 효과보다는 부작용이 훨씬 많다. 설교자가 보이지 않아야 하나님이 보인다는 사실을 이해하는 설교자는 어떤 경우도 자신의 나타남을 억제한다.

(3) 남이 사용하지 않는 예화를 수집함이 유용하다. 누구나 알고 있는 예화를 사용한다면 진부함으로 관심을 끌지 못한다. 그래서 자신이 읽은 책에서 발굴한 예화의 활용을 권장한다.

(4) 예화의 길이는 짧을수록 좋다. 2분을 넘기지 않도록 간결하면서도 핵심을 놓치지 않고 사용함이 좋다. 필자는 어느 설교자가 한 예화

를 가지고 12분을 넘기고 있음을 보면서 어리둥절한 적이 있다. 그날 그 설교자는 4개의 예화를 사용하였는데 30분 설교에서 예화가 차지한 시간이 25분이었다. 그 설교자는 시간을 메꾸기 위한 방편으로 예화를 늘려 사용하고 있다는 오해를 충분히 받을 수 있다.

(5) 예화의 출처를 밝히는 데 유의해야 한다. 예화의 확실성을 보여주려는 의도는 좋으나 그 부작용 또한 크다. 예를 들어, 어느 특정한 신문에서 읽은 이야기라고 말했을 때, 그 신문에 반감을 가진 사람은 설교자가 정치적으로 자신과 다른 노선의 지도자라고 판단한다. 생존한 인물의 실명을 대며 이야기를 했을 때 그 사람과 견원지간인 사람이 있다면 그 예화는 실패하게 된다. 따라서 "오늘 어느 조간신문에 나온 이야기입니다", "어떤 사람이 겪은 이야기입니다"와 같은 표현을 권장한다.

(6) 예화를 과장하여 들려주는 일은 삼가야 한다. 사람이 말을 하다보면 열이 나고 열이 나게 되면 감정이 움직인다. 이 과정에서 설교자는 사실의 선을 넘어 과장을 거듭한다. 회중은 과장된 예화를 계속 듣다가 종국에는 설교자의 진정성까지 의심하게 된다.

(7) 설교의 주안점마다 예화를 사용해야 할 필요는 없다. 예화가 필요하다고 판단되는 경우에 한하여 사용함이 훨씬 효과적이다. 충분히 이해가 되고 설득이 됨에도 예화를 사용해야 한다는 의무감은 버려야 한다.

(8) 육적인 말초신경을 자극하는 예화는 금물이다. 인간은 누구나 죄성(罪性)을 가지고 있다. 이 죄성이 움직이는 예화의 사용은 그날의 설교를 실패로 몰고 가는 도구가 된다. 실질적으로 어느 설교자는 '죄의 은신처'를 말하면서 어느 퇴폐영업소의 이야기를 아주 실감나게 10

분이 넘도록 설명하였다. 그 결과 그곳을 출입한 목사로 오해를 받고 교회를 떠나야 했던 일이 있었다.

(9) 예화는 원고화하되 원고를 보면서 사용하는 것은 비효율적이다. 예화를 원고화하는 것은 불필요한 수식어를 줄이고 시간의 조절을 위해 매우 중요하다. 그러나 예화의 전달을 원고에 시선을 두고 해서는 안 된다. 예화를 말하는 것까지 원고에 의존하는 것은 설교자의 능력 평가에 보탬이 되지 못한다.

(10) 예화는 가급적 부정적인 것보다 긍정적인 것이어야 한다. 설교자는 특수한 경우를 제외하고는 사용하는 예화들이 긍정적이고 우러러볼 수 있는 것을 사용해야 한다. 설교자가 비판적이고 공격적인 자세로 실패한 예화를 사용함으로 고단한 교인들에게 제2의 상처를 안겨주기 쉽다. 그러나 절망을 딛고 굳건히 일어선 인물들, 묵묵히 헌신적 사랑을 실천하는 이야기, 하나님과 깊은 교제로 기쁨과 감사로 살아가고 있는 믿음의 사람들에 대한 아름다운 예화들은 그대로 감동으로 전해지며 회중이 귀를 기울이게 만든다.

예화는 이상과 같은 주의점들을 유의하여 잘 사용하면 전하고자 하는 메시지를 회중의 가슴에 와 닿게 하는 훌륭한 도구가 된다. 그렇지 못했을 경우에는 설교 자체를 무너뜨리는 해독(害毒)의 역할을 한다. 그리고 설교가 '예화의 진열장'으로 꾸려지면 그 설교자는 삯군의 불명예를 얻게 된다.

제17강
설교와 신앙 간증을 혼동하지 말아야 한다

　　교회가 바르게 존재하는 비결은 교회가 예배하는 공동체로서 하나님을 바르게 예배하고 하나님의 말씀이 바르게 선포되는 것에 있다. 이 원칙이 무너질 때 교회는 퇴락의 길을 걷게 된다. 최근에 한국교회의 강단이 서서히 변질되는 모습이 보인다. 그것은 특정인들의 신앙 경험을 들려주는 간증을 설교보다 우위에 두는 현상이다. 신앙 간증은 메시지를 회중의 삶에 보다 더 효율적으로 적용시키는 데 필요한 하나의 방편이다.

　　간증은 단순히 어떤 이야기의 전달이 아니라, 그날의 메시지와 연관된 사실을 직접 체험한 바 있는 사람이 스스로 증언하는 형태를 취해야 한다. 이러한 간증은 가끔씩 예화의 차원에서 들려주던 것이 그 출발이었다. 미국에 한때 급부상했던 로버트 슐러 같은 목사가 그 대표적인 사례이다. 그는 자신이 전하고자 하는 메시지의 생생한 적용을 위해 설교시간에 간증자를 자주 세웠다. 보통 5분 이내로 그날의 메시지와 연관된 신앙 경험이 있는 사람을 세워 자신의 경험을 말하게 하였다. 그 결과 메시지의 생생한 적용에 큰 효력을 가져오기도 하였다. TV 중계를 통하여 전 세계에 방영된 이러한 간증의 활용은 한국교회에도 매우 큰 영향을 주었다. 한국교회는 간증을 설교 도중에 하는 것보다 별도의 '간증집회'를 갖는 경우가 많다.

심지어는 예배에서의 설교시간을 간증으로 대체하는 '간증설교'까지 등장하는 사례가 발생하고 있다. 간증에 큰 비중을 두는 목사들은 설교나 간증이나 무엇이든지 은혜만 끼치면 된다는 생각으로 출발한다. 물론 신앙 간증이 가지고 있는 긍정적인 면이 있다. 예를 들면, 경험적인 신앙의 결핍을 느끼는 사람들에게 새로운 시각을 열어줄 수 있다. 간증을 들으면서 하나님의 말씀이 추상적이 아니라 구체적임을 알게 할 수 있다.

거기에 더하여 신앙 간증은 동일한 상황에 있는 사람들에게 공감대를 형성시켜 새로운 비전과 용기를 줄 수 있다. 신비한 은사를 사모하는 사람들에게는 동경의 대상이 되기도 한다. 말씀의 적용에 생동감을 주어 공감대를 불러일으킨다. 특수한 영적인 경험의 간증을 통하여 인간지성을 초월하여 초자연적으로 발생된 하나님의 위대한 손길을 깨닫게 한다. 그러나 위와 같은 장점들을 가지고 있는 신앙 간증이지만 다음과 같은 심각한 문제로 그 본질에서 벗어나고 있다.

첫째로, 우리가 관심을 두어야 하는 부분은 개인의 영적 경험을 보편타당한 진리로 받아들이게 하려는 데에 있다. 기독교 역사에 수많은 인물들이 등장하여 자신들의 특수한 경험을 증언했지만 교회는 그 어떤 기사이적도 개인적인 신앙의 경험으로 국한시켰다. 이러한 결정에 불복한 사람들은 자신의 경험을 특수계시라는 이름 아래 추종자들을 모으고 이단의 길을 걸어 기독교의 진리를 어지럽게 만들었다.

둘째로, 설교는 하나님의 말씀으로부터 출발하여 그 말씀 안에서 진리를 선포하고 그 말씀을 해석하고 그 말씀에 기초하여 우리의 삶을 이어가도록 하는 하나님의 사역이다. 그러나 간증은 자신이 받은 계시나 경험이 기본이 되어 거기에 해당하는 성경말씀을 인용한다. 다시 말하면, 66권의 성경보다 개인인 자신이 받은 계시와 경험을 우선한다. 한 실례가 2014년 12월 제2차 한국전쟁에 대한 계시를 받았다고 떠들던 홍○○의 경우이다. 그녀는 천국과 지옥을 보는 체험을 1,500회 이상 하고 주님과의 직접 대화를 통해 미래사를 듣는 간증을 하면서 한국교회의 이미지를 실추시킨 적이 있다.

셋째로, 설교를 통하여 선포된 말씀의 주인은 어떤 경우도 인간이 될 수 없다. 뿐만 아니라 설교자는 부름 받은 몸으로 끝나지 않고, 말씀의 종으로 최소한 3년 과정 이상의 신학교에서 성경의 진리와 신학을 연구하고 습득하며 훈련을 쌓아야 한다. 그러나 간증자는 단시간의 어떤 사건이나 신비한 경지에서 얻은 경험의 소유자이다. 말씀의 적용을 위하여 신학을 깊이 연구하고 성경을 체계적으로 배운 사람이 아니다. 필요한 성구만을 외우고 활용하는 사람이 대부분이다.

넷째로, 신앙 간증을 남용할 때 간증자들은 자신이 보냄을 받은 '말씀의 종'으로 착각을 한다. 전통적인 설교사역자들에게는 '직통계시를 받은 몸'으로서 신령한 존재로 행세를 한다. 회중에게는 '이 시대에 보내주신 능력의 종, 신유의 종'으로 군림을 한다. 매우 위험한 현상이다.

결론적으로, 어떤 신비한 경험의 간증이더라도 성경말씀을 억지로 연관시켜 합리화시키는 신앙의 체험은 오류를 범하기 쉽다. 그리고 어떤 경우도 간증이 설교를 대체할 수 없다. 간증은 개인적 차원의 영적

체험으로서 언제나 설교말씀을 위한 예증으로 활용되어야 한다. 이 질서가 무너지는 날, 설교사역은 언제나 위기에 직면하게 된다. 하나님은 개인의 체험적인 신앙을 통하여 모두에게 말씀하시지 않고, 오직 성경 66권을 통하여 말씀하심을 오늘의 설교자들은 명심해야 한다.

제18강
이것이 설교의 기본유형이다

사람은 어릴 적부터 부모를 비롯한 주위 사람들에게서 단어와 표현을 배우면서 언어의 소통이 시작된다. 건강한 신체 기능을 가진 사람은 언어의 소통 능력에 대해 특별한 관심 없이 발전하고 성장하며 사회생활을 영위해 간다. 그러나 경우에 따라서 특별한 주의를 필요로 할 때가 있다. 어떤 목적을 가지고 자신의 주장을 펼 때나 언어를 통한 교육을 해야 할 때는 효과적인 논리의 방법이 필요하다. 고대의 수사학은 유창한 말솜씨와 관련된 이론과 규칙을 계발하고, 그것을 설득의 중요한 무기로 사용하였다.

이 수사학은 많은 지성인들의 환영을 받았고 중요한 교육의 과정으로 정착하였다. 유명한 수사학자였던 어거스틴이 말씀의 종으로 변화되어 펴낸 『기독교 교리에 관하여』는 최초의 설교학 교재였다. 그 책에서 설교이론이 수사학적으로 접근하였음을 보게 된다. 실질적으로 설교는 어떤 수사학적 이론을 반드시 갖추어야 하는 것은 아니다. 4세기의 크리소스톰, 13세기의 아시시의 프란시스, 그리고 16세기의 루터, 칼뱅, 츠빙글리와 같은 설교가들을 비롯하여 그 이후의 설교의 거성들이 수사학적 이론이나 규칙을 가지고 설교하였다고 보기는 어렵다. 설교학이 발전을 하면서 역사적인 설교들을 모아 연구 분석을 거듭한 결과, 설교유형을 본문설교, 강해설교, 주제설교로 구분하여 오늘에 이르고 있다.

설교사들이 이러한 설교의 기본유형을 이해하고 적용할 수 있다면 메시지의 전달에 매우 유익한 결과를 가져오게 될 것이다. 그러면 세 가지 기본유형에 대하여 알아보자.

먼저, 본문설교(Textual Sermon)는 어떤 유형의 설교보다도 본문의 정황(context)을 비롯하여 핵심단어와 문맥의 분석을 철저히 한다. 그렇기 때문에 본문의 길이를 5절 이내로 한다. 이러한 본문연구 과정을 거쳐 설교의 주제와 주안점(대지)들이 본문에서 발췌되도록 한다. 따라서 메시지의 핵심이 본문에서 나와 회중이 본문과 만나도록 한다. 이 유형의 설교가 가져온 장점은 무엇보다도 설교자가 자신의 개인적인 사상이나 경험에서 벗어나 본문 위주로 설교를 구성하게 된다. 뿐만 아니라 산만하고 잡다한 수식들이 대폭 줄어들게 된다. 회중은 정확한 메시지를 받을 뿐만 아니라 성경에 대한 깊이 있는 지식을 갖추게 된다.

본문설교는 이러한 좋은 장점들이 많지만 주의해야 할 점이 있다. 그것은 설교자가 임의로 취향에 맞는 본문만을 찾게 됨으로 인해 66권의 말씀을 골고루 먹도록 해야 하는 균형을 지키지 못하는 오류를 범하기 쉽다. 때로는 자신의 주장과 생각을 펼치는 데 적당한 본문만을 찾아 자기 합리화를 위한 설교로 전락하기 쉽다. 그러나 설교자가 이러한 모순을 범하지 않고 본문설교를 활용한다면 설교는 더욱 분명한 하나님 말씀으로 나타난다. 그리고 설교자는 성경에 대한 깊은 지식을 축적하는 결과를 가져온다.

둘째로, 주해설교라고도 일컫는 강해설교는 많은 설교자들에 의하여 이어진 설교유형이다. 밀러(D. Miller)는 "모든 참된 설교는 강해설교이다"라는 말을 남겼다. 마이어(F. B. Meyer)는 강해설교를 "성경 가운데서 한 권이나 또는 어느 일정한 부분을 본문으로 하여 그것을 연속적으로 주석해 나가는 설교"라고 정의한 바 있다. 이 유형은 많은 분량의 본문을 가지고 석의적 접근보다 주해적 접근을 더 강조한다. 여기서 진리의 현재성을 밝히고 그 진리를 회중의 삶에 조명해 준다. 이 설교는 어떤 유형의 설교보다 설교자의 맑은 영성이 요구되며 메시지에 민감한 반응이 있어야 한다. 그러기 위하여 말씀 앞에 있는 설교자 자신이 주어진 메시지와 우선적으로 깊은 만남을 가져야 한다. 여기서 유의해야 할 것은 설교자의 단순한 감성으로 진리를 받아들여 말씀의 본뜻과 상반된 설교를 하는 실수를 범하지 말아야 한다. 그렇기 때문에 『강해설교의 원리와 실제』를 펴낸 로빈슨(Haddon Robinson)은 강해설교는 본문설교에서 요구하는 역사적, 문법적, 문학적 연구를 철저히 할 것을 당부하였다. 그러나 강해설교 또한 안고 있는 문제점이 있다. 그것은 일정한 성경을 택하여 한 장씩 강해하는 경우 사회가 직면한 현장의 문제들을 외면하기 쉽다는 문제이다.

셋째로, 주제설교는 주제와 본문의 선정을 설교자가 자유롭게 할 수 있는 유형이다. 현장이 필요로 하는 주제를 가지고 자료를 수집하여 논리적으로 전개하는 설교이다. 주로 인간 세상의 말을 많이 하기 때문에 회중의 관심을 불러일으키기 쉽다. 그래서 현대의 설교자들이 가장 많이 사용하고 있는 설교의 유형이다. 그러나 이 설교에는 설교자의 특별한 주의를 필요로 하는 부분이 많다. 그것은 본문에 나타난 하나님의 깊은 뜻을 전달하여 말씀의 주인이 보이도록 해야 하는 설교의 원칙이 흔들린다는 점이다. 설교자의 경험과 세상의 예화와 지식과 판단, 주장이 주종을 이루어 설교자가 말씀의 주인자리에 앉게 되는 큰 함정이 도사리고 있다. 그 결과 비성경적인 설교로 전락하게 된다.

　자칫 본문이 자신의 말을 입증시키는 하나의 각주로 사용되기도 한다. 그 때문에 설교자가 조금만 주의를 기울이지 않으면 자신도 모르는 사이에 설교가 '종교수필'로 전락하기 쉽다. 주제설교의 진정한 성공은 설교자가 본문의 봉사자로서 본문에서 주어지는 하나님의 말씀이 앞에 나타나도록 해야 한다. 설교자는 자신의 주관적 주제와 자료를 그 말씀을 돋보이게 하는 부수적인 자료가 되도록 하는 기본수칙을 지켜야 한다.

제19강
설교의 전개형태 (1) – 3대지 설교가 전부인가요?

종교개혁의 샛별이었던 타울러나 위클리프와 같은 설교자들이 등장하였던 시기인 1322년, 지금도 미지의 인물로 알려진 베이스본의 로베르토(Robertof Basevorn)에 의해 최초로 『설교의 형식』이 출판되었다. 이 책은 1230년경 파리대학에서 있었던 설교의 전개형태에 대한 기록들을 참고하여 설교의 구성형식을 다루었다. 이 책은 설교에 관심이 있는 사람들의 주목을 받았을 뿐만 아니라 설교의 형식을 연구하는 데 원조의 자리를 잡고 있다.

이 책에서는 설교의 주제를 세 가지의 주안점(대지)으로 나누어 설정하고 진행함이 유익하다는 주장을 펴고 있다. 이유는 "삼위일체의 관점에서 메시지를 조명할 수 있으며 세 겹으로 된 줄이 가장 끊기 어렵다는 이유"라고 설명한다. 그리고 정해진 설교시간에 3개의 주안점이 전달이나 기억에 적절하다는 말을 첨가하고 있다. 이러한 주장은 후대의 설교가들 사이에 공감대를 형성하였고, '3대지 설교'라는 틀이 고정되어 오늘에 이르고 있다. 이렇게 출발한 설교의 형식은 3개의 주안점(대지)을 만들고 거기에 적절한 자료와 예화를 첨가하는 것으로 정착되었다.

그러나 지금은 설교의 전개형태가 매우 다양하다. 그 형태마다 각각 다른 이름을 붙여 설교자들이 혼돈을 가져오기도 한다. 설교학의 발전이 가장 활발한 북미설교학회에서는 새로운 전개형태의 개발에 대단한 관심을 보인다. 누구인가 새로운 전개형태를 연구 발표하면 그것이 새로운 이슈가 되어서 귀를 기울인다. 그러한 과정에서 어떤 전개형태는 메시지의 발굴과 전달에 큰 도움을 주기도 하지만 어떤 형태는 비성경적인 설교로 전락하는 경우가 많다.

설교는 지난 강의에서 살펴본 기본유형에 따라 그 전개형태를 각각 달리하게 된다. 기본유형에서 강조했던 본문에 대한 깊은 연구를 한 후에 깨달은 메시지를 어떻게 전개하여 회중의 가슴에 심어줄 것인지를 고민하는 것은 설교자의 당연한 과정이다.

본 강의에서는 앞에서 살펴본 설교의 기본유형에 따라 본문을 떠나지 않고 전개할 수 있는 설교형태에 우선적인 관심을 기울이고자 한다. 여기서 제시하고자 하는 8가지 전개형태는 대지설교, 분석설교, 상관설교, 서사체설교, 예화설교, 인물설교, 대화설교, 독백설교이다.

먼저, 본 강의에서는 대지설교에 대하여 알아보기로 한다.

설교의 역사에 오랫동안 자리잡아 온 대지설교는 설교의 기본유형 중에 본문설교나 주제설교를 전개하는 데 가장 활발하게 사용되는 전개형태이다. 이 형태를 빌려 전개하는 설교의 대지는 설교의 본론에 해당하는 부분으로서 다음과 같은 몇 가지의 원칙을 지켜야 한다.

첫째는 본문설교의 유형에 따라 대지설교로 전개를 하는 경우에 설교의 대지는 본문에서 제시되어야 한다. 이때 유의해야 할 것은 대지의 문장이 일반적으로 설교자가 제시하는 형태를 보이고 있다는 사실이다. 그러나 설교의 핵심이 되는 대지의 표현은 성삼위 하나님이 주어로 등장하는 문장이 되도록 해야 한다. 예를 들어, 고린도전서 13장 4절의 '사랑의 실상'을 본문으로 했을 경우를 본다. "첫째, 사랑은 오래 참아야 합니다"라는 본문을 그대로 옮겨왔지만 설교자의 주장처럼 보일 가능성이 많다. 그래서 "첫째, 하나님은 바울을 통하여 사랑은 오래 참아야 함을 가르치십니다"로 정확하게 표현함으로 회중이 하나님의 말씀으로 듣게 해야 한다.

둘째는 대지마다 거기에 해당하는 본문을 제시해야 한다. 본문이 없는 대지는 자칫 설교자의 이론과 지식으로 일관하게 되는 오류를 범하게 된다. 하나님이 말씀하신 '오래 참음'의 근거를 본문으로 제시함이 바른 절차이다. 흔히들 설교자가 '오래 참음'에 대한 설명을 장황하게 한 다음에 성경으로 보충하는 경우를 본다. 이것은 실은 자신의 말을 입증시키는 '각주(footnote)'로 본문을 이용하는 오류를 범하게 된다. 그러기에 설교자는 대지에 해당되는 '오래참음'의 핵심단어를 제시함이 마땅하다.

셋째는 핵심단어를 제시할 뿐만 아니라 그 뜻을 원어를 중심하여 정확히 밝히는 데 깊은 관심을 두어야 한다. 오래참음의 원어를 찾아 그 단어가 내포하고 있는 기본의미를 설명해 줌으로 하나님의 말씀에 회중이 더 정확하게 접근할 수 있도록 도와주어야 한다. 이 단어가 사용되었던 그 시대의 환경과, 성경의 다른 곳에서는 어떻게 사용되었는지까지 설명해 줄 수 있다면, 말씀의 이해는 훨씬 더 명확하게 이어지게 된다. 이제는 설교자들이 히브리어나 헬라어에 능숙하지 못하더라도 PC에서 사용할 수 있는 많은 프로그램이 개발되어 지식과 유익한 정보를 손쉽게 접할 수 있는 시대에 살고 있다.

넷째는 해석된 말씀을 가지고 회중의 삶에 적용시키는 단계이다. 말씀을 풀어주는 것으로 설교가 끝나는 것이 아니다. 진정한 설교는 회중의 삶에 그 말씀이 현장화 되도록 설교자가 효율적인 적용을 할 때 설교가 발생된다. 설교자가 가장 손쉽게 진리의 석용을 할 수 있는 방법 중의 하나로 예화나 간증을 생생한 예증으로 활용할 수 있다. 회중은 말씀의 선포와 해석의 단계보다는 예화로 엮인 적용의 단계에서 훨씬 더 흥미를 보인다. 여기에 설교자가 빠지기 쉬운 함정이 있다. 그것은 설교자가 회중의 흥미를 위주로 예화를 남발할 때이다. 예화의 나열은 그만큼 하나님의 말씀이 감추어지고 인간의 이야기가 많아진다는 말이다. 회중이 본문을 통하여 주신 메시지보다 흥미로운 예화만을 가슴에 안고 돌아가게 된다면, 그것은 설교자가 깊이 성찰해 보아야 할 심각한 문제이다.

제20강
설교의 전개형태 (2) – 분석설교를 알고 싶다

　제19강에서 살펴본 대지설교가 기독교 설교의 전개형태로서 가장 오랜 역사를 가지고 있음은 사실이다. 그러나 미국의 교회가 전성기를 누리던 1950년대에 들어와서는 많은 설교자들이 대지설교의 발전적인 형태를 찾고 있었다. 대표적으로 이반스(W. Evance)는 『설교의 구성론』에서 현대인의 사고구조에 접근하기 쉬운 전개형태를 내놓은 바 있다.

　그러나 이 형태가 본문의 말씀보다는 인간 지성과 논리에 초점을 맞춤으로써 설교자에 따라 비성경적 설교로 탈선하는 부작용을 수반하고 있었다. 필자는 이반스의 책을 번역출판하면서 이 형태에 보완을 한다면 한국교회에 매우 유익한 설교형태로 수용할 수 있다는 확신을 가지게 되었다. 그래서 이 전개형태가 성경적 설교가 될 수 있는 방법을 추가하면서 '분석설교'라는 이름으로 1980년부터 강의를 계속해 오고 있다. 분석설교가 말씀 중심의 설교(Biblical Preaching)가 되기 위하여 다음의 몇 단계를 필수적으로 거쳐야 한다.

　(1) 본 설교의 주제는 설교자의 지식이나 생각에서보다는 봉독한 본문이 가지고 있는 기본 메시지에서 주제가 나오도록 해야 한다. 언제나

본문을 벗어난 주제의 선정은 설교자의 견해가 중심이 되기에 종교수필로 변질될 위험성이 있게 된다.

(2) 전하고자 하는 말씀에 회중이 쉽게 접근할 수 있도록 '본문의 정황(context)'을 이야기체로 쉽게 알려 준다. 여기서 그 말씀이 있게 된 시대적인 환경이나 동기와 반응 등을 알게 된다면 본문과의 대화가 쉽게 이어질 수 있다. 나아가 다음에 이어질 본문의 해석 역시 더욱 선명해질 수 있다.

(3) 본문을 설교자가 쉽게 풀어 쓰거나 또는 현대어로 쉽게 번역한 것을 다듬어 다시 읽어준다. 그 이유는 회중의 언어로 본문을 '재경청'하는 효과가 있기 때문이다. 그럴 때 회중이 어느 부분보다 깊은 관심을 가지고 경청하는 것을 많이 경험하게 된다. 그래서 대지설교에서도 서론 다음에 본문 접근과 본문의 재경청의 부분은 필히 제시해야 할 단계로 본다.

(4) 주제에 대한 정의를 정확히 내린다. 여기서 정의는 한 문장으로 단순하게 내리지 않는다. "사랑은 단순한 눈물의 씨앗이 '아닙니다'"와 같은 부정적 표현을 세 번 정도 하면서 회중의 관심을 먼저 끌도록 한다. 그런 후에 문학이나 철학 또는 사전에서의 정의를 나열하고 성경으로 최종적인 정의를 맺는다.

(5) 자극과 동기유발을 시도한다. 사랑이 주제라면 사랑이 결핍되거나 없어서 당하게 되는 비극적인 사례를 들려준다. 이 단계가 필요한 이유는 회중이 오늘의 주제를 수용하고 실천하지 못하면 동일한 불행을 당할 수 있다는 개연성을 깨닫게 하는 데 있다.

(6) 설교의 본론으로서 주제의 실천 방안의 제시이다. 분석설교는

앞에서 제시한 주제와 그 필요성을 인식시키는 데 그치지 않는다. 예를 들어, 사랑이 필요함을 느낀 회중이 그 사랑의 '실천 방안'이 무엇인지를 스스로 묻고 찾는 단계까지 회중을 이끌고 왔다면, 이제는 사랑의 실천 방안에 귀를 기울이게 해야 한다. 여기서는 지난 강의에서 제시한 대지설교의 주안점 전개와 동일한 표현과 방법을 적용한다. 주안점마다 '하나님', '예수님', '성령님' 또는 '주님'이 주어로 등장되도록 함은 필수이다. 그리고 주안점마다 해당된 본문과 그 말씀의 해석, 그리고 적용이 제시되어야 함은 기본이다. 특별히 적용에서 유의해야 할 점이 있다. 그것은 흔히들 설교자들이 자신의 견해로 적용을 이어간다. 그 대표적인 예를 들면, "여러분이 …하게 되기를 주님의 이름으로 축원합니다"의 경우이다. 그러나 "하나님은 오늘도 우리 모두가 …하게 되기를 원하고 계십니다"는 하나님이 원하고 계심을 알리는 적용의 표현이다. 설교자가 조금만 주의하면 앞 문장의 주어는 설교자이고, 뒷 문장은 하나님이 주어가 되어 있음을 바로 알게 된다. 설교가 인간의 언어로 표현되지만 메시지의 주인은 언제나 하나님이심을 설교자는 깊이 인식해야 한다.

(7) 분석설교의 또 하나 특징은 주제의 실천 방안을 따랐을 때에 경험하게 되는 '주제 실천의 결과'이다. 회중은 설교의 전개가 이어지는 가운데 제시된 말씀대로 실천한 결과가 어떤 것인지에 매우 민감하다. 이 부분은 그날의 메시지가 주는 '복된 소식(goodnews)'이다. 이 복된 소식은 어떤 이론적인 전개보다 모두가 공감하는 사례를 보여주는 것이 훨씬 효과적이다. 앞에서 본 주제의 필요성에서는 주제를 실천하지 않아 당하게 되는 부정적 사례였다면, 여기서는 제시된 주안점대로

실천했을 때 얻게 되는 긍정적 사례이다. 예를 들면, 사랑이 가득하여 문제가 해결되고 새로운 세계가 전개된 개인이나 가정의 실례들을 보여주는 방법이다. 본 설교의 샘플은 졸저『설교학개론』에 제시하였다.

분석설교는 메시지의 효과적인 전달을 위하여 현대인들의 사고 구조를 십분 활용하는 전개형태이다. 이 설교는 다른 설교형태보다도 설교자의 준비와 자료와 전개에 훨씬 많은 노력을 기울여야 한다. 설교자의 노력이 조금만 부족해도 비성경적 설교로 변할 가능성이 높기 때문에 설교자의 각별한 주의가 필요하다. 그러나 설교자가 자기 설교의 기본 틀로 분석설교를 갖추고 있다면 설교의 작성이나 메시지의 전달에 큰 결실을 보게 될 것이다.

제21강
설교의 전개형태 (3) – 상관설교를 알고 싶다

상관설교(Then-Now Preaching)는 성경에 나타난 이야기나 사건을 본문으로 하고, 그 본문이 내포하고 있는 메시지를 오늘의 삶으로 현장화시키는 매우 평범한 전개형태이다. 이 설교는 본문설교나 주제설교보다는 강해설교의 틀 안에서 쉽게 전개할 수 있다. 이 설교는 설교자들이 쉽게 접근하여 전개할 수 있을 뿐만 아니라 회중이 부담 없이 들을 수 있는 설교라 할 수 있다.

상관설교가 가지고 있는 가장 기본적인 틀은 그때(Then)의 사건이나 이야기를 지금(Now)의 사실로 도입하는 데 그 특성이 있다. 설교에서 하나님의 말씀을 과거형으로 그 시제를 언급하지 않고 현재형으로 하는 이유는 성경을 통한 하나님의 말씀은 언제나 오늘을 위해 있기 때문이다. 본 설교는 이러한 원칙을 가장 생생하게 보여주기 때문에 "Then-Now 설교"라는 명칭으로 사용되고 있다. 이러한 형태의 설교를 성공적으로 이어갈 수 있는 길은 다음의 몇 가지 원칙에 설교자가 충실할 때 이룩된다.

첫째, 본문은 역사적인 사건이나 줄거리를 갖춘 이야기 형태로 기록된 내용을 본문으로 해야 한다. 이 설교는 설교자와 회중이 함께 진리를 찾아가는 특성을 가지고 있다. 그래서 본문설교나 주제설교의 유형에서는 적응하기에 적절하지 않다는 제한점을 가지고 있다.

둘째, 설교자는 선택한 본문의 내용에 대한 철저한 연구가 필요하다. 본문 내용의 배경이 되는 역사와 시대적 사회상과 문화에 이르기까지 철저한 분석과 이해가 있어야 한다. 기록된 내용만을 가지고 설교자의 견해로 일관하는 것은 삼가야 한다.

셋째, 성경에서 보여주는 사건이나 이야기는 반드시 깊은 뜻을 담고 있다. 그러므로 설교자는 오늘의 회중이 듣고 깨달아야 할 메시지가 무엇인지를 본문과의 깊은 대화(Conversation with Text)와 연구를 통하여 찾아내야 한다. 본문에서 사용한 핵심적인 단어의 깊은 뜻을 파악할 때 메시지의 선명함이 나타나게 된다.

넷째, 이야기의 전개에 회중이 흥미를 유발할 수 있도록 문학적 수식이 더해지면 보다 더 효율적이다. 같은 사실이라도 문학적 감각과 표현이 가미될 때 회중의 관심과 경청하는 열기가 달라진다.

다섯째, 본문의 길이의 문제이다. 가령 탕자의 비유를 가지고 상관설교를 하려고 할 때 누가복음 15장 11절 이하(15:11-23) 모두를 본문으로 할 수 있다. 그러나 요나의 이야기를 상관설교로 전개하려고 할 때는 요나 1장 11~17절과 같은 핵심적인 부분만 본문으로 제시하고 요나의 이야기를 설교할 수 있다.

다음은 요나 1장과 2장의 전반부 이야기를 상관설교로 전개하는 실제이다.

Then-(1:1-2) 하나님은 요나를 불러 시급한 선교의 현장으로 달려갈 것을 명령하신다.

설교자는 여기서 니느웨 성의 죄악상이 어느 정도였는지를 역사적 자료들을 보아가며 파악한 것을 설명하고, 하나님께서 이 성을 포기하시지 않고 시급한 선교현장으로 여기심을 밝힌다. 그리고 거기에 필요한 사명자로 요나를 부르심을 보게 한다.

Now-지금도 하나님은 복음이 필요한 우리의 이웃을 비롯하여 땅 끝까지 깊은 관심으로 보고 계심을 밝힌다. 그리고 하나님은 거기에 필요한 일꾼을 부르시고 사명을 부여하신다.

Then-(1:3, 5) 사명을 받은 요나는 하나님의 명령에 불순종하며 피신의 길을 찾는다. 다시스행 배에 몸을 싣고 안도의 숨을 쉬며 배 밑층에서 깊은 오수를 즐긴다.

여기서 요나가 왜 하나님의 명령을 외면했는지를 설명한다. 니느웨 성과 다시스의 위치와 상황을 설명한다. 안도의 숨을 쉬며 오수를 즐기고 있는 요나의 심리상태를 설명한다. 또한 요나가 하나님을 어느 지역에만 머무시는 신으로 착각하는 신앙상태도 설명한다.

Now-지금도 하나님의 명령을 외면하거나 애써 피해 버리는 성도들이 많다. 그리고 하나님의 낯을 피하여 자신의 안일한 처소로 도피해 살면서 불순종의 희락을 즐기는 무리가 많다. 이 부분에서 좋은 예화를 도입할 수 있다.

Then-(1:4-7) 하나님은 사명자를 결코 포기하지 않으신다. 요나가 승선한 배는 잔잔했던 바다가 거센 풍랑으로 변하면서 파선 직전에 놓인 위기의 상황을 설명한다. 선장을 통하여 하나님의 명령을 외면한 채 도망치고 있는 요나를 발견하게 하신 전지전능의 하나님을 설명한다. 불순종의 선지자가 이방의 선원에게 망신을 당하는 모습도 보여준다.

Now-지금도 하나님은 사용하시고자 하는 사명자를 포기하지 않으신다. 어떤 불순종의 형태나 자리라도 끝까지 찾아내신다. 그리고 하나님 앞에 무릎을 꿇게 하신다.

Then-(1:8-17) 드디어 요나는 자신의 정체를 밝히고 "이 풍랑을 만난 것이 나의 연고인 줄 아노라"는 말과 함께 바다에 넌져졌다. 하나님은 그 사명자를 큰 고기로 하여금 삼키게 하시고 물고기 뱃속에서 참회의 눈물을 흘리게 하신다. 여기서 하나님은 회개하고 돌아온 사명자를 들어 쓰심을 중요한 메시지로 강조한다.

Now-하나님은 지금도 사명자가 험한 고통 속에서 자신의 불순종을 깨닫고 회개하고 돌아왔을 때 그 생명을 소생시키시고 맡겨진 사명을 수행하게 하시고 그 길을 인도하신다. 본 설교에서는 사명의 부여와 순종, 불순종의 결과, 회개와 하나님의 용서, 사명의 재부여 등이 키워드(Keyword)로 조명되어야 한다.

제22강
설교의 전개형태 (4) - 인물설교를 알아본다

인간의 성장과정에서 가장 많이 듣고 배우는 것 중에 하나는 훌륭한 인물에 대한 이야기이다. 그래서 가정에서는 자신들의 선조 가운데 남다른 삶과 기록을 남긴 분이 있으면 그분에 관한 이야기를 대를 물려 들려주면서 교육을 시킨다.

학교 교육의 현장에서도 마찬가지이다. 역사적으로 위대한 인물에서부터 현존하는 인물에 이르기까지 그들의 삶의 이야기를 들려주고 따르게 하는 것이 매우 중요한 교육방법이다. 그래서 위인전은 시대와 상관없이 필독서에서 빠지지 않는다.

이러한 경향은 설교의 세계에서도 일반화되어 있다. 그래서 성경의 수많은 인물들에 대한 설교자들의 관심은 지대하다. 실질적으로 인물설교가 바르게 전개될 때 회중은 일반 설교보다 더 진지하게 가슴에 품게 된다. 그래서 모세나 아브라함을 비롯하여 신약의 사도들에 이르기까지 그들의 삶과 신앙적 특성에 관한 기록은 소중하게 기억되는 메시지로서 성도들의 가슴을 점유하고 있다.

그런 까닭에 거의 모든 설교자는 인물설교를 소중하게 생각한다. 하지만 그러면서도 설교자들이 인물설교에 대한 원칙을 지키지 않고 자신들의 독창적인 방법으로 설교를 진행하는 것을 종종 보게 된다. 다른 설교의 전개형태와 마찬가지로 인물설교 역시 지켜야 할 원칙이 있다. 설교자는 회중의 흥미에만 관심을 둘 것이 아니라 다음의 몇 가지 원칙을 시키면서 인물설교를 효율적으로 전개해야 한다.

첫째는 많은 설교자들이 주제로 삼은 인물에 설교의 초점을 두고, 그 인물을 중심으로 설교를 진행하는 모순을 범하고 있다. 예를 들어, 아브라함을 주제로 설교할 때 그의 순종을 이야기하면서 초점을 그 인물의 생각과 삶의 기록에 맞춘다. 그러나 중요한 것은 설교자는 하나님이 주체가 되어 아브라함을 통하여 무슨 메시지를 보여주시려고 하는지에 우선적인 관심을 두어야 한다. 등장한 인물의 삶과 행위는 모두가 하나님이 주관하시고 보여주신다는 사실을 전제하고 설교를 이어가야 한다. 즉, 인물 중심이 아니라 하나님 중심의 메시지를 찾고 전달해야 한다.

둘째는 등장한 인물이 살았던 시대의 사회, 문화적 배경과 실상을 먼저 찾도록 한다. 여기서 하나님은 그 시대에 그 인물을 택하여 어떤 도구로 사용하셨는지를 밝히도록 한다. 설교자는 여기서 성경에만 의존하지 말고 그 시대의 역사와 환경을 많은 자료를 통해 찾아보는 노력이 필요하다. 많은 경우에 인물설교가 설교자의 피상적인 해석에 의하여 손상을 입는 경우가 많다. 그러한 부작용을 막는 길은 그 인물에 대한 집중적인 연구를 하는 것이다.

셋째는 그 인물의 인격과 삶의 목표와 업적을 자세히 살펴 오늘, 여기 회중의 삶에 적용할 수 있는 메시지가 무엇인지를 찾아야 한다. 주의할 것은 발견한 메시지를 설교준비의 전부로 알고 설교로 바로 진입하는 것은 설교자의 지식과 분석의 나열로 끝나기 쉽다는 점이다. 자신이 섬기고 있는 회중에게 필요한 메시지인지를 재점검해야 한다. 메시지가 설교자의 주관적인 해석이 되지 않도록 설교자는 준비된 자료를 앞에 놓고 성령님의 섭시(攝示)를 구하는 자세를 갖추어야 한다.

넷째는 그 인물이 활동했던 시대에 있었던 가치관과 그 시대만이 가능했던 사실을 오늘의 삶에 그대로 적용하려는 오류를 범하지 말아야 한다. 실현이 불가능한 일을 믿음을 앞세워 무리하게 강조하는 설교는 효과보다 부작용이 더 많기 때문이다. 적용은 설교자 자신에게 먼저 묻고 가능성 여부를 타진하는 것이 순서이다. 설교자가 현장화할 수 없는 메시지를 회중에게 강요하는 것은 크나큰 모순이기 때문이다.

다섯째로, 인물설교에서 설교자가 가장 범하기 쉬운 문제점은 과장이다. 과장이란 말하는 사람의 풍부한 상상력이 발휘될 때 나타나는 현상이다. 이 현상이 문헌을 비롯한 각종 자료에서 사실로 입증될 수 있다면 그것은 매우 값진 일이다. 그러나 단순히 설교자의 구상이나 상상력에 의존하여 표현되는 서술이라면 그것은 진리의 왜곡으로 이어지게 된다. 그러므로 설교자의 상상력이 때로는 필요하고 유익한 것이지만 그것이 어느 범위를 벗어날 때 메시지에 손상을 입히게 된다.

끝으로, 설교자의 과다한 욕구가 문제로 작용하지 않도록 해야 한다. 선정한 인물을 통하여 전하고 싶은 메시지를 한 편의 설교에서 모두 다 전하겠다는 의욕은 삼가야 한다. 그 의욕은 그 인물을 일회용 설교의 인물로 끝내려 하는 우를 범하게 된다. 준비의 과정에서 그 인물을 통하여 전해야 할 메시지가 몇 항목이 되는지를 섬세하게 분석해야 한다. 그리고 그것을 몇 회로 나누어 전달함으로써 설교의 폭과 깊이를 이어가게 된다.

  인물설교는 다음 강의에서 찾아보게 될 서사체 설교나 독백설교에서 많이 전개한다. 인물을 설명하고 그 인물의 이야기를 문학적인 묘사를 가미하면서 생생한 언어로 그림을 그릴 수 있다면 매우 우수한 설교로 전개될 수 있다. 그러나 많은 설교자들은 문학적 묘사의 부족을 느끼는 경우가 많다. 설교자는 설교를 위한 인생이다. 부족한 면은 포기의 대상이 아니라 노력하면 성취를 이루는 대상이다. 좀 더 생생한 인물설교를 해보겠다는 의지와 노력은 언제인가 결실을 보게 될 것이다.

제23강
설교의 전개형태 (5) - 서사설교를 알아본다

1980년대 초반 북미 설교학회에서는 매우 흥미로운 토론이 전개되었다. 그 내용은 설교를 최우선 과제로 여기는 개혁교회의 신학이 어거스틴의 은총론을 기반으로 하면서, 설교의 내용이나 표현과 전개는 펠라기우스(Pelagius)의 도덕률로 자리잡고 있는 현실에 대한 문제다. 설교에서 하나님의 은혜가 나타나고 들리도록 하는 은혜의 방편(Means of Grace)으로서의 설교보다, 윤리·도덕 위주의 설교가 주종을 이룬 현실에 대한 성찰과 비판이었다.

이 토론에서는 대부분의 현대 설교들이 명령적 무드(The Imperative Mood)로 가득 차 있음이 지적되면서, 설교는 사실적 무드(The Indicative Mood)로 전환되어야 할 필요성이 제기되었다. 이러한 논쟁은 후에 설화체 설교(Narative Preaching)와 이야기체 설교(Storytelling Preaching)와 같은 전개형태를 개발하는 데 새로운 시동을 걸게 되었다. 이러한 형태의 설교연구가 등장하자 많은 설교자들이 관심을 기울였다. 한국교회 설교자들도 이와 같은 설교의 전개형태가 소개되자 새로운 설교세계를 찾은 듯 흥미를 갖게 되었다. 그러나 큰 진전을 보지 못하였다.

필자는 우리의 언어문화에서 '설화'나 '이야기'라는 어휘를 그대로 설교의 형태로 명명하여 도입하기에는 이질적 감각을 갖고 있기에 '서사설교(敍事說敎, Storytelling Preaching)'라는 명칭을 사용하고 있다. 서사라는 의미는 "어떤 일을 사실 그대로 이야기식으로 나타내거나 서술하는 것"이다. 그러기 때문에 서사설교라는 큰 표현 속에 실화체 설교와 이야기체 설교를 포함하는 것이 적절하다는 판단을 한다.

본 설교의 특징은 줄기가 이어지는 인물이나 사건 또는 비유를 본문으로 정하고, 설교자가 자신의 풍부한 상상력과 문학적 소양을 가지고, 언어로 그림을 그리듯이 이야기를 엮어 나간다. 이 설교는 덤덤한 언어의 나열이나 단순한 설명이 아니라, 깊은 통찰력을 가지고 감성적인 표현과 함께 회중의 이목을 집중시켜 나가는 특성을 가지고 있다.

거기에 더하여 중요한 것은 설교자가 본문의 이야기 속에 깊이 몰입하여 그 세계 안에서의 눈을 떠 핵심적인 진리와의 만남을 가져와야 한다. 단순한 지성의 감각이 아니라 감성이 수반된 미묘한 움직임이 매우 중요하다. 서사설교의 특징 중 하나는 설교의 결론이 좀처럼 노출되지 않고 진행되다가 마지막 부분에서 "아하!"의 탄성과 함께 결론에 도달하도록 하는 방법을 취한다.

그러나 서사설교에서 주의를 요하는 부분이 있다. 그 하나는 다른 형태의 설교에서처럼 적용에 설교의 주안점을 두지 않는다는 점이다. 일반 설교는 설교자가 설교의 주안점을 회중의 삶에 맞도록 적용시킨다. 그러나 본 설교는 회중이 전개되는 이야기에 몰입해 가다가 공감대를 형성하는 부분에서 자신에게 적용을 하게 되는 특성을 가지고 있다.

또 다른 하나는 서사설교를 좀 더 수려한 시어와 문학적 수식을 첨가하여 진행하고 싶은 설교자의 의욕이 지나치게 되는 경우 발생하는 문제이다. 이럴 때 서사설교가 하나의 문학작품처럼 들리면서 진리가 허구(虛構-fiction)화 되는 실수를 범하기 쉽다.

이상과 같은 특성과 주의점을 먼저 상기시키면서 서사설교로 분류된 설화체 설교와 이야기체 설교의 방법론을 찾아보자.

설화체 설교의 방법론은 다음과 같다. 이 형태의 설교를 체계화시킨 유진 라우리(E. L. Lowry)에 의하면, 이 설교는 (1) 모순점(Conflict)의 제기 (2) 갈등의 심화(Complication) (3) 문제의 해결이 제시되는 전환(Conversion) (4) 확인(Confirmation), 이상 네 단계의 구상(plot) 단계를 갖추게 하고 있다.

이 이론에 따르면, 첫째, 모순점의 제시에서는 일상적인 생각이나 판단을 벗어나서 모호함이나 갈등을 유발시키는 단계이다. 즉, 설교의 초반에 딜레마를 제시하여 주목을 받게 한다. 둘째는 앞에서 제시한 모순점을 보다 더 구체화하여 갈등을 가져오게 한다. 이 갈등 속에서 긴장을 하게 하고 복잡한 문제의 해결을 기대하도록 유도한다. 셋째는 지금까지의 모순과 갈등에 대한 해답을 세시하도록 한다. 여기서의 해답은 설교자의 견해나 판단에 의한 것이 아니라 본문에 나타난 메시지를 가지고 문제의 해결을 보여준다. 넷째는 결론으로서 앞에서 가졌던 갈등과 모순의 과정을 거쳐 문제의 해결로 전환된 뒤에, 회중이 말로 제시된 해답을 확신하고 수용하도록 한다.

이야기체 설교의 방법론은 다음과 같다. 이야기체 설교는 설화체 설교처럼 일정한 틀에 얽매이지 않고 설교자의 창의성을 십분 발휘하여 본문을 풀어가면서 구성을 전혀 다르게 할 수 있다. 그러나 다음과 같은 핵심적인 요소를 갖추어야 한다.

(1) 이야기의 때와 장소와 배경을 정확히 파악한다.

(2) 설교자의 통찰력과 상상력에 회중이 호흡을 함께할 수 있도록 하는 언어의 그림화가 필요하다.

(3) 단일 주제를 실정하여 지속함으로 메시지의 통일성과 선명싱을 갖추도록 한다.

(4) 진부한 한 편의 이야기 형태를 벗어나기 위해, 설교를 4~5개의 단계(Stage)를 설정하고 극적인 전개를 시도한다.

(5) 각 단계는 흥미 위주의 목적을 위한 나열이 아니라, 도입과 내용 전개와 종결 부분을 분명하게 하여 회중의 참여를 불러온다.

이상의 두 형태의 설교에 대한 효율적인 시도는 단순한 창작으로 출발하는 것보다는 이미 나와 있는 샘플들을 먼저 읽고 분석하여 응용하는 것이 하나의 지름길이 될 것이다.

제24강
설교의 전개형태 (6)
- 예화설교, 대화설교, 독백설교에 대하여

앞에서 본 강의는 설교의 기본유형으로서 본문설교, 강해설교, 주제
설교를 설명하였다. 그리고 선택한 유형에 따라 전개형태를 8가지로
분류하여 그 중 대지설교, 분석설교, 상관설교, 인물설교, 서사설교를
설명하였다. 이번 강의에서는 그 마지막 부분으로 예화설교, 대화설교,
독백설교를 설명하고자 한다.

1. 예화설교

예화설교는 주제설교와 본문설교에서 사용되는 전개형태이다. 이
설교는 설교자가 가장 힘들이지 않고 전개하는 설교로서 교인들의 지
적 수준이 낮았던 시절에 많이 활용되었다. 구성은 본문을 3~4대지로
구분하여 설정하고 그 대지에 적절한 예화를 하나씩 나열한다. 자신의
생각과 판단을 첨가하고 마지막에 본문과 연관을 맺는다. 이때의 예화
는 보통 3분이면 충분한 것을 10여 분의 시간을 채운다.

회중은 본문의 깊은 의미나 메시지보다 흥미를 끄는 예화에 관심을
기울인다. 냉정히 생각하면 그날의 메시지는 하나님이 주신 것이 아니

라 설교자의 흥미진진한 예화에서 듣게 된다. 설교자는 본문에 대한 석의와 주해작업이나 필요한 자료의 수집에 힘쓸 필요가 없이 적절한 예화의 구성으로 한 편의 설교를 끝내게 된다.

예화설교를 즐기는 설교자마다 예수님께서 말씀마다 비유를 사용하셨다며 예화설교의 정당성을 주장한다. 혹자는 이것이 마치 설교의 전형적인 형태처럼 착각을 한다. 그리하여 언제, 어디서나 "예화 3개만 있으면 설교 한 편은 무난히 해결할 수 있다"는 지극히 시대착오적인 말을 아무렇지도 않게 한다. 그러나 필자가 조사한 "설교사역자에 대한 평신도의 의식 구조분석"에 나타난 결과에 의하면 회중의 교육수준이 향상될수록 예화 일변도의 설교에 대한 반응이 매우 부정적임을 알게 된다.

2. 대화설교

역사적으로 설교의 형태는 설교자 혼자 등상하여 일방적으로 선포하고 끝나는 형태를 취하는 것이 전형적인 설교형태이다. 특별히 설교는 하나님 말씀의 종, 대언자만이 수행할 수 있는 사역으로서 존엄한 권위를 지속하기 위한 당연한 형태로 지금까지 인정되어 왔다. 그러나 시대가 수직적 문화에서 수평적 문화로 바뀌면서 사회의 인식은 달라지기 시작하였다.

일방통행(one way)의 구조에서 양방통행(two way)의 형태가 일반화되는 현대문화에서 설교도 그 전달형태에 변화를 가져와야 한다는 주장이 일기 시작하였다. 이러한 주장은 톰슨(William Thompson)이 *Dialogue Preaching*(『대화설교』)을 펴내면서 많은 관심을 끌기 시작하였다. 그는 그의 책에서 대화설교의 정의를 다음과 같이 내렸다.

"대화설교란 공중예배 가운데서 이루어진 설교행위로서 두세 사람이 설
교자로 동시에 등장하여 설교의 내용이나 메시지를 구두로 교환하면서
진행하는 설교형태이다." 이 설교의 전개는 설교자가 자신이 전하고자
하는 설교의 내용을 다섯 정도의 질문이 수반되는 문답식으로 구성한다.

질문은 인도대에서 부목사나 평신도가 하고 설교자는 설교대에서
답하는 형태를 취한다. 설교자는 이때의 질문을 회중의 입장에서 구상
해야 한다. 이 질문은 설교자의 생각이나 경험, 시대적인 사건을 묻는
것이 되어서는 안 된다. 오직 하나님이 본문을 통하여 주시는 메시지를
회중의 입장에서 좀 더 깊고 정확히 알고자 하는 것에 초점을 두어야 한
다. 여기서 주의할 점은 회중에게 설교에 대하여 자유롭게 질문할 기회
를 갖게 하는 것은 매우 위험한 시도라는 것이다. 그 이유는 돌발적인
질문이 나와 설교의 내용과 방향을 훼손시킬 위험성이 높기 때문이다.
대화설교가 성공적으로 이어질 때 설교자의 절대 권위가 사라진다
는 우려가 있을 수 있으나, 설교자에게는 절대권위보다 효율적인 메시
지의 전달이 더 중요함을 인식한다면 이리한 우려는 기우에 불과할 것
이다. 오히려 대화설교는 회중이 지루함을 느끼지 않을 뿐만 아니라,
일방적인 수신자의 입장에서 참여자의 위치에 있게 되는 새로운 설교
환경을 조성하게 된다.

3. 독백설교
본 설교의 전개형태는 주로 인물이나 사건을 본문으로 한다. 비록
석의적 접근이나 신학적인 해석 등은 수반할 수 없으나, 등장인물이나

사건 속에 회중이 참여하면서 구체적이고 생생한 메시지를 경험하게 하는 효과를 가져올 수 있는 설교형태이다.

1970년대 미국에서 젊은이들을 대상으로 하여 일기 시작했던 본 설교의 특징은 설교자가 본문의 인물이나 사건을 홀로 드라마 형태를 빌려 메시지를 전하는 것에 있다. 따라서 설교자의 분장은 물론, 연출력이 절대적으로 필요하며 심지어 간단한 무대 장치까지도 준비해야 한다.

한때는 이러한 형태를 설교로 보지 않고 드라마로 취급하기도 하였으나 그 효과와 긍정적 반응을 경험한 설교자들은 계속 연구하며 이해의 폭을 넓히고자 노력하고 있다. 그 이유는 변화를 추구하고 새로운 것을 원하는 젊은 세대에게 이 설교가 깊은 인상을 주고 있기 때문이다.

지금까지 살펴본 설교의 기본유형과 전개형태는 모두가 다 설교의 발전을 위한 시도이다. 한국교회가 지난 한 세기를 넘기도록 설교의 변화를 바라는 목소리는 높았다. 그러나 수많은 설교자들이 3대지 설교만을 전부로 알고 한 가지 형태에 고착되어 있는 현실이다.

제시된 설교의 전개형태들이 설교자들의 시야의 폭을 넓히는 데 도움이 되었으리라 생각한다. 설교자들은 복음의 본질은 절대 변할 수 없지만 그 전달과 운반의 형태는 다양성을 가지고 노력해야 할 시대임을 인정해야 한다.

제25강
서론에서 회중을 붙잡아야 한다

설교자에게는 공통적인 고민이 있다. 그것은 자신이 전달하고자 하는 메시지의 첫 부분을 어떻게 풀어나갈 것인가에 대한 문제이다. 사무엘 멕콤(S. L. McComb)은 그의 명저 『설교의 이론과 실제』에서 "설교를 쉽게 무너뜨리는 두 부분이 있는데 그것은 서론과 결론이다"라는 뜻깊은 말을 남겼다. 설교를 듣기 위해 앉아 있는 회중의 심신은 한 주간 일상에서의 사연으로 가득 차 있다. 그러한 상태의 회중이 찬송과 기도, 성경봉독, 찬양을 끝낸 다음 설교자가 등장했을 때 눈을 뜨고 귀를 연다. 그런데 문제는 그들의 집중력이 모아지는 시간이 2~3분에 불과하다는 점이다. 영국의 유명한 설교가 쌩스터(W. E. Sangster)는 "만일 설교자가 설교를 시작한 지 수분 내에 회중의 집중력을 붙잡지 못한다면 어떻게 그들을 본론까지 이끌고 갈 희망이 보이겠는가?"라는 질문을 던진 바 있다. 서론을 중요하게 생각하는 설교자들이 좋은 설교의 서론을 만들기 위해 특별히 주의해야 할 점을 살펴보도록 하자.

첫째, 서론은 간단하면서도 깔끔하고 짜임새가 있는 서론이 되도록 해야 한다. 서론은 기본적으로 짧은 시간에 함축성 있는 어휘와 문장이 등장하는 부분이다. 여기서 장황한 설명이 나오거나 불필요한 어휘들이 섞이지 않도록 유의해야 한다. 그래서 서론의 길이도 설교 전체의 10%를 넘지 않도록 해야 한다.

둘째, 서론은 신중성이 있어야 한다. 회중이 설교자의 장엄한 서론에 이끌려가다가 본론에서 기대에 미치지 못할 때는 크게 실망하게 된다. 그 실망은 곧 설교자에 대한 실망으로 이어진다. 회중은 걸작을 보여줄 것 같은 서론에 이끌려 본론의 세계에 들어갔는데, 상상 외의 졸작임을 알게 되었을 때 설교자의 한결같지 못함에 마음 상하게 됨을 유의해야 한다.

셋째, 서론은 회중의 관심, 곧 흥미를 유발시켜야 한다. 여기서 말하는 관심 또는 흥미란 오늘의 설교를 자신이 들어야 할 가치로 측정하는 부분이다. 서론에서 회중의 호기심이 유발되지 못한다면 그들은 설교 밖의 세계에서 머물다가 메시지를 끝내 접하지 못하게 된다. 서론이 전개되는 짧은 시간에 회중의 귀가 열리느냐 또는 닫히느냐에 따라 설교의 승패가 결정된다.

넷째, 서론은 설교의 방향과 내용을 넌지시 알리도록 한다. 설교의 서론은 일반 논문의 전개와는 다르다. 논문의 서론에서는 본론에서 어떤 내용을 어떻게 전개하겠다는 것을 밝히는 것이 상례이다. 그러나 설교의 서론은 암시적이어야 한다. 그래서 설교의 서론은 무엇을 쫓아오도록 유도하는 형태를 필요로 한다. 환언하면, 베일에 가린 진리에 관심을 끌게 해야 한다.

다섯째, 서론에서는 설명을 첨가하는 설교를 하지 않도록 유의해야 한다. 일반적으로 많은 설교자들이 서론의 말미에 본론에서 행할 설교를 하는 경우를 본다. 서론은 본론이 아님을 알고 있는 설교자라면 서론에서부터 설교를 하고 싶은 충동을 억제해야 한다. 서론에서 제시된 부분을 적용하고 싶은 경우는 한두 문장으로 본론과 연관된 설명을 덧붙일 수 있다.

다음으로 이상과 같은 주의사항에 유념하며 좋은 서론을 만드는 데 사용할 수 있는 방법을 찾아본다.

(1) 인간의 삶에서 발생한 이야기를 사용한다. 누구나 경험할 수 있는 이야기가 제시될 때 회중은 인간의 희로애락이 담긴 이야기가 오늘의 본문과 어떻게 연결되는지에 관심을 갖기 마련이다. 그러나 여기서 유의해야 할 것은 설교자 개인이나 가정의 이야기가 등장하지 않도록 세심한 주의를 기울여야 한다는 점이다. 이것은 설교자가 지키기 힘든 설교의 금기사항이다.

(2) 한 주간에 있었던 뉴스를 제시한다. 지금 우리는 예전과 달리 대중매체의 홍수 속에 살고 있다. 사회의 다방면에서 발생한 뉴스들이 인터넷이나 TV를 장식하고 있다. 그날의 메시지와 연관시킬 수 있는 뉴스를 활용할 때 회중은 귀를 기울이게 된다. 그러나 정치 성향의 편향적인 보도에 설교자가 함께하는 인상을 보이지 않도록 특별히 유의해야 한다.

(3) 음미할 만한 경구를 인용해 서론을 시작한다. 경구(驚句)란 명사들에 의하여 진리나 삶에 대한 느낌이나 사상을 간결하고 예리하게 표현한 말을 일컫는다. 설교자가 평소에 경구를 모은다는 것은 대단히 중요한 일이다. 경구는 여러 문장으로 서술해야 할 내용을 간결한 문장으로 담아낸 값진 말이다. 그 때문에 서론에서 매우 유용하게 활

용할 수 있다.

(4) 신간 서적에서 필요한 부분을 인용한다. 오늘날의 회중은 책보다 스마트폰을 손에 들고 있다. 독서를 동경하면서도 막상 본인들은 실천에 옮기지 못하는 아쉬움을 안고 있다. 이 아쉬움을 설교자가 채워주면서 설교를 진행하는 것은 매우 값진 시도이다. 이 형태는 자주하는 것보다 일 년에 5~6차례 시도해 볼 만하다.

(5) 계절의 변화에서 서론을 찾는다. 우리나라는 4계절이 뚜렷하다. 설교자가 일 년 내내 설교를 시작할 때마다 "오늘 봉독한 말씀은 사도 바울이 1차 전도여행 때에…"와 같은 형태만을 취한다고 생각해 보면 그 진부함에 아찔하다. 무더운 여름과 눈이 쌓인 겨울까지 계절의 변화를 언급하면서 메시지에 접근한다는 것은 건조한 설교자의 사고를 벗어나는 쉽고도 좋은 길이다.

(6) 서론에 유머를 사용한다. 현대인들은 웃음이 동반되는 유머를 좋아한다. 웃음은 불편한 감정을 정화시키는 매우 특수한 효력을 가지고 있다. 그래서 유머의 사용은 좋은 방법 중 하나임에 틀림이 없다. 그러나 저질적인 유머의 시도는 존엄한 진리의 전달에 손상을 가져오기 쉽다. 따라서 설교자는 이 점에 신중을 기해야 한다.

제26강
설교의 결론, 그 중요성은 절대적이다

그날의 설교 핵심이 무엇인지를 마지막으로 들려줄 수 있는 2~3분의 시간은 설교 전체에서 가장 중요한 시간이다. 그 때문에 결론을 설교의 목적을 달성할 수 있는 최종의 순간이라 할 수 있다. 이와 같은 결론의 중요성을 아는 설교자는 메시지의 결론을 마음에 미리 정하고 설교를 준비하게 된다.

이 설교의 결론에 대한 명확한 설정이 있을 때 설교의 석의와 주해와 적용이 통일성을 이루게 된다. 그래서 설교 전체는 마지막 결론을 위해 존재한다는 주장을 하게 된다. 이러한 결론의 중요성을 누구보다 강조했던 데이비스(Ozara Davis)는 그의 명저 『설교의 원칙』에서 설교자의 관심과 준비의 부족으로 인해 설교의 결론이 충분하지 못하게 맺어진다면 "그것은 설교자의 죄"라고 지적하였다. 이제 '설교자의 죄'를 범하지 않기 위해 꼭 갖추어야 할 기본요건을 먼저 열거한다.

첫째, 설교의 종착역에서 머뭇거리지 말라. 종착역을 모르고 진행하는 열차는 선로를 이탈하여 사고를 낸다. 설교자가 범하는 가장 많은 실수는 설교가 끝나야 할 지점에서 끝을 맺지 못하고 계속 이어가는 데서 발생한다. 회중은 설교자보다 더 정확히 설교가 끝내야 할 지점을 알고 있다. 그런데 설교자가 그것을 인식하지 못하고 설교를 지루하게 끌고 가면 완전한 실패작이 된다.

둘째, 결론은 자연스럽게 맺어지도록 하라. 가끔 서론이나 본론과는 연관성이 없는 결론을 보게 된다. 혹자는 "이제 결론을 맺겠습니다"와 같은 불필요한 언급을 한다. 효과적인 결론은 지금까지 전한 내용과 자연스럽게 이어지는 논리적인 연결이어야 한다. 오늘의 메시지가 무엇을 위해 있는지를 회중이 마지막으로 정리할 수 있도록 이어가는 것이 효과적이다.

셋째, 감격스러운 만남이 성취되도록 하라. 설교의 최종적인 목적은 말씀의 주인이신 성삼위 하나님과의 감격스러운 만남이 이루어지게 하는 데에 있다. 서론과 본론은 일반적으로 지성의 기능을 통하여 진행된다. 결론은 지성의 기능에 감성의 기능이 함께하도록 함이 효과적이다. 언제나 말씀의 주인과의 만남(encounter)이 이루어질 때 새로운 충동과 감격이 일게 된다.

넷째, 결론은 설교가 최고의 경지에 이르는 지점이다. 어떤 설교자는 흥미진진한 예화에 설교의 하이라이트를 두면서 눈물을 흘리기까지 한다. 그러나 정상적인 설교의 원칙은 결론에서 회중의 감성과 지성이 결단으로 모아지도록 함을 원칙으로 한다. 그 결단은 설교자의 정성과 열정이 정점에 도달한 결론에서 이루어지는 것이 가장 효율적이기 때문이다.

다섯째, 간결하고 깔끔한 마무리에 특별한 관심을 기울이라. 어느 설교자는 참으로 훌륭한 메시지를 전하면서 결론에 이르렀다. 그러나 안타깝게도 결론에서 장황한 서술을 반복함으로써 지금까지 계속되던 그 훌륭한 설교가 심각한 타격을 받았다. 결론은 어떤 경우에도 간결성과 감격이 스며있는 엄선된 문장으로 끝을 맺어야 한다.

이상의 요건들을 마음에 두고 효율적이고 구체적인 방법을 찾아본다.

(1) 설교의 요점을 정리하며 마무리한다. 전통적으로 많은 설교자들은 본론에서 열거한 설교의 주안점들을 다시 요약하여 설교의 결론으로 사용하였다. 이러한 형태는 설교를 받아쓰는 회중에게는 유익할 수 있다. 그러나 이 한 가지의 형태만으로 결론을 맺어야 한다면 그것은 설교의 신선미를 떨어뜨리는 결과를 가져온다.

(2) 충격적이고 경이적인 내용을 제시한다. 오늘날의 회중은 신앙의 양태가 무디어지고 있는 현실이다. 이러한 회중을 깨우치기 위한 한 방법이 충격요법이다. 미국의 제1차 대각성부흥운동의 기수였던 에드워드 목사가 "분노하신 하나님의 손에 있는 죄인들"이라는 설교에서 지옥을 묘사하며 끝냈을 때, 충격을 받은 회중이 참회하며 일어선 기록은 대표적인 실례이다.

(3) 날카로운 비판보다 격려의 형태를 취한다. 설교자는 '진리의 선포'라는 이름 아래 자칫 엄격한 심판주의 자세를 취하기가 쉽다. 그러나 현대인들은 인격을 존중해 주고 위로와 격려의 설교에 호감을 갖는다. 이러한 시대적인 환경을 고려하면서, 회중이 하나님의 말씀에 위로를 받으며 희망을 품고 편안히 안기도록 해주는 결론으로 끝을 맺어야 한다.

(4) 은혜를 베푸시는 하나님이 나타나게 결론을 맺는다. 한국에 뿌리

내린 종교는 거의 모두가 기복종교의 틀 안에 머물고 있다. 그래서 하나님으로부터 은혜를 받게 된다는 확신을 갖게 하는 메시지의 결론에 민감한 반응을 보인다. 그러나 기독교는 기복종교가 아닌 구원의 종교이기에 이 형태의 결론을 남발하는 것은 주의를 요한다.

(5) 하나님의 명령과 교훈으로 결론을 맺는다. 이 형태는 설교자가 성삼위 하나님의 이름으로 명령을 하는 것이 아니라 하나님이 주어가 되어 명령하시고 가르치시는 형태이다. 예를 들면, "하나님은 지금 충성하는 종을 찾고 계십니다"를 "여러분이 하나님의 충성된 종들이 되기를 주님의 이름으로 축원합니다"로 하는 경우 주어가 하나님인지 설교자인지를 주시해야 한다.

(5) 성경말씀으로 결론을 맺는다. 이 방법은 냉정히 말하면 결론의 형태라기보다는 앞의 모든 결론 형태에 마지막으로 그날의 본문이나 기타의 성경말씀을 읽어주는 것이다. 예를 들면, "주님께서 우리에게 주신 말씀입니다" 또는 "하나님이 바울을 통하여 말씀하십니다" 하고서 성경말씀을 정중하게 봉독하고 "주님(하나님)의 말씀입니다. 기도합시다"로 설교를 끝낸다. 이 형태는 인간의 말로 설교를 끝내지 않고 하나님의 말씀을 마지막으로 진지하게 경청하도록 하는 매우 중요한 부분으로 모든 설교자에게 꼭 권하고 싶은 형태이다.

제27강
나는 왜 이 설교를 하게 되는가?

수사학의 원조 아리스토텔레스는 "논리의 전개란 어떤 목적을 실현하기 위하여 행해진다"는 매우 중요한 개념을 제시하였다. 아리스토텔레스의 목적론은 어느 분야에서보다도 현대 설교학에서 비중 있게 받아들이고 있다. 설교학에서, 모든 설교는 목적의식이 분명해야 성공적인 결실을 거두게 된다는 점을 강조하고 있다.

실질적으로 설교는 분명하고 구체적인 목적을 세우고 준비하여 선포함이 기본적 절차이다. 설교마다 적중해야 할 과녁이 있다. 그 과녁을 설정하지 않고 설교를 진행하는 것은 참으로 안타까운 일이다. 아담스(Theodore F. Adams)는 "설교자들은 설교를 듣는 사람들이 결단하고 행동할 수 있는 목적과 능력을 가지고 설교를 해야 함"을 설교자의 기본으로 말하고 있다. 흔히들 철학적인 사고와 분석과 설명을 나열하는 동안 설교의 목적을 잃어버리는 경우를 본다.

뿐만 아니라 너무나 급조한 설교의 경우도 심사숙고해야 할 목적을 상실하기 쉽다. 때로는 안일한 강해 일변도의 설교나 갖가지 경험담의 나열로 시간 안배의 균형을 잃어버리고, 적중해야 할 과녁을 맞히지 못하는 것을 쉽게 본다. 설교가 방향을 잃고 시간만 채우며 허공 속을 헤매게 된다면 그것은 설교자가 범하는 중요한 실수임에 틀림이 없다.

설교의 목적을 구체적으로 말한다면 사랑, 회개, 봉사와 같은 주제들이다. 그러나 여기서는 보다 더 광범위한 관점에서 설교의 목적을 크게 네 분야로 나누어서 살펴보고자 한다.

첫째, 선포적인 설교(Kerygmatic Preaching)이다. 일명 전도설교라고도 한다. 이 설교가 담고 있는 목적은 주로 구원의 진리를 선포한다. 즉, 예수님이 구원의 주님이심을 선포하는 내용이다. 주님의 오심, 생애, 교훈, 수난, 부활, 승천, 재림을 핵심적 메시지로 전하는 설교이다.

이 설교의 대상은 불신자들이나 구원의 확신이 부족한 사람들이다. 그러나 이 설교를 어느 부류의 사람들에게만 국한시킬 수는 없다. 많은 그리스도인들에게서 신앙 연조가 깊어가는 것에 비해 구원의 감격이 희미해져 감을 쉽게 볼 수 있다. 이런 정서의 회중이 구원의 감격을 회복하고 새롭게 다짐할 수 있게 하는 설교가 필요하다.

이러한 목적을 가지고 진행되는 설교에는 다음 몇 가지의 원칙을 필요로 한다.

(1) 무엇보다도 하나님의 거룩하심과 인간의 죄성(罪性)이 분명하게 보여야 한다. (2) 구원이란 인간 노력의 결실이 아니라 하나님께서 거저주시는 은혜임이 강조되어야 한다. (3) 구원의 주님으로 오신 예수님의 십자가 위의 수난과 부활이 핵심이어야 한다. (4) 복음의 진리가 보편타당성의 명료함으로 쉽게 접근할 수 있게 한다. (5) 구원이 내세만을 위한 것이 아니라, 현실 삶 속에서의 실제적 사건으로 이해되도록 한다. (6) 설교자는 듣는 이들의 변화를 일으키는 주체는 설교자

가 아니라 성령님의 역사임을 기본적으로 인식해야 한다.

둘째, 교훈적인 설교이다. 영국의 신약학자 도드(C. H. Dodd)는 사도들의 설교를 선포와 교훈으로 분류하였다. 구원의 진리를 받아들이는 사람들에게 필요한 것은 먼저, 무엇을 어떻게 믿고 어떻게 생활해야 하는가에 대한 교훈이다. 설교자의 일차적 관심은 '구원'이며, 그 다음은 구원받은 인간이 어떻게 하나님의 권속으로 살아가야 하는가에 관심을 두어야 한다.

여기에 초점을 두고 준비하는 설교는 다음의 몇 가지를 유념해야 한다. (1) 많은 항목의 필요를 느끼더라도 하나의 목적에 충실해야 한다. (2) 지정된 항목을 목적으로 교훈적인 설교를 할 때, 회중의 반응은 흥미로워하지 않는 경우도 많다. 설교자는 이 점에 유의하여 흥미가 동반되도록 노력을 기울여야 한다. (3) 교리 또는 신학적인 주제들이 설교에서 사변적으로 다루어질 가능성이 많다. 설교는 언제나 '지금 여기에' 필요한 메시지이어야 함을 인식하고 현장 위주의 교훈이 되도록 해야 한다.

셋째, 목양설교이다. 일명 치유설교라고도 불리는 이 설교는 상처받은 심령을 위로하고 새로운 활력을 불어넣어 주는 데에 그 목적을 두고 있다. 시대의 발전이 첨단을 향하여 달리고 있는 데 반하여 인간 내면의 상처는 더 골이 깊어지는 현실이다. 이러한 현상은 개인이나 가정, 정치, 경제, 사회의 전반에 걸쳐 심각한 문제가 되고 있다. 그래서 다수의 설교자들이 이 목양설교를 많이 하고 있다. 이 설교는 위로와 격려와 치유를 목적으로 설정하고 진행하는 설교이기에 다음 사항에 특별한 관심을 기울여야 한다.

(1) 설교자는 회중의 아픔을 자신의 아픔으로 알고 느끼는 깊은 연민의 감정을 우선적으로 갖추어야 한다. (2) 회중이 처한 환경과 문화적 형편을 잘 살펴 심층 분석을 할 수 있는 지적인 노력과 수준을 갖추어야 한다. (3) 회중이 안고 있는 문제를 설교자의 능력으로 해결하겠다는 생각은 위험하다. 오직 말씀으로 먹이며, 스스로 성령님의 도움을 찾아 나설 수 있기까지 이끌어주는 것에 중점을 두어야 한다.

넷째, 예언적인 설교이다. 오늘날의 설교자들은 회중의 심기를 건드리지 않고 말씀을 전하려는 성향을 가지고 있다. 그러나 진리에는 쓴 소리와 단 소리가 있다. 구약의 예언자들은 하나님이 주신 예리한 책망도 거침없이 전하는 용기와 사명이 있었다. 예언적 설교는 개인들의 죄와 모순만을 지적하는 것이 아니라, 사회와 권력의 탈선과 부조리까지 하나님의 말씀으로 회개를 촉구하는 내용과 메시지를 담는다.

주의해야 할 것은 설교자가 자칫 성자의 입장에서 회중을 향해 질책하는 양상은 절대 금물이다. 설교자도 결코 의인이 아님을 마음에 두고 본 설교를 전개해야 한다. 그리고 이 설교는 대단히 예민한 반응을 불러온다는 사실을 명심해야 한다. 따라서 자주 사용하는 것보다는 그 횟수를 최소화하면서도 효율적 전개를 할 수 있는 방안을 찾아야 한다.

제28강
한 편의 설교가 나오기까지의 절차를 본다

한 편의 설교를 완성하기까지 거쳐야 할 절차는 어떠해야 하는가? 설교를 진지하게 생각하는 설교자라면 설교준비에 앞서 한 번쯤 스스로에게 물어보아야 할 질문이다. 설교의 이론을 다룬 책마다 이 절차에 대한 가르침이 매우 빈약하다. 그러나 필자는, 설교자가 한 편의 설교를 완성하기까지는 거쳐야 할 과정이 있고, 그 과정마다 좋은 성적으로 통과해야 함을 강조한다. 그럴 때 하나님이 인정하신 쓰임 받는 말씀의 운반자가 될 수 있다.

첫째, 설교자는 자기점검이 있어야 한다. 성스러운 말씀 사역의 종으로서 자신의 정결을 위해 주의와 관심을 놓지 않아야 한다. 혼탁한 정신과 육체의 소유자는 진리의 발견, 힘 있는 선포, 회중의 시선을 모을 수 있는 자신력, 성령님의 역사에 대한 의존도와 확신 등이 모자란다. 그래서 리처드 박스터는 "설교자의 죄 속에는 다른 사람의 범죄보다 더욱 많은 위선이 내포되어 있음"을 지적한다. 그러면서 주님의 말씀이 올바로 설교자에게서 살아있지 않는다면 "하나님께서 어떻게 당신을 사용하여 거룩하고 복된 하나님의 말씀을 사람들에게 효과적으로 전할 수 있겠는가?"라고 묻는다.

둘째, 설교의 목적을 세우는 일이다. 자신이 무엇 때문에, 어떤 설교를 해야 하는가의 목적을 설정해야 한다. 설교자는 목적이나 방향도 없이 떠나는 여행객이 될 수 없다. 목회의 현장에서 보고 느끼면서 평소에 생각해 두었던 문제를 설정하고, 거기에 필요한 설교의 목직과 그 대두리를 세우고 구체적인 주제를 찾아 나서기 시작해야 한다.

셋째, 본문과 주제의 설정이다. 설교자가 설교의 큰 틀을 구상하면서 해야 할 일은, 메시지의 주인이신 하나님 앞에 엎드려 목적에 필요한 메시지를 달라는 간구이다. 66권의 말씀 가운데 자신이 설정한 목적에 적합한 메시지를 찾아 나선다. 때로는 성경을 매일 읽는 가운데 메시지와 설교의 방향이 보이는 경우도 많다. 그 순서는 문제가 되지 않는다.

넷째, 석의과정이다. 본문이 확정되었을 때 설교자는 바로 그 본문의 뜻을 파악하기 위한 작업에 들어가야 한다. 설교자는 원어사진을 비롯, 각종 사전과 주석 책을 펼쳐놓고 그 말씀의 진의를 파악하기 위해 심혈을 기울여야 한다. 주석성경에 의존하는 수준의 석의는 옛말이다. 지금은 평신도들이 설교 전에 주보를 손에 들고 본문을 읽고 성경에 딸려 있는 간이 주석을 읽는다. 설교자는 차원이 다른 수준의 석의작업을 펼쳐야 한다. 지금은 PC전용 주석 프로그램이 즐비하다. 이 석의에서 그날의 본문이 언제, 어떤 환경에서, 어떤 대상에게, 무슨 목적으로 그러한 말씀을 하셨는지를 알아야 한다. 그리고 본문의 원어를 섬세하고도 충실히 살펴 깊은 뜻을 깨닫게 한다.

다섯째, 주해와 적용에서 설교의 메시지를 찾는다. 설교자가 본문 석의를 통하여 말씀의 깊은 뜻을 알게 되었을 때, "이 말씀에서 나의 양들에게 무엇을 말해야 합니까? 메시지를 지금 주시옵소서" 하는 것이다. 즉, 말씀의 현장화이다. 이 시대에 주신 영적인 뜻이 무엇이며, 회중이 처한 어떤 현실이 이 메시지를 필요로 하는지를 간구하는 단계이다. 따라서 어느 때보다 성령님의 섭시(讖示)를 간구하는 지점이다.

여섯째, 명제적 진술로서 원하는 설교의 핵심을 간결하게 정리해 본다. 마치 한 편의 작품과도 같은 긴 글을 한 장에 요약하는 것처럼 설교의 내용을 간추려, 설교의 전체 방향과 내용을 일차적으로 정리하는 일이다. 본 설교가 목적하는 메시지의 핵심과 그 전개의 틀을 간결하게 정리함으로, 설교를 체계적으로 전개해 나갈 때 엇나감이 없는 질서정연한 설교를 작성하게 된다.

일곱째, 설교의 개요와 자료를 배열한다. 앞에서 본 명제적 진술을 한 다음에 이제 구체적으로 설교의 주안점(대지)을 설정하여 손질을 한다. 그 주안점들은 자신의 말이 아니라 성삼위 하나님이 주어가 되는 문장으로 정리하고, 거기에 해당된 구절을 배열하며, 우선적 석의와 예화를 비롯한 적용의 자료를 배열한다.

여덟째, 원고 작성의 단계에 임한다. 설교를 원고에 빠짐없이 담는 이 작업은 설교자가 설교현장에 서 있는 시간과 동일한 긴장과 성실을 요구한다. 이 부분은 설교자가 성령님의 섭시(讖示)를 받아쓰는 자세와 심정으로 임할 것을 권장한다.

아홉째, 메시지의 최종 점검과 성육화 작업이다. 원고화 작업이 끝난 다음에 설교자는 원고를 몇 번이고 읽어 성육화 작업에 몰입하여야 한다. 특별히 그 설교에 성삼위 하나님이 얼마나 분명하게 나타나는지를 점검해야 한다. 그리고 설교자 자신이 보이는 부분이 없는지를 살피고 삭제하는 점검 작업이 매우 중요하다.

열 번째, 원고를 다시 요약하여 원고 없이도 원고대로 설교할 수 있는 작업에 들어간다. 인간이란 암기한 내용도 원고를 손에 들고 있으면 그 기능이 작동을 멈추려는 경향이 있다. 그래서 원고에서 눈을 떼면 설교를 할 수 없는 모습을 보인다. 그러기 때문에 설교를 10분의 1로 줄인 메모지를 가지고 설교단에 서도록 한다.

끝으로, 설교자 자신을 겸허한 도구로 바친다. 완벽한 준비와 만족한 설교란 매우 드문 일이다. 돌아서면 언제나 모자람과 아쉬움이 가득하다. 여기에 설교자의 겸허가 필요하다. 최선의 준비가 끝나면 오직 성령님의 도구로 쓰임 받는 것이 전부이다. 그러하기에 설교자는 말씀의 주인님이 쓰시는 데 불편함이 없는 정결한 도구(Instrument)로 바쳐지도록 준비해야 한다. 하나님 앞에 부끄러움이 없고, 자신이 섬기는 회중 앞에 거침이 없는 종이 되었을 때, 성언운반일념(聖言運搬一念)의 사역은 은혜의 결실을 맺게 된다.

제29강
설교자의 말인지,
하나님의 말씀인지를 분명하게 밝혀라

설교는 설교자가 하는 것이 아니라 성삼위 하나님이 하신다. 하나님이 설교자를 통하여 예배하는 백성들에게 말씀을 선포하게 하시고, 그 말씀을 해석하게 하시며, 그 말씀을 회중의 삶의 현장에 적용시키도록 하는 사역이다. 그러므로 설교의 주체는 언제나 설교자가 아닌 하나님이시다. 이 원칙을 보여주는 설교의 가장 기본적인 형식을 본다.

하나님은 사도 요한을 통하여 "보는 바 그 형제를 사랑하지 아니하는 자는 보지 못하는 바 하나님을 사랑할 수 없느니라"(요일 4:20)고 말씀하십니다(선포). 여기서 말씀하신 사랑은 우리말에 없는 '아가페' 사랑입니다. 이 사랑은 하나님께 속한 매우 특수한 사랑입니다. 희생과 용서와 관용과 봉사와 평화를 담고 있는 특수한 용어입니다(해석). 하나님은 우리의 형제자매와 이웃에게 우리가 생각하는 지극히 제한적이고 편협적인 사랑이 아니라 아가페의 사랑을 실천하라는 명을 하십니다(적용).

이 기본형식에서 설교자가 말씀의 주체가 아니라 성삼위 하나님이 말씀의 주체임을 쉽게 파악하게 된다. 이 형식이 설교의 기본 틀이다. 이 틀을 벗어나면 그때부터 하나님의 말씀은 인간의 말로 전환되어 회중이 혼란스러워한다.

여기서 한국의 설교자들은 매우 중요한 문제를 생각해야 한다. 그 것은 어릴 때부터 체질화되어 있는 언어문화의 특성이다. 우리의 언어 는 1인칭 단수 생략을 비롯하여, 문장의 주어를 뚜렷하게 밝히지 않는 관습이 있다. 그 결과 설교에서 전하고자 하는 메시지가 설교자의 말 인지 하나님의 말씀인지를 분간하기가 매우 어렵다. 이러한 언어의 문 제점을 윤태림은 그의 『한국인』에서 일찍이 다음과 같이 지적하였다.

"우리말에서는 그것이 단수인지 복수인지, 남성인지 여성인지 분간 하기 힘들 뿐만 아니라 말이나 대화의 전체를 파악하지 않으면 그것이 누구를 의미하는지 잘 알 수 없을 때가 많다. 이것은 사고가 어떤 객관 적인 것을 대상으로 하지 않는다는 것, 주체에 대한 의식이 박약하다 는 것을 의미한다."

이제 한국교회 설교자들은 자신의 설교문장에 당연히 있어야 할 주 어의 중요성을 깨닫고, 새롭게 두렵고 책임 있는 시선으로 찾아야 한 다. 주어가 없는 문장이 나열될 때 메시지의 주체는 불분명해진다. 더 나아가 주어에 대한 관심이 없는 설교자는 문장마다 "주님의 이름으로 축원합니다", "…를 바랍니다", "…할 줄로 믿습니다", "…을 소망합니 다", "…를 소원합니다", "…를 부탁합니다", "…를 기원합니다"와 같 은 종결어를 남발하게 된다. 이렇게 주어 없이 끝나는 문장의 주어 자 리에 '하나님', '주님', '예수님', '성령님'을 넣고 그 문장을 읽으면 어 이없는 표현이 된다. 예를 들면, "하나님은(주님은, 예수님은, 성령님은) 여러분이 충성된 종으로 주님의 영광을 위하여 살아가기를 '주님의 이 름으로 축원합니다(소원합니다, 기원합니다)"와 같은 것이다.

참으로 부끄럽고 성립될 수 없는 표현이 된다. 여기서 앞에 나열한 종결어의 주어는 모두가 설교자임을 알게 된다. 그 결과는 메시지의 주체가 설교자로 전환되는 큰 모순을 범하게 된다. 그러나 그 문장에 주어를 성삼위 하나님으로 바꾸고 거기에 알맞은 종결어를 사용하면 그 메시지의 주체가 올바르게 표현된다.

즉, "하나님은(주님은, 예수님은, 성령님은) 여러분이 충성된 종으로 주님의 영광을 위하여 살아가기를 원하십니다(명령하십니다, 기다리십니다, 가르치십니다, 말씀하십니다)"와 같은 것이다.

이 예문에 조금만 관심을 기울이면 하나님의 자리에 설교자가 들어서게 하는 무서운 오류를 우리의 언어관습이 안고 있음을 쉽게 발견하게 된다. 이러한 옳지 못한 현상을 바로잡기 위한 노력은 설교자의 필수과정이다.

다음은 설교문장에 성삼위 하나님을 주어로 했을 때 사용할 수 있는 종결어 모음이다.

'말씀(알게, 계시, 예시, 제시, 역사, 인도, 격려, 위로, 촉구, 명령, 선포, 훈계, 교육, 깨닫게, 초대)하십니다' 또는 '들려주고(초대하고, 호소하고, 이끌어주고) 계십니다'와 같은 표현이다. 이러한 종결어를 사용했을 때 그 문장의 주체는 설교자가 될 수 없고 오직 성삼위 하나님이 그 자리에 있게 된다.

여기서 설교자가 특별한 주의를 요하는 것이 있다. 비성경적이고 사실이 아닌 내용을 함부로 성삼위 하나님의 말씀과 메시지로 표기하는 것은, 설교자가 거짓선지자로 추락하는 큰 과오임을 명심해야 한다. 오늘날 한국교회의 설교사역을 위기로 몰고 간 주역들은 성경을 통해 주신 말씀이 아님에도, 자신의 생각과 판단을 나열하고 "하나님의 말씀인 줄로 믿으면 아멘 하라"는 설교자들이다.

이제 우리는 설교가 거듭나야 하는 참으로 중요한 시점에 도달하였다. 자신이 사용하고 있는 언어에 대한 정확한 이해나 살펴봄이 없이 함부로 사용했던 부적합한 표현을 가려내야 한다. 어릴 때부터 굳어진 언어를 그대로 최상의 도구로 알고 거침없이 사용해 온 것을 성찰해야 한다. 이제 거듭나야 할 새로운 설교시대를 맞이하기 위하여 냉철한 진단과 처방의 땀을 흘려야 한다.

문제는 전하고자 하는 메시지가 자신의 말인지 하나님의 말씀인지를 정확하게 구별하여 표현하고 전달하려는 설교자의 의지이다. 지금까지 일반적으로 설교자의 의식구조는 본문을 통하여 주신 하나님의 메시지를 자신이 발견하여 자신이 주체가 되어 전하려는 시도를 벗어나지 못하였다. 하나님은 변함없이 오늘도 인간에게 하고자 하는 말씀을 직접 하시지 않는다. 언제나 사람을 불러 말씀의 종으로 세우시고 그 종의 입을 통해서 인간들에게 메시지를 주셨다. 그러기에 성삼위 하나님은 말씀의 주체로서 선명하게 나타나셔야 하고, 설교자는 감추어져야 한다. 그럴 때 설교는 하나님이 주신 생명의 만나로 회중의 생명을 살리게 된다.

제30강
하나님의 말씀인가, 사도들의 말인가?

앞의 강의에서 하나님의 말씀이 인간의 말로 변환되어 표현되는 문제는 우리의 언어구조에 기인함을 지적한 바 있다. 우리의 설교에서 하나님의 말씀이 손상되지 않고 온전하게 하나님의 말씀으로 들려지도록 오늘의 설교자들이 각별한 주의를 기울여야 함을 제시하였다. 이러한 기본적인 문제와 맥락을 같이하는 문제가 또 있다. 그것은 설교를 들을 때마다 느끼는 갈등이다. 그 갈등 또한 설교자의 의식 변화와 함께 사려 깊은 표현을 필요로 한다.

1. 성경은 인간의 입을 통하여 들려주신 하나님의 말씀이라는 사실을 언제나 마음에 두어야 한다

설교자나 회중은 성경이 정확무오한 하나님의 말씀이라고 믿고 있다. 복음 중심의 교회에서 66권의 성경이 하나님의 말씀임을 의심하거나 부정한 사람은 없다. 성경이 하나님의 말씀이기에 그 말씀을 본문으로 하고 그 말씀에서 메시지를 받아 설교사역을 감당하고 있다. 그런데 문제는 본문에 따라 그 표현이 달라진다는 점이다. 하나님이 직접 선지자들에게 하신 말씀을 비롯하여, 예수님이 하신 말씀이나 성령님이 역사하신 현장을 말할 때는 아무런 문제가 없다. 그러나 선지자들이나 사도들의 말과 사건을 본문으로 정했을 때 문제가 발생한다. 즉, 말이나 사건의 주체가 선지자나 사도들로 등장한다.

예를 들면, 사도 바울은 "주 안에서 항상 기뻐하라 내가 다시 말하노니 기뻐하라"(빌 4:4)고 말했습니다. 또는 사도 요한은 "사랑하는 자들아 하나님이 이같이 우리를 사랑하셨은즉 우리도 서로 사랑하는 것이 마땅하도다"(요일 4:11)라고 가르치십니다.

이상의 예문을 냉정히 따지면 그 말은 바울이나 요한의 입에서 나온 말임에 틀림이 없다. 그러나 여기서 재확인해야 할 것은 하나님이 바울과 요한의 입을 통하여 우리에게 필요한 말씀을 하셨다는 사실이다. 이러한 사실을 우리가 확신한다면 믿는 그대로를 표현해야 한다. 이는 매우 간단하다.

> 하나님은 바울을 통하여 "주 안에서 항상 기뻐하라 내가 다시 말하노니 기뻐하라"고 가르치십니다(명령하십니다). 하나님은 요한을 통하여 "사랑하는 자들아 … 사랑하는 것이 마땅하도다"라고 말씀하십니다(가르치십니다).

이상과 같이 표현하는 것이 정확하다. 그럴 때 같은 말씀이지만 말씀의 주체가 하나님이 되고 그 말씀의 위상이 달라진다. 그렇지 않은 경우는 선지자들이나 사도들이 말씀의 주체가 되어 등장하게 된다. 성경에 실린 각종 사건의 경우도 마찬가지다. 하나님이 전개된 사건을 통해서 주시고자 하는 메시지가 무엇인지를 말하는 것이 설교자의 정상적인 사고의 틀이다.

2. 설교자가 본문을 각주로 사용하지 마라

설교학 교수로서 설교를 들으면서 무척 고통스러운 시간이 있다. 그것은 본문을 읽고 본문과는 무관한 말만 계속하다가 설교의 끝 무렵에 본문에 대한 언급을 3~4분 하고 끝날 때이다. 그리고 또 하나는 설교자가 자신의 생각과 주장을 펼치고 본문을 각주로 사용할 때이다. 많은 설교자들이 두 번째의 경우는 거의 관심을 두지 않고 있다. 영어권에서는 들어볼 수 없는 '본문의 각주화' 현상을 한국어를 사용하는 설교현장에서는 다들 예사롭게 여기고 있다. 그러나 조금만 생각을 가다듬고 보면 설교자의 '무엄한 행위'로 지적받아야 할 큰 문제이다. 이 잘못된 표현은 간단한 토씨 사용, 즉 '…도'와 '…에 보면'에서 발생한다. 이 표현들은 자신의 주장을 언급한 후에 그 말이 맞음을 성경말씀으로 입증하는 사례이다.

'도'의 예를 들어본다. "사랑합시다. 사랑하기 힘든 대상도 사랑합시다. 미워할 수밖에 없는 사람일지라도 사랑해야 합니다. 예수님도 일찍이 '너희 원수를 사랑하며 너희를 박해하는 자를 위하여 기도하라'(마 5:44)고 말씀하셨습니다." 이 경우는 자기 말의 정당함을 위해 예수님이 보충해 주고 있는 양상이다.

'보면'의 예를 들어본다. "기뻐합시다. 주님과 함께 사는 사람은 슬픔보다는 기쁨을 우선해야 합니다. 그럴 때 우리에게 긍정적인 사고가 이어지며 밝은 미래가 다가옵니다. 빌립보서 4장 4절에 보면 '주 안에서 항상 기뻐하라 내가 다시 말하노니 기뻐하라'고 사도 바울은 말씀하고 있습니다." 이 경우도 자신의 주장을 사도 바울의 말로 합리화시키고 있는 표현이다. 이러한 불경죄를 범하는 원인은 간단하다. 설교자가 본문말씀을 앞세우며 그 말씀에 의존하지 않고 있다는 증거이다. 설교자가 주체가 되어 자신의 생각과 판단, 분석과 경험을 설교의 주체로 생각하기 때문이다. 각주란 흔히들 글을 쓸 때 자신의 이론을 펼쳐놓고 그 분야의 전공자가 남긴 문헌들을 인용하여 자신의 정당성을 보이거나 입증하는 것이다. 그러나 설교는 어떤 경우도 본문을 각주로 사용할 수 없다. 바로잡는 길은 간단하다. 본문말씀을 먼저 경청하게 하고 후에 설교자의 해석 또는 적용이 자신의 지식과 더불어 이어지게 하면 된다. 조금만 주의를 기울이면 이 '무엄한 불경죄'를 범하지 않을 수 있다. 다음과 같이 본문을 들려주고 설교자의 해석과 적용은 뒤로하면 된다.

예수님은 "너희 원수를 사랑하며 너희를 박해하는 자를 위하여 기도하라"(마 5:44)고 말씀하십니다. 이제 주님의 말씀대로 사랑합시다. 사랑하기 힘든 대상도 사랑합시다. 미워할 수밖에 없는 사람일지라도 사랑해야 합니다. 하나님은 바울을 통하여 "주 안에서 항상 기뻐하라 내가 다시 말하노니 기뻐하라"고 말씀하십니다. 그렇습니다. 우리는 모든 환경에서 기뻐해야 합니다. 그럴 때 우리에게 긍정적인 사고가 이어지며 밝은 미래가 다가옵니다.

제31강
설교에서 이런 표현은 사용 불가이다

영국의 초기 청교도운동의 지도자로 많은 영향을 끼친 구두윈(Thomas Goodwin)은 "성경은 대다수의 사람들이 읽을 수 있지만 그 말씀을 해석할 수 있는 사람은 천 명 중에 하나 있을까 말까 하다"는 매우 뜻깊은 말을 남겼다. 이 말은 비록 수백 년 전에 했던 말이지만 지금도 그 말은 유효하다. 오늘날도 많은 평신도들은 성경을 읽되 해석은 설교자의 소임으로 여긴다. 현대인들이 성경을 대하면서 그 뜻을 일일이 해석해 가며 읽는 사람은 소수이다. 그래서 설교자의 존재 이유가 성립된다.

그런데 문제는 설교자의 해석이 어떻게 표현되느냐에 따라 그 정확성과 효력의 파급이 달라진다. 설교자의 언어란 단순한 소통의 도구로서의 차원을 넘어 설교사역에서는 그 누구, 무엇보다 깊은 주의를 요하는 막중한 도구이다. 특별히 하나님의 말씀을 해석하고 설명하고 적용하는 데 사용되는 설교자의 언어구사는 작은 실수도 범해서는 안 되는 신중성을 요한다.

다음은 설교자들이 예사롭게 사용하는 문장의 끝맺음에서 발견되는 표현들이다. 보다 진지하게 살펴보면, 이 표현들은 설교에 도움을 주는 언어가 아니라 오히려 손실을 가져오는 표현들임을 쉽게 알게 된다.

1. … 라고 하겠습니다

설교는 자신이 확고한 신념을 가지고 믿고 실천하는 표현이어야 한다. 그런데 이 표현은 산접 확인의 뜻을 깃든다. 즉, 다인의 말을 인정해 주는 형태에 속한다. 다음과 같은 표현을 바로잡아 본다.

예수님을 구원의 주님으로 모시게 됨은 가장 복된 소식"이라고 하겠습니다." 하나님의 영광을 위하여 우리의 최선을 다하는 것은 그리스도인들의 당연한 행위"라고 하겠습니다."

여기에 나타난 '…라고 하겠습니다'를 '입니다'로 바꾸면 문제점이 사라진다.

"예수님을 구원의 주님으로 모시게 됨은 가장 복된 소식입니다."
"하나님의 영광을 위하여 우리의 최선을 다하는 것은 그리스도인들의 당연한 행위입니다."

2. … 인 것 같습니다, … 듯 싶습니다

설교자는 언제나 자신이 확신하는 것만을 회중에게 말해야 하는 책임을 지고 있다. 특별히 하나님의 말씀을 애매모호한 표현으로 전하는 것은 말씀에 대한 철저한 석의가 부족하다는 증거이다. 철저한 석의를 거친 설교자는 본문의 뜻이 무엇인지를 깨닫게 되고, 그 깨달음을 회중에게 전한다. 그러나 다음의 예는 모두가 설교자가 확신이 없이 추측에 의존하는 표현들이다. "원수를 사랑하라고 하신 말씀은 주님이 보여주신 아가페의 사랑을 실천하라는 말씀인 듯 싶습니다"는 '말씀입니다'로, "우리가 아가페 사랑을 실천함이 좋을 것 같습니다"는 '좋습니다'여야 한다.

3. … 수 있습니다

성실한 설교자는 본문에 대한 철저한 석의와 정확한 이해를 가지고 설교단에 오른다. 그러나 안타깝게도 잘못된 자신의 언어습관에 의하여 자신이 준비한 설교에 심각한 손상을 입힌다. 필자가 만난 어느 설교자는 매우 철저한 설교를 준비했는데 말끝마다 "… 수 있습니다"를 연발하고 있었다. 참으로 안타까운 순간이었다. 이 종결어는 완전한 긍정이 아니다. 여기서 사용하는 '수'는 불완전한 뜻을 가지고 있다. '수 있다'는 말은 언제나 '수 없다'는 말을 옆에 두고 있다. 따라서 설교에서 사용하기에는 매우 부적절한 표현이다. 다음은 '말할 수 있습니다'를 '입니다'로 대체한 실례이다. "하나님을 변함없이 예배하는 사람이 최상의 삶을 살고 있다고 말할 수 있습니다"의 끝맺음은 "… 살고 있습니다"로, "하나님의 자녀로 복음 안에서 사는 인생이 가장 행복한 사람이라고 말할 수 있습니다"에서는 "… 행복한 사람입니다"가 바른 표현이다.

4. … 것입니다

"말씀인 것입니다, 생각하는 것입니다, 믿는 것입니다, 바라는 것입니다, 되어야 하는 것입니다, 기원하는 것입니다, 되는 것입니다, 원하는 것입니다, 복 받게 되는 것입니다"는 "말씀입니다, 생각합니다, 믿습니다, 바랍니다, 되어야 합니다, 기원합니다, 됩니다, 원합니다, 복 받게 됩니다"이다.

설교자들이 남발하고 있는 '것'이라는 표현이 설교언어 가운데 독소처럼 자리잡고 있다. 다음의 문장에서 '것'이라는 독소가 얼마나 깊숙이 뿌리 내리고 있는지를 본다.

"오늘의 본문에서 말한 것이 무엇을 뜻하는 것인지 잘 알아야 하는 것이 우리의 임무인 것입니다." 이토록 심각한 독소를 완전히 제거하고 순수한 언어로 순화시켜 본다. "오늘의 본문에서 하신 말씀이 무엇을 뜻하는지를 잘 알아야 함은 우리의 임무입니다."

설교자가 '것'이라는 독소를 언어생활에 품게 된 까닭을 먼저 알아야 할 필요가 있다. 이오덕의 『우리글 바로쓰기』에 그 원인이 잘 설명되어 있다. 이 설명에 의하면, 일본어 준체조사(準体助詞) の를 모두 '것'으로 번역한 데서 기인했다고 한다. 우리 교회의 초기에 일본 신학서적들이 번역될 때 무분별하게 '것'을 그대로 옮겨 오는 데서부터 '것'이라는 독소가 우리 설교에 자리를 잡게 되었다. 우리의 언어에서 '것'을 사용하는 경우는 '나의 것, 너의 것'과 같은 소유를 나타낼 때와 '그렇게 될 것이다', '그것일 것이다'와 같은 미래와 추측을 표현할 때이다. 그런데 지금과 같은 '것'의 남발은 확실히 우리의 설교언어에 스며든 질병이다. 설교자마다 무심코 사용하고 있는 '것'에 대한 점검이 시급한 현실이다. 한국인인 설교자가 한국에서 한국말로 한국인에게 설교하면서 '이상한 한국말'을 사용함은 실로 부끄러운 일이다.

제32강
설교의 1차 완성은 원고를 마무리할 때이다

최근에 한국교회는 이단으로 규정된 교회들의 문제로 매우 혼란스럽다. 필자는 이 문제가 매우 심각한 쟁점으로 등장하면서 이단으로 논란이 되는 인물들의 설교 동영상을 유심히 살펴보았다. 가장 먼저 떠오른 질문은 "저 설교자는 설교의 기초이론을 배운 적이 있을까?", "저 설교자가 맑은 정신으로 지금 말하고 있는 내용을 원고로 정리하고 단에 섰을까?"였다. 이단으로 지탄을 받고 있는 그들의 설교는 설교가 아니었다.

만약 그들이 설교에 대한 공부를 하고 설교의 원고화 작업이 필수적이라는 사실을 배운 설교자들이었다면 그러한 설교의 이탈은 범하지 않았을 것이다. 그들의 능수능란한 언어의 구사와 전달의 기법이 설교의 정도를 걸었더라면 매우 우수한 설교자가 되었을텐데 하는 아쉬움과 더불어 동정심까지 나왔다.

설교는 두 차례의 완성과정을 거쳐야 한다. 1차 완성은 설교의 내용이 토씨까지 완벽하게 원고화되어야 한다. 그리고 2차 완성은 설교단에서 회중에게 그 내용을 들려주는 데서 이룩된다. 이러한 완성과정은 설교자가 평생 동안 지켜야 할 의무행위이다. 필수과정을 무시하고 설교사역을 진행하는 설교자는 돌이킬 수 없는 후회로 얼룩지게 된다. 다음의 항목들에 동의한다면 설교의 원고화의 중요성을 알 수 있으리라 본다.

첫째, 설교자가 본문에 대한 철저한 석의를 통한 완전한 이해를 한 후에는 말씀의 적용을 위한 자료를 수집, 정리한다. 그리고 설교의 개요를 만들고 자료를 배열한다. 이때부터 설교자는 심신을 가다듬고 성령님의 섭시에 귀를 기울이고 메시지의 정리에 들어간다. 이 정리는 바로 자신이 외쳐야 할 메시지를 원고에 받아쓰는 과정이어야 한다.

둘째, 설교자의 생각과 지식과 경험과 견해가 하나님의 말씀을 가로막고 있는지를 점검할 수 있는 길은 원고화한 설교뿐이다. 설교자는 자신의 원고를 반복하여 읽으면서 성언의 주인이 돋보이고 설교자가 감추어지는 작업을 펼쳐야 한다.

셋째, 설교자의 언어는 필터가 필요하다. 인간은 말을 가지고 사는 존재이기에 말실수가 가장 많다. 설교자가 말실수를 하게 되면 그 역반응이 대단하다. 그래서 설교자는 평상시에도 자신이 하고자 하는 말에 스스로 한두 번의 여과과정을 거쳐야 한다는 충고를 많이 한다. 특별히 하나님의 말씀을 전하는 설교단에서 설교자의 언어에 실수가 나타난다는 것은 용납될 수 없다. 그래서 설교자는 자신이 사용할 언어의 질과 양을 필터링해야 한다. 최선의 길은 자신이 작성한 설교 원고를 반복하여 읽으면서 수정보완하는 방법이다.

넷째, 설교의 권위와 질을 추락시키는 주범 중에 하나는 잡다한 언어와 불필요한 내용의 전개이다. 그리고 싫증이 나도록 이미 한 말에 대한 반복을 이어가는 때이다. 흔히들 말하는 설교의 불순물에 대한 문제이다. 이 문제의 해결은 역시 자신의 설교 원고를 주의하여 읽는 데서 삭제와 변경이 가능하다.

다섯째, 총명이불여둔필(聰明以不如鈍筆)이라는 말처럼 설교자가 아무리 명석한 두뇌의 소유자라고 할지라도 정리된 설교의 내용을 그대로 또는 그 이상으로 전달할 수는 없다. 원고에 수록된 내용과 자료와 선별된 어휘들을 원고 없이 자유롭게 구사한다는 것은 거의 불가능한 일이다. 원고에 실린 선별된 어휘들과 아름다운 표현들을 지키고 싶은 설교자는 총명보다 원고의 도움을 받을 필요가 있다.

여섯째, 돌출 생각과 언어들이 나와서 메시지를 흐리는 예방책은 원고화 작업이다. 많은 설교자들이 순간적으로 떠오른 생각이나 해석을 성령님이 주신 메시지라고 착각을 하는 것을 듣는다. 마치 성령님이 망각하였던 것을 설교대에서 생각나게 해주신 것처럼 생각한다. 여기에서 설교자가 알아야 할 것은 성령님에게는 '망각'이라는 기능이 없으시다는 것이다. 많은 설교자들이 원고 외의 즉흥적이고 돌출적인 생각과 말들을 한 후에 후회를 훨씬 많이 한다는 사실에 깊은 주의를 요한다.

일곱째, 설교는 냉랭한 두뇌의 작용만으로는 성공을 거두지 못한다. 가슴에 녹아 스며든 육화(肉化)된 설교만이 깊은 감동을 회중에게 안겨준다. 이 길은 뜨거운 열정을 가지고 회중에게 설교하듯이 읽고 또 읽는 과정에서 내 가슴을 적시게 된다. 이 과정은 설교자가 단순히 원고를 외우는 작업이 아니다. 그것은 자신에게 설교를 들려주고 자신이 은혜를 먼저 받기 위한 순간이다. 이때 설교 원고는 어느새 나의 기억력까지 장악하여 회중 앞에서 원고의 종이 아니라 원고로부터 자유롭게 되어 말씀의 종의 임무를 수행하게 된다.

때마다 설교를 원고에 담는 것은 분명히 어려운 일이다. 그러나 그것이 자신에게 맡겨진 사명임을 깨닫고 수행하는 설교자는 밝은 미래를 열게 된다. 여기에 따른 고민은 원고를 소화하지 못하고 설교단에 올라서서 원고에서 눈을 떼지 못하는 경우이다. 이러한 일이 만성이 되면 아예 원고를 읽고 설교를 마치게 된다. 좋은 사례가 있다. 어느 교회에 원고에서 눈을 끝내 떼지 못하고 은퇴한 목사가 있었다. 청빙위원들이 후임자를 모시는 과정에서 내놓은 첫 질문은 "원고에서 눈을 떼실 것입니까?"였다. 회중은 모두가 정성을 다 기울여 설교를 원고에 담기를 원한다. 그러나 그 원고를 읽는 것은 동의하지 않는다.

설교자는 설교가 설교다워야 설교로서 인정을 받는다는 사실에 유념해야 한다. '말씀의 종'이라는 신분을 갖추고 설교라는 너울만 쓰면 모두가 설교로 인정받던 시절은 모두 끝났다. 충실한 설교의 준비는 설교를 원고화하는 데서 발전을 거듭한다. 회중은 발전하는 설교자를 뜨겁게 환영하고 존경한다.

제33강
설교의 2차 완성에서 가장 중요한 것은 '설교자의 파토스'이다

설교의 완성은 크게 두 단계로 분류한다. 첫째는 설교의 원고화 작업 완성이고, 둘째는 원고의 내용을 회중에게 효율적으로 전달하는 일이다. 이 두 가지의 단계를 완수했을 때, 드디어 한 편의 설교가 끝이 난다. 설교학에서는 한 편의 설교가 성공적으로 마무리되기까지는 설교의 내용이 60%, 설교의 전달(Delivery)이 40%를 차지한다고 말한다. 이 중요한 기본 전달 원칙이 지켜지지 않았을 때 설교 완성에 많은 손실을 가져오게 된다. 이러한 원칙 중에서도 가장 중요한 것은 성언운반 일념(聖言運搬一念)을 견고한 이토스(Ethos)로 하는 일이다. 그리고 이토스의 실현에 필수적으로 수반되어야 할 파토스(Pathos)를 품는 일이다.

유명한 신학자 폴 틸리히는 "커뮤니케이션이 되지 않는 메시지는 메시지가 아니다"라는 유명한 말을 남겼다. 이 말은 그가 유니온신학교에서 자신이 설교자로서 실패한 경험을 함축하고 있는 말이다. 그는 언제나 남다른 정성을 기울여 작성한 설교 원고를 가지고 설교단 위에 섰다. 그리고 그 원고에서 눈을 떼지 않고 읽었다. 그때 학생들은 그의 알찬 설교내용에 한두 번 주의를 기울였지만, 그 다음부터는 거의 대부분의 설교내용을 졸면서 들었다. 그가 은퇴를 한 후에『문화의 신학』을 펴낼 때 자신이 설교했던 기억을 회상하면서, 자신의 설교는 회중에게 소통 곧 커뮤니케이션이 되지 못했던 실패한 설교라는 사실을 고백한 바 있다.

설교현장에서 우리는 세 가지 유형의 설교자를 보게 된다. 첫 번째 유형은 빈약한 내용을 가지고 탁월한 전달능력을 구사하여 설교를 잘 하는 것처럼 보이는 설교자이다. 두 번째는 설교내용이 매우 우수함에도 불구하고 전달이 빈약하여 아쉬운 결과를 가져오는 설교자이다. 세 번째는 은혜로 가득한 설교내용을 가지고 감화력을 수반한 전달을 하여 회중을 사로잡는 설교자이다.

한 가지 분명한 사실은 완벽한 내용과 감동적인 전달을 언제나 수반할 수 있는 설교자는 매우 드물다. 그러나 거기에 근접한 설교자가 되려는 노력은 당연히 설교자의 의무사항이다. 설교의 전달에서 가장 필수적인 요건으로 파토스(Pathos)를 가슴에 품으라고 권하고 싶다.

설교는 냉철한 이성 곧 지성의 기능만을 가지고 하는 것이 아니다. 하지만 현대의 많은 설교자들은 단순한 두뇌의 기능만을 가지고 회중을 설득하려는 경향을 많이 보이고 있다. 이에 반해 혼신의 힘을 다하여 땀과 눈물을 보이는 설교자는 매우 드물다. 자신이 전하는 메시지에 설교자 자신이 혼연일체가 되어 가슴이 터질 듯한 감동을 주는 설교자를 찾는 것 또한 힘들다. 날이 가면 갈수록 많은 설교자들의 설교가 차갑기만 하다. 설교자의 불타오르는 열정이 좀처럼 보이지 않는다.

설교자가 필수적으로 가슴에 품어야 할 파토스의 어원은 고통스러워하고 괴로워하는 마음을 뜻하지만, 정황에 따라서 이 용어는 다양하게 해석된다. 철학에서는 욕정, 성냄, 미움, 슬픔, 기쁨과 같은 일시적인 감정의 발로라고 말한다. 우리말 사전에서는 감정과 연결된 생각을 일컫는 말로서 정념(情念) 또는 정사(情思)라고 한다. 설교학에서는 파토스를 설교 작성에서부터 설교의 전달에 이르기까지 설교자가 기본적으로 품어야 할 중요한 요소임을 강조한다.

먼저, 설교자가 하나님의 말씀을 생명의 말씀으로 가슴에 품고 그 말씀에 온 정신을 쏟는다는 뜻이다. 다음으로, 이 생명의 말씀을 받아야 할 회중을 사랑하는 뜨거운 열정을 의미한다. 철학에서는 일시적인 감정의 발로처럼 이 용어를 풀이하고 있으나, 설교학에서는 항구적으로 품고 살아야 할 설교자의 기본요소임을 강조한다. 설교자의 가슴에서 뜨거운 불길을 품은 이러한 파토스가 성령님의 역동적인 역사와 서로 맞닿게 된다면, 설교자는 생명력이 차고 넘치는 설교로 회중을 감동시키게 된다. 이것은 모든 설교자가 바라는 이상향으로서, 설교자들이 도전하고 경험해야 할 세계이다. 즉, 이것은 설교자가 도달해야 할 설교의 경지이다.

그러나 이러한 아름다운 의욕이 지나쳐 오히려 설교에 손상을 가져오는 경우가 많다. 때로는 이렇게 중요한 설교자의 파토스가 인위적으로 보이는 경우도 종종 있다. 설교자가 분위기와는 거리가 먼 상황에서 함성을 지르면서 홀로 흥분된 상태를 보여주는 것은 올바른 파토스로서 인정받을 수 없다. 회중을 사랑하고 아끼는 연민의 정을 표현함에 있어서 유효한 눈물이라고 할지라도 설교자가 설교 때마다 눈물을 흘리는 것은 파토스의 진정성을 의심받게 된다.

더욱이 그러한 모습이 습관화 된다면 형식적인 절차처럼 오해받기가 쉽다. 또 하나 유의해야 할 것은, 파토스는 큰 소리를 지르고 눈물을 보이는 것이 전부가 아니라는 사실이다. 잔잔하면서도 은혜의 물결이 넘치는 전개와 전달이 필요할 때가 더 많이 있으며, 이때 설교자의 화려한 언어구사보다 그의 진지한 표정에서 더 깊은 메시지를 읽을 수 있다.

설교자가 먼저 스스로 파토스의 작동을 점검하는 길은 원고를 탈고한 후에 자신이 준비한 말씀을 붙들고 "주신 말씀에 내가 먼저 은혜를 받게 하소서"라고 기도하면서, 회중 앞에 서 있는 심정과 자세로 원고를 앞에 놓고 소리 내어 설교를 해보는 일이다. 그러면 어느 순간 어느 부분에서 자신도 모르게 '아멘'의 소리가 나오면서 감동이 솟구치게 되고, 눈시울이 뜨거워지게 된다.

이러한 현상은 설교자의 가슴에 파토스가 살아 움직이고 있다는 증거이다. 바로 그러한 부분을 형광펜으로 표시해야 한다. 이러한 준비를 마치고 설교단에 섰을 때, 그 부분에서 자신이 느꼈던 감정에 온 열정을 쏟음으로 그 느낌을 회중과 함께 공유하고 호흡을 시도할 수 있다. 이러한 과정은 파토스를 효과적으로 나타나게 하는 길이다. 설교자가 품고 있는 파토스의 숨결이 설교의 요소요소에서 솟아날 때 설교는 은혜와 감동의 파장을 불러일으키게 된다.

제34강
효과적인 설교전달을 위한 요소들 (1)

1. 회중의 눈을 보고 설교하라

메시지가 입에서 나와 상대방의 귀에 들린다는 것은 인간의 의사소통에 있어서 가장 기본적인 과정이다. 이 과정은 인간이 집단을 이루면서 지금까지 이어진 소통수단이다. 화자(話者)와 청자(聽者)가 서로의 얼굴을 쳐다보고 말을 이어가는 것은 창조의 질서처럼 지켜지고 있다. 유명한 커뮤니케이션 학자로서 '미디어는 메시지다'라는 말을 남겼던 마샬 맥루한(Marshall Mcluhan)은 의사소통의 과정이 시대의 흐름에 따라 다음과 같이 변천될 것임을 일찍이 언급한 바 있다. 그 중 첫째는 대면의 소통(Face to Face), 둘째는 얼굴과 활자를 통한 소통(Face to Letters), 셋째는 얼굴과 전자기기를 통한 소통(Face toElectronics)이다. 이러한 그의 분석은 적중하였고, 이제 우리는 세 번째의 시대에 진입하였다. 그럼에도 불구하고 매주일 예배시간의 설교 진행 역시 첫 번째 기본형태인 '대면의 소통'을 기본으로 한다.

설교자가 관심을 두어야 할 '대면의 소통'이란 설교 중에 회중과 시선을 마주치는 것(eye contact)을 의미한다. 설교자가 회중의 시선 집중

상태와 그 움직임을 보고 설교의 반응(feedback)을 가늠하는 것이 일반적이다. 그들의 입에서 나오는 '습관적인 아멘'으로 설교의 성패를 측정하는 것은 매우 어리석은 일이다. 그러한 이유 때문에 진정한 설교는 입에서 귀로 가는 것으로 끝나지 않고, 설교자의 입에서 나오는 말이 설교자의 눈을 통하여 회중의 귀에 전달될 때 온전한 전달이 이루어진다. 회중이 눈을 통하여 귀로 들리는 메시지를 받아 마음속에 깊이 간직할 때에 설교의 올바른 전달이 된다.

그런데 설교자를 쳐다보는 회중의 눈길이 언제나 설교자를 향하여 머물러 있지 않음에 문제가 있다. 설교자가 고개를 숙이고 원고를 읽고 있는 순간에, 회중은 시선의 해방감을 느끼고 설교자로부터 떠난다. 이렇게 화자를 떠난 청자의 시선은 방금 전까지 집중했던 메시지까지 외면해 버리는 결과를 초래하기도 한다. 30분이라는 짧은 시간 내에 설교자를 떠난 그들의 시선을 다시 이끌어 오는 것은 쉬운 일이 아니다. 그래서 회중의 시선을 설교자로부터 이탈하지 않도록 만드는 것은 설교전달의 매우 중요한 과제이다.

여기서 강조하고자 하는 것은 바로 '원고의 완전한 소화'이다. 원고의 첫줄만 보아도 회중을 바라보면서 그 문단을 충분히 말할 수 있는 설교전달의 준비가 되어 있어야 한다. 자신이 작성한 설교 원고를 반복하여 읽으면서 그 메시지가 육화(肉化)되어 있는 설교자에게는 아무런 문제가 없다. 이러한 설교자 앞에는 회중이 설교자와 일체가 되어 말씀 속에 이끌리게 된다.

2. 설교에는 리듬(Rhythm)이 있어야 한다

음악에서 리듬이란 음의 장단이나 강약 등이 반복될 때의 그 규칙적인 음의 흐름을 의미한다. 설교의 전달에서 말하는 리듬이란 두 가지 경우이다. 첫째는 말의 속도에 따른 빠름과 느림이고, 둘째는 설교를 하는 음정의 높고 낮음이다. 설교에서 이러한 리듬이 필요한 이유가 있다. 그것은 인간이란 무엇이든지 아무런 변함없이 일정하게 이어지는 것에 쉽게 싫증을 느낀다. 유명한 성악가가 부를지라도 리듬이 없는 노래에는 아무도 의미 부여를 하지 않는다. 하지만 그가 남다른 음색과 음폭을 가지고 리듬을 이어가게 되면, 그때 관객들은 박수를 치면서 감상을 하게 된다. 설교의 전달도 마찬가지이다.

설교자의 언어가 일정한 속도로 30분을 이어지는 것보다, 빠름과 느림을 지키면서 회중의 긴장감을 조절하는 것이 매우 필요하다. 반대로, 설교자의 음정에 높낮이가 없고 강약의 표현이 선명하지 못할 때, 그 설교는 성공적인 전달을 이루지 못하게 된다. 설교자의 음정에 대한 리듬에는 다음 4가지의 형태가 있다.

첫째는 설교자가 처음부터 아주 잔잔하게 강약의 포인트가 전혀 없이 끝까지 이어지는 경우이다. 이러한 설교전달은 차분하고 안정감이 있는 긍정적인 면도 있으나, 자칫 회중에게 불러주는 자장가 역할을 하게 된다.

둘째는 출발은 기본음으로 시작을 했으나 1분도 지나지 않아 고성을 지르면서 이어지다가 설교를 끝맺는 경우이다. 이러한 유형은 설교 경험이 없는 초기 설교자들에게서 흔히 볼 수 있다. 긴장과 흥분 속에서 감정조절을 하지 못하고 질주하는 상태를 이어가기 때문이다. 이러한 현상은 습관화되기 전에 반드시 바로잡아야 한다.

셋째는 평범한 음정으로 진행하다가 자신이 강조하고 싶은 단어를 최대한의 음정으로 소리를 지르는 경우이다. 예를 들어, '십일조', '감사', '주일성수', '회개'와 같은 개체 단어에 힘주어 회중을 놀라게 하는 유형이다. 필자는 이러한 리듬을 '경기의 발산'이라고 혹평을 하기도 한다.

넷째는 산과 파도의 곡선을 보여주는 음정의 리듬이다. 이 리듬은 모두가 좋아하는 유형으로서 회중을 이끌고 강조점을 향하여 서서히 산 정상까지 올라가는 모습이다. 또는 산 높이처럼 강조하지 않고 중간 강조 음을 파도처럼 곡선을 그리는 리듬을 사용할 수 있다. 이러한 높낮이 현상이 자신의 설교에 5~6회 정도 나타날 수 있도록 리듬을 준비한다면 최선의 설교전달이라고 말할 수 있겠다.

이처럼 설교자가 자신의 언어 속도와 음정의 고지를 조절할 수 있는 능력을 키우는 것은 보다 효과적인 설교전달의 도구가 되며, 이는 설교자로서 갖추어야 할 마땅한 의무이다. 또한 설교전달에 있어서 리듬은 회중이 설교에 귀를 기울이게 하는 좋은 방편이다.

제35강
효과적인 설교전달을 위한 요소들 (2)

3. 설교자의 표정관리가 필요하다

인간의 언어소통은 메시지를 전하는 문장이나 음성만이 도구의 전부가 아니다. 언어가 있기 전에 눈앞에 나타난 말하는 사람(speaker)의 인상이 먼저이다. 그 인상으로부터 소통은 시작된다. 그 인상으로부터 친화력을 느꼈을 때와 그렇지 못했을 때 메시지의 수용에 차이가 발생한다. 그런데 오늘의 설교자들이 이러한 중요한 첫 교류의 인상에 대하여 깊은 관심을 기울이지 않고 설교단에 오르는 것을 흔히 보게 된다. 최소한 다음의 기초적인 몇 가지는 설교자가 그 인상에서 보여줄 필요가 있다.

먼저, 설교자는 설교단에 오를 때부터 따뜻하고 온화한 미소를 지어야 한다. 성도들이 성단에 오른 설교자를 보면서 편안한 호흡을 함께할 수 있는 친화력을 느끼도록 하는 것은 설교자의 기본의무이다.

둘째, 설교자의 인상은 메시지의 내용과 동반되어야 한다. 종종 설교자가 분노할 수밖에 없는 십자가의 현장과 슬픔을 말하면서 미소를 짓는 것을 본다. 슬픔과 기쁨과 분노와 고통의 표현은 언어만 가지고 표현되는 것이 아니라 설교자의 인상도 함께함으로 메시지의 역동성을 더 가져오게 된다.

셋째, 설교자가 말씀을 선포하면서도 미간을 찌푸리고 불필요한 인상을 쓰는 경우를 많이 보게 된다. 그 뿐만 아니라 설교자가 설교 도중에 눈을 시그시 감는다든가 또는 자주 깜박거리는 습관을 보이는 경우가 많다. 또는 불안감을 감추지 못하고 방황하는 인상을 비롯하여 공감대를 형성하지 못하는 웃음을 보이는 때가 있다.

설교자는 이상과 같이 중요한 기능을 하는 인상에 관하여 거의 다 이해를 하고 노력을 기울인다. 그러나 막상 설교에 몰입하다 보면 원하는 대로 표정이 지어지지 않음을 보게 된다. 여기서 유의해야 할 가장 중요한 문제는 설교자의 인상이란 평소의 생활을 말해준다는 점이다. 모든 근심, 걱정을 비롯한 다양하게 발생된 스트레스를 품고 사는 설교자에게는 그 인상이 설교할 때 일시적으로 바뀌지 않는다. 그러나 평소에 모든 고통의 무거운 짐을 주님께 맡기고 사는 설교자는 성령님이 이끄시는 평화의 사도로서의 인상을 설교단에서나 평소의 생활에서 보이게 된다.

4. 발음과 구개음의 정확성에 깊은 관심을 두라

설교자는 이 사회에서 누구보다 말을 주된 도구로 사용하는 사람이다. 말이라는 도구는 누구나 다 사용할 수 있지만 그 효력은 말하는 사람에 따라 다르게 나타난다. 설교자가 설교구성에 노력을 기울인 만큼 자신의 설교를 들으면서 음색과 음폭, 발음과 구개음을 점검해 보는 것은 매우 지혜로운 일이다. 일반적으로 발견하게 되는 설교자의 문제점을 보면 다음과 같다.

(1) 먼저, 설교의 문장에 끝말이 들리지 않는 경우이다. 예를 들어, "…라고 말씀했습니다"의 경우 '했습니다'가 어물거리며 생략되는 듯한 예이다. (2) 말을 너무 빨리 해서 혀가 생각을 따라가지 못하고 어물거리게 되는 것을 본다. 때로는 혼자서 속삭이는 듯 불분명한 발음으로 말을 이어간다. (3) 입을 크게 벌리고 음성기관을 적극적으로 활용하려는 자세가 보이지 않는 경우이다. 불필요한 음색과 음폭이 보이면서 공감대를 형성하는 데 도움을 주지 못하는 것을 본다.

교회는 이미 노령화 사회에 접어든 지 오래이다. 이들의 청각이 젊은 세대와 같지 않음을 설교자가 고려할 때 자신의 분명한 발음과 언어구사가 얼마나 중요한지를 알 필요가 있다. 참고로, 설교자는 뉴스 시간에 아나운서들이 말할 때 그들의 입의 모습과 음색, 음폭, 음정에 깊은 관심을 기울여야 한다는 조언을 하고 싶다

5. 언어 외적 표현(non-verbal posture)에 관심을 두라

설교자가 설교단에 섰을 때 인상과 언어만을 보이는 것이 아니다. 언어 외의 몸가짐에 관심을 두어야 한다. 절도 있고 단정한 몸가짐은 설교자가 중요하게 생각해야 할 또 하나의 자세로서 다음의 몇 가지에 유의해야 한다.

(1) 설교자가 성단에 오를 때부터 내려올 때까지 정중하고 진지한 몸가짐을 갖추어야 한다. 어떤 경우도 설교자가 성단을 오르내리면서 가볍게 보이지 않도록 한다. (2) 원색적인 옷차림이나 정장에 맞지 않은 넥타이를 매고서 단정하지 못한 인상을 주는 것은 회중에게 부담이

된다. 그래서 설교자는 적어도 주일 낮 예배만은 가운과 스톨을 착용하여 성직자의 외적인 모습이 엄숙하고 단정하도록 할 필요가 있다. (3) 설교자가 단에 설 때는 몸과 설교단의 접촉보다는 한 손을 얹은 자세를 취하여 회중에게 안정감을 주도록 함이 좋다. (4) 설교자가 회중을 바라볼 때 얼굴 방향이 시선과 함께 좌우와 중앙에 고르게 나누어 보도록 해야 한다. 한 편만을 습관처럼 쳐다보면서 설교를 하면 다른 위치의 회중은 설교자로부터 외면받은 소외감을 느끼게 된다. (5) 몸의 중심이 흔들리고 양손이 의미 없이 움직이는 것은 올바른 몸가짐이 아니다. 그렇다고 전혀 제스처 없이 입만을 사용하는 것 또한 생명력을 잃은 자세이다. 설교자는 의미를 수반하는 적절한 몸짓(gesture)을 사용하여 메시지가 생동력 있게 전달되도록 해야 한다.

제36강
횡격막은 설교전달의 보고(寶庫)이다

설교의 전달이 설교 성패의 40%를 차지한다는 사실을 지난 강의에서 언급하면서, 우선적인 요소로서 회중과의 시선교환을 비롯하여 설교의 리듬과 발음, 몸가짐 등을 언급하였다. 여기에 못지않게 중요한 것은 설교자의 성대관리이다. 한국의 설교자들은 취침하는 시간 외에는 거의 온종일 말을 이어가야 하는 매우 특수한 목회환경 속에 있다. 한국교회 목사는 매일 새벽기도회, 금요기도회, 수요기도회, 매주일 낮과 밤의 설교를 비롯하여, 수많은 교인들과의 만남을 통하여 쉴 새 없이 성대를 사용해야 한다.

그 결과 한국교회의 목사들은 어느 나라 목사들보다 쉰 목소리가 많고, 심하면 성대 마비(聲帶痲痺)의 병까지 얻게 된다. 이러한 현상은 목사가 자신의 신체 가운데 가장 혹사를 당하고 있는 성대 관리를 소홀히 할 때 발생하는 결과이다. 언어를 사용하는 인간사회에서는 의미를 구성하는 언어보다 음성이 먼저 상대의 귀에 들리게 되는데, 그 음질에 따라 호불호의 반응감각이 먼저 움직이게 된다. 그래서 선천적으로 좋은 음질을 가지고 세상에 태어난 사람은 '복 받은 사람'이라고 말한다. 그 이유는 음색과 음질, 음폭이 듣는 사람의 귀와 마음을 열게 하는 데 큰 몫을 하기 때문이다.

일반적으로 음성을 발하는 성대는 청소년기의 변성기가 지나면 음역과 음색이 정착되어 50세 전후까지 지속된다. 이 정착된 성대의 기능은 설교사가 평소에 얼마나 관리를 잘 하느냐에 따라 양질의 음을 생산하게 된다. 그 방법 중 가장 중요한 것이 바로 횡격막의 효율적인 활용이다. 횡격막(diaphragm)은 흉곽과 복부 사이에 있으면서 공기를 빨아들이고 이동시키는 펌프로서, 호흡의 양을 조절하는 호흡 조절기의 역할을 한다.

인간의 음성은 폐에서 밀려나온 숨이 성대를 진동시켜 소리가 나오게 되는데, 이때 횡격막의 근육이 숨의 유출량을 조절하는 역할을 한다. 인간은 일상생활에서 이러한 호흡의 형태를 인식하지 않고 살아간다. 그러나 설교자가 설교를 하는 순간에는 성악가들처럼 호흡을 의식적으로 통제하고 조절해야 한다. 높은 음성으로 메시지의 절정을 이루고 싶다면 거기에 따른 호흡이 횡격막을 통하여 준비되어야 한다.

이러한 준비가 없이 성대만을 사용하여 고성을 지르는 것은 성대에 심각한 상처를 남기게 된다. 다음은 횡격막의 실체를 느끼면서 진행하는 효율적인 연습이다. 먼저, 한 손은 가슴에, 다른 한 손은 복부에 얹어 놓고 내쉬는 날숨(呼氣)과 마시는 들숨(吸氣)을 해보면, 공기를 들이마실 때 복부가 앞으로 밀려나오고, 내쉴 때 복부가 들어감을 알 수 있다. 동시에 이때 가슴은 별 반응을 일으키지 않는다.

둘째로, 이제 공기를 마음대로 횡격막에 보관하고 필요한 대로 조금씩 꺼내는 연습을 계속한다. 그 다음으로 횡격막에 있는 공기를 한꺼

번에 내놓는 연습도 한다. 이 연습이 자연스러운 상태가 될 때까지 이 훈련을 수시로 반복하여 진행한다.

셋째로, 음성을 사용하는 본 단계에 진입하는 연습이다. 먼저, 들숨으로 횡격막에 공기를 집어넣는다. 이때 복부는 앞으로 밀려나와야 한다. 공기로 가득 찬 팽창된 복부에 한 손을 올리고 "여호와는. 나의. 목자시니. 내가. 부족함이. 없으리로다"를 해본다. 이때 복부에 얹은 손을 통하여 한 단어가 필요한 공기를 보내면서 그만큼 복부가 움직이면서 축소되는 것을 느껴야 한다. 세 번째 또는 네 번째 단어인 '내가'에 이르러서 횡격막의 공기가 다 소비됨을 느끼게 되고, 길면 '부족함이'에서 새로운 호흡을 필요로 함을 느끼게 된다. 그러나 그것까지 참고 '없으리로다'까지 다다르는 연습을 해야 한다. 그렇게 하면 마지막 부분에서 횡격막이 전혀 움직이지 않고 내부에 남아 있는 최후의 공기를 내보내게 된다. 즉, 한 번의 큰 호흡으로 이 문장을 모두 말하는 연습이다. 호흡이 중간에 끊어짐 없이 이어지는 이 연습은 횡격막 사용에 매우 효율적인 훈련이다.

넷째로, 중간 음정을 사용하여 자신이 어느 단어에서 호흡이 멈추게 되는지를 경험한다. 가장 큰 소리를 사용하고자 하는 경우, 많은 공기를 들이켜서 횡격막에 저장을 해두어도 두 단어 "여호와는. 나의"까지를 하고 나면 더 이상 지탱할 공기가 없음을 알게 된다. 저음일 때는 공기의 배출이 적기에 한 문장을 다 말할 수 있으나, 가장 높은 음을 낼 때는 한꺼번에 축적된 공기를 배출해야 함으로 한두 단어밖에 말하지 못하게 됨을 경험한다.

다섯째로, 성대를 사용한다는 생각을 버리고 공기가 직접 횡격막으로부터 나온다는 생각으로 성대를 거치도록 해야 한다. 성대에 무리를 주지 않으면서 자신이 원하는 소리를 내고 그 소리가 여러 과정의 공명상태를 거치는 것에 유의해야 한다.

끝으로, 호흡이 끊어질 듯한 순간에 들숨을 해야 하는데, 그 흡입의 방법이 매우 중요하다. 어떤 설교자는 코를 통하여 들숨을 하는데, 이 때 코는 통로가 협소하여 시간이 걸리고 소리가 난다. 특별히 마이크 앞에서 코로 호흡을 취할 때 들리는 소리는 천박하게 느껴진다. 설교자는 흡기(吸氣)는 입으로 짧은 순간에, 그리고 성대를 통하여 나오는 호기(呼氣)는 횡격막을 통하여 필요한 대로 조절되면서 나와야 한다. 설교자는 이상과 같은 과정에 유념하면서, 평소에 앉아 있을 때도 횡격막을 통한 호흡 연습을 지속적으로 해야 한다. 성대가 선천적으로 좋은 사람도 이 호흡 연습을 할 필요가 있다. 그럴 때 설교 문장이 길어지거나 고음정을 사용한다 하더라도 어색한 언어의 단절이나 숨 쉬는 상태가 발생하지 않는다. 그리고 무엇보다도 뚜렷하고 호소력이 담긴 설교를 할 수 있다.

제37강
여성설교자의 시대가 도래한다

　유대민족의 문화는 남성 위주의 사회였다. 성경에서도 특별한 경우를 제외하고는 여성의 존재를 부상시키지 않고 있다. 창조의 질서는 여성이 없는 가정이나 사회의 형성이 불가함을 뚜렷하게 보여주는 데도 여성의 위상은 언제나 남성에 의하여 가려져 있다. 그리하여 유대문화의 모든 조직체계나 활동에 남성 우위가 당연시되어 왔다. 구약은 거의 남성일변도의 기록으로 가득하다. 예수님이 여성의 존재를 유달리 부상시키고 그들의 위상을 소중히 여기는 사역을 하였지만, 예수님이 활동하셨던 문화권에서 남기는 기록은 거의 남성 위주였다.

　그리스도교 2천 년의 역사도 거의 남성 위주로 구성되어 있다. 그러다가 1920년 프랑스에서 여성의 참정권을 인정하는 헌법이 수정되면서 여권신장운동은 힘을 얻기 시작하였다. 이때부터 여성의 사회·정치·법률상의 권리와 지위를 향상시키기 위한 대대적인 운동이 선진국들을 중심하여 펼쳐지기 시작하였다. 그리고 이제는 여성들이 나라마다 제자리를 찾아가고 있다.

　그러나 교회에서는 여전히 남성 위주의 조직과 성직수임이 일반화

되었고, 여성은 여전히 희생 봉사의 주역으로만 활동하였다. 다행히 20세기 중반부터 선진국에서 여성안수가 일반화되기 시작하였고, 한국에서도 1930년에 감리교에서 여성안수의 문을 열자 지금은 주요 교단에서 여성설교자들이 많이 배출되고 있다.

그동안 설교이론은 거의 남성 위주로 전개되었고 여성을 위한 배려는 보기 힘들었다. 그러나 여성설교자에게 남성설교자보다 더 유리한 설교의 달란트가 주어져 있다는 사실을 상기시키고 싶다. 여성설교자들이 다음의 사항들에 깊은 관심을 둔다면 남성보다 훨씬 깊은 감동을 주는 설교자가 될 수 있다고 본다.

먼저, 여성은 하나님으로부터 부여받은 선천적인 부드러운 인상과 상냥한 어감의 소유자이다. 남성의 억세고 거친 어감과는 전혀 다른 감각을 풍기는 여성의 언어 앞에 회중은 따스함을 느끼면서 메시지를 받게 된다. 여성설교자가 갖추어야 할 인상은 우선 어머니의 자애로운 미소를 기본으로 하는 것이 좋다. 그리고 진지하고 엄숙해야 할 때와 위로와 감사와 기쁨의 표현을 할 때에는 여성고유의 적절한 인상을 갖추도록 함이 효율적이다. 그리고 사용하는 어감도 거기에 걸맞도록 노력을 해야 한다.

둘째, 여성설교자가 날카로운 비판이나 죄의 지적 같은 것을 소리 높여 진행할 수 있지만, 부드러운 어감을 수반하는 따뜻한 타이름의 감각을 느끼도록 함이 효과적이다. 아버지의 호령 앞에서 떨고 있는 자식을 품어주는 어머니의 감정으로 메시지를 줄 수 있어야 한다.

셋째, 가장 중요한 것으로서 눈물을 머금고 자식을 타이르는 어머니의 애절한 호소의 메시지와 전달방법이다. 이것은 어떤 남성도 흉내

낼 수 없는 여성설교자의 고유한 속성이며 무기이다. 어머니의 애절한 울부짖음을 연상시킬 수 있는 여성의 설교는 언제나 큰 고통이나 상처의 흔적 없이 수술을 끝낼 수 있는 여성설교자만의 특유한 도구이다.

넷째, 여성설교자의 성대관리이다. 한국교회가 무시로 진행하는 많은 기도회와 찬송을 부를 때 선두에 선 여성목사들이 일반적으로 가지고 있는 공통점은 성대에 이상을 일으킨다는 점이다. 적절하지 못한 발성 습관에 의하여 여성의 청아한 성대가 상처를 받지 않도록 해야 한다. 그 이유는 여성의 아름다운 성대가 남성도 여성도 아닌 중성의 소리를 내거나 또는 쉰 목소리로 설교를 하는 경우 설교의 효율성은 남성보다 훨씬 더 치명적인 손상을 입게 된다.

다섯째, 설교자가 사용하는 언어수준의 문제이다. 여성설교자가 설교문장에서 어느 정도의 수준을 유지해야 할 것인지에 대한 관심이 높다. 한국 사회에서 여성의 지적 수준이 남성보다 낮다는 통념이 우리 문화 속에 오랜 기간 있어 왔다. 세상이 달라졌는데도 아직도 그러한 사회적 관념이 남아 있는 현실이다. 그러므로 여성설교자의 지적인 수준이 높이 평가되도록 하는 인식의 변화가 있어야 한다. 거기에 따라 설교에서 사용하는 용어나 전개가 우수한 수준을 유지할 수 있도록 노력이 필요하다. 그럴 때 여성설교자에 대한 평가는 달라질 것이다.

여섯째, 예술과 문학은 남녀의 공유물이다. 그러나 여성에게서 더 짙은 문학적 감각을 느끼면서 찬사를 보내는 경우가 적지 않다. 그 이유는 여성에게는 언제나 정적인 폭이 넓기 때문이다. 피리를 불면 함께 춤을 추고 애곡을 하면 함께 눈물을 흘릴 수 있는 아름다운 정서가 있기 때문이다. 그래서 같은 메시지라도 여성이 시감이 넘치고 문학적 감각이 스며있는 묘사를 할 때 회중은 대단한 반응을 보이게 된다.

끝으로, 여성설교자들이 깊은 영성의 세계에 살고 있다는 인상을 풍길 필요가 있다. 하나님의 여선지자로서 영적인 힘을 갖추었다고 회중으로부터 인정을 받아야 함은 여성설교자의 또 하나의 과제이다. 국제 무대에서 영력을 갖춘 여성설교자가 수만의 회중을 감화시키는 노구로 쓰임 받는 모습을 볼 때마다, 여성설교자와 영성의 함양은 절대적인 상관관계를 가지고 있음을 느낀다.

한국교회의 여성설교자들이 이상과 같은 핵심적인 문제들을 파악하고 잘 수행한다면 미래의 강단은 여성들이 접수하게 될 날이 오리라 본다. 학교의 교사들이 남성 위주로 이어오던 구조가 이제는 여성의 주무대로 바뀌는 현상은 모성애를 가지고 있는 여성의 가르침과 돌봄이 차원을 달리하기 때문이다. 교회도 순결한 인격과 모습으로 깊은 영력을 소유한 여성설교자들이 남성을 능가하는 지적인 기능을 가지고 등장하기 시작하였다. 이들이 메시지를 올바르게 선포하고 해석하고 회중의 삶에 적용한다면 성령님의 도우심이 더 세차게 함께할 것이다.

제38강
설교주제의 다변화를 위한 조언과 그 실제

설교자가 한 편의 설교를 끝내고 난 후에 느끼는 감정은 여러 가지의 형태로 나타난다. 자신의 설교가 하나님 말씀의 선포와 해석과 적용으로서 어느 정도의 은혜를 끼쳤는지 궁금하게 생각한다. 누구인가 그날의 설교에서 많은 은혜를 받았다는 말을 해주기를 은근히 기대한다. 아무도 반응이 없을 때 설교자는 더욱 피곤을 느낀다. 여기서 참된 설교자는 무엇이 잘못되었는지를 반성하고 보다 나은 설교를 위하여 마음을 가다듬는다. 그리고 다음 설교를 위한 준비에 온 정성을 기울인다.

여기서 가장 우선적인 것은 다음 주일에는 무슨 말씀을 가지고 무엇에 대한 말씀을 전해야 할 것인지를 묻는 질문이다. 여기에 대한 대답을 설교의 이론에서는 "본문"과 "주제"의 발굴 작업이라고 일컫는다. 특별히 "무엇에 대하여 설교할 것인지"를 생각하는 것은 설교자의 고단한 작업 중의 하나이다.

그 이유는 설교의 주제가 반복되는 것은 그만큼 설교에 대한 싫증을 가져오고 신선한 말씀을 기다리는 회중에게 실망을 안겨주기 때문이다. 그러므로 새로운 주제의 발굴이란 설교자의 중요한 임무이다. 한 교회에서 설교의 사역을 계속해 온 목사에게는 실로 이 작업이 날이 가면 갈수록 막중한 부담을 갖도록 만든다. 그러기에 지혜 있는 설교자는 주제를 좀 더 세분화하여 말씀의 구체적인 메시지를 찾는 데 최선을 다한다.

지금까지 많은 설교자들은 한 편의 설교에서 모든 내용을 포괄적으로 주는 실례가 많았다. 그 결과는 설교자가 다음의 주제를 선정하는 데 어려움을 안겨준다. 주제는 포괄적인 것보다 세분화하는 것이 훨씬 효과적이다. 메시지가 구체화되고 현실화될 수 있기 때문이다. 더 나아가 그날의 주제에서 다루지 못했던 메시지를 다음에 찾아 전할 수 있는 여유를 갖게 된다.

설교자가 조금만 노력하면 설교의 주제는 결코 메마르지 않는다. 하나님의 말씀인 66권의 성경에는 끝없는 설교의 주제가 담겨 있다. 오직 설교자가 얼마나 진지하고 꾸준하게 주제를 발굴하느냐에 따라 설교주제의 다양성이 결정된다.

이 글은 설교의 현장에서 "무엇에 대하여 설교할 것인가?"에 대해 언제나 깊은 고민을 하는 설교자들에게 조금의 도움이라도 줄 수 있는 지름길의 제시에 관심을 두고 있다.

예를 들면, "기도"라는 주제를 가지고 설교를 하였다면 다시 기도에 대한 설교를 하는 데 부담을 안게 된다. 그러므로 페리(Lioyd Merle Perry)와 같은 설교학 교수는 "기도"라는 주제를 택하였을 경우 다음과 같이 24개로 분류하여 기도에 대한 설교를 24회에 걸쳐 행하면서 말씀의 구체성과 그 적용에 최선을 기울일 수 있음을 밝히고 있다. 그가 세분화한 "기도"라는 주제는 다음과 같다.

기도의 필요성	기도의 가치	기도의 시간
기도의 힘	기도의 목적	기도의 방법
기도의 결과	기도의 조건	기도의 문제점
기도와 성령님	기도의 탁월성	기도의 응답
이웃을 위한 기도	가정기도	기도의 저해요소
성경의 기도자들	실제적 기도	기도의 태도
기도의 장소	기도를 통한 예배	기도의 마음가짐
기도의 특권	믿음과 기도	기도의 범위

　　이상과 같은 페리 교수의 주장은 오늘의 설교자들에게 큰 도움을 주고 있다. 이러한 방법을 따른다면 설교자에게는 설교의 주제가 풍부하게 되고 설교 또한 깊이 있는 메시지를 운반하게 된다.

　　페리 교수의 방법을 따라 "사랑"이라는 주제를 세분해 본다.

사랑의 필요성	사랑의 가치	사랑의 시간
사랑의 힘	사랑의 목적	사랑의 방법
사랑의 결과	사랑의 조건	사랑의 문제점
사랑과 성령님	사랑과 인내	사랑의 탁월성
사랑의 응답	사랑과 기도	사랑의 실천
사랑의 저해요소	사랑의 실례	사랑의 태도
사랑의 장소	사랑과 교회	사랑의 진실성
사랑의 특권	사랑과 믿음	성경의 사랑의 사람들

제39강
설교문장의 종결어에 적절한 표현의 실제

한국교회 강단의 가장 큰 병은 설교자가 주어가 되는 "기원합니다, 소원합니다, 축원합니다, 믿습니다, 바랍니다" 등등의 표현이다. 이 결과는 성삼위 하나님이 하신 말씀이 인간의 말로 변색되는 큰 이탈을 가져왔다. 설교자의 생각에는 하나님의 말씀이라고 하면서 표현은 완전히 설교자의 말로 탈바꿈하여 회중에게 전달되었다. 그 결과 한국교회 설교의 탈선이 일반화되는 큰 치명타를 입게 되었다. 여기에 대한 구체적인 설명은 제29강에서 구체적으로 언급하였다.

돌이켜보면, 이러한 병폐는 1960년까지는 한국교회에서 찾아볼 수 없었다. 건실하게 오직 말씀의 올바른 선포와 해석, 적용에 깊은 관심을 두었다. 그때까지 말씀 중심의 교회 모습이 자랑스러웠다. 그러나 한국에 상륙한 오순절 계열의 교회가 성령님의 역사를 강조하고 그 역사하심의 증거가 교회의 급성장으로 이어지자 점진적으로 성장하던 장로교를 비롯한 많은 개신교들이 앞다투어 모방을 하기 시작하였다. 성령님의 활성화된 역사에만 관심을 두지 않고 그들의 설교형태까지 모방하면서 문제가 생겨났다. 말끝마다 "축원합니다", "믿습니다"를 특유한 음성과 어감으로 하면서 회중으로부터 '아멘'의 응답을 강요하는 모습을 그대로 재현하기에 이르렀다.

지금까지 조용하고 진지하게 말씀을 전하고 경청하던 설교 분위기와는 전혀 다른 양상을 보였다. 마침내는 그들의 설교에서 사용하는 설교자 중심의 표현들을 앞다투어 도입하였다. 이런 표현들이 계속되자 한국교회 설교문장의 주어는 전부 설교자가 될 뿐만 아니라 성삼위 하나님과 그 말씀은 설교자가 설명하는(about) 대상이 되는 탈선을 하게 되었다. 하나님께서 하신 말씀을 직접적인 표현으로 전달하지 못하고 자신이 믿고 생각하고 바라고 원하는 것이 설교의 내용으로 자리잡게 되었다.

심지어는 자신의 생각, 판단, 경험을 말해놓고, "하나님(주님)의 말씀인 줄 믿으면 아멘 하시오"라고 한다. 이것은 단순한 설교자의 오류가 아니라 설교자의 불경죄이다. 뿐만 아니라 자신에게 떠오르는 영감은 모두 성령님의 계시라고 하면서 설교자의 위치를 '직통계시'의 수혜자로 부상시켰다. 심지어는 설교자가 반신적(半神的)인 존재로 군림하여 회중을 오도하는 사례가 많았다. 수년 전부터는 오순절 계열의 교회들도 자성하고 오류를 정리하는 자정(自淨)의 모습을 보이고 있다. 그리고 "축원합니다", "믿습니다"를 폐기하고 올바른 말씀의 전달에 노력하는 모습을 보인다.

그런데 후발대로 나서서 이러한 표현을 즐기는 타교단의 설교자들은 전혀 수정할 생각을 하지 않고 있다. 필자가 사는 지역에 교회를 개척한 제자를 찾아 주일예배를 드리는데 설교의 말끝마다 "축원합니다"를 계속하고 있었다. 씁쓸한 마음을 안고 집에 돌아왔는데, 몇 개월 후에

문을 닫았다는 소식을 접하자 당연한 귀결이라고 생각했던 적이 있다.

이러한 심각한 우를 예방하기 위해 생각이 있는 설교자는 정신을 가다듬어야 한다. 말씀의 주인이 보이도록 하고 설교자가 감추어지는 설교의 본질을 회복해야 한다. 이러한 설교의 회복을 위해 다음과 같은 올바른 表現의 도표를 만들어 보았다. 뜻이 있는 설교자들이라면 최대한 활용하여 설교의 탈선을 막아야 한다. 성삼위 하나님이 설교자의 그릇된 언어표현으로 가려지고 그 말씀이 설교자의 말로 둔갑하는 일이 한국교회 강단에서 속히 사라져야 설교가 설교다운 시대를 다시 회복하게 될 것이다.

〈종결어의 바른 실제〉

하나님은(이,께서)	말씀	하십니다.
예수님은(이,께서)	알게	하십니다.
성령님은(이,께서)	계시	하십니다.
주님은 (이,께서)	지시	하십니다.
	예시	하십니다.
	제시	하십니다.
	역사	하십니다.
---를(을)	인도	하십니다.
	격려	하십니다.
	위로	하십니다.
	촉구	하십니다.
	명령	하십니다.
	선포	하십니다.
	깨닫게	하십니다.
	원	하십니다.
	기다리	십니다.
	보여	주십니다.
	가르쳐	주십니다.
	들려주고	계십니다.
	초대하고	계십니다.

	호소하고	계십니다.
	교육하고	계십니다.
	훈계하고	계십니다.
	이끌어 주고	계십니다.

본문은(이)	보여주고	있습니다.
	말하고	있습니다.
	가르쳐 주고	있습니다.
	알게 하고	있습니다.
	이끌어 주고	있습니다.
	깨닫게 하고	있습니다.
	서술하고	있습니다.
	기록하고	있습니다.
	들려주고	있습니다.
	외치고	있습니다.
	호소하고	있습니다.
	초대하고	있습니다.
	촉구하고	있습니다.
	경성케 하고	있습니다.
	각성케 하고	있습니다.
	전달하고	있습니다.
	지시하고	있습니다.
	표현하고	있습니다.
	그려주고	있습니다.
	묘사하고	있습니다.
	지적하고	있습니다.
	교육하고	있습니다.
	훈계하고	있습니다.
	각인시키고	있습니다.
	선포하고	있습니다.
	명령하고	있습니다.
	당부하고	있습니다.
	회개케	합니다.
	결단케	합니다.
	생각하게	합니다.
	직시하게	합니다.
	되돌아보게	합니다.
	부르고	있습니다.

제40강
충성된 말씀의 종이 지켜야 할 10개 요점

설교를 생명으로 여기고 살아가는 목회자는 "설교는 신비의 사역 (mysterious ministry)"이라는 말에 공감을 하게 되는 경우가 많다. 한 편의 설교를 완성하기까지 그 과정을 면밀히 살펴보면 자신의 생각과 지적인 기능을 능가하거나 벗어나는 때가 많음을 경험하게 된다.

이 지점에서 두 갈래의 설교자를 본다. 하나는 나를 붙잡고 사용하시는 주인이 한 편의 설교를 손에 쥐어줄 것을 막연히 기대하면서 편하게 사는 설교자들이다. 다른 하나는 주인께서 주신 66권을 통하여 메시지를 찾기 위하여 노력하고, 온 신경을 담은 안테나를 주인에게 맞추어 근면하고 깨어 있는 말씀의 종들이다.

앞에서 살펴본 설교 단상(斷想)의 내용은 주인께서 원하시는 메시지를 놓치지 않고 성공적으로 운반하려는 말씀의 종들을 위하여 진행되었다. 그동안 본 강의에 동참하면서 설교의 세계를 새롭게 정립한 독자들에게 고마움의 머리를 숙인다. 이제 종강을 하면서 착하고 충성된 말씀의 종들이 평생을 두고 명심해 주기를 바라는 10개의 항목을 다음과 같이 추려본다.

(1) 설교자는 자신의 정체성을 확립하고 흔들림이 없어야 한다. 하나님이 자신을 부르시고 선지동산에서 훈련시키시고 오늘의 현장에 세우셨다는 확신이 절대로 필요하다. 그럴 때 말씀의 종으로서의 임무와 책임을 늘 점검하면서 제 기능을 수행하게 된다.

(2) 설교사역의 Ethos(기본이념)가 선명해야 한다. 자신이 무엇을 위해 말씀의 종이 되었는지에 대한 그 존재의미를 가슴에 항상 새기고 살아야 한다. 그 대답은 단 하나 곧 성언운반일념(聖言運搬一念)이다. 인간의 잡다한 생각이나 지식이나 경험을 들려주는 것이 목적이 아니라, 오직 66권을 통하여 주신 하나님의 말씀만을 온전하게 들려주어야 하는 기본이념이다.

(3) 설교자의 일차적인 의무는 운반하고자 하는 하나님의 말씀을 완전히 터득하는 일이다. 설교자는 전해야 할 본문에 대한 정확한 이해가 없이는 한 발자국도 움직일 수 없다. 번역된 한글성경만을 의존하는 것은 충분하지 않다. 각각 달리 번역된 성경과 주석서를 통하여 핵심단어의 분석과 의미와 정황을 정확히 파악하고 메시지를 찾아야 한다.

(4) 설교자가 온전한 인간으로 오신 주님의 모습을 닮아가려는 노력에 전심을 기울여야 한다. 황폐해진 정신문화와 물질만능의 사조 속에서 복음을 전해야 하는 것이 오늘의 목회현실이다. 이러한 현장에서 설교자가 영육이 청렴결백하고 희생봉사의 삶을 산다는 것은 매우 고통스러운 일이다. 그러나 하나님은 성품이 깨끗하고 각종 탐욕에 둔한 설교자를 쓰시고, 또한 회중은 이러한 설교자를 따른다는 사실을 명심해야 한다.

(5) 자신의 설교가 탁월하지 못하고 어둔하더라도 실망하지 말고 땀

과 눈물을 흘리면서 자신의 설교개발에 최선을 기울여야 한다. 많은 설교자들이 하나님이 주신 양심을 뒤로하고 남의 설교를 도용하여 슬픈 종말을 맞이한다. 우리가 만지고 있는 첨단의 IT 문화는 힘들이지 않고 설교의 표절을 가려내고 있다. 남의 설교를 많이 읽는 것은 대환영이나 그대로 복사를 하는 것은 금물이다.

(6) 설교를 목회의 방편으로 삼는 우를 범하지 말아야 한다. 목회현장에서 발생한 자신의 뜻과 상반되는 사연들을 비롯하여 대소사를 설교에서 자주 언급하고 자신의 주장을 합리화하는 설교는 곧 패망의 길을 걷게 된다. 설교는 설교자의 주장을 펼치는 도구가 아니다. 회중은 설교자가 자신의 주장을 설교화하는 것을 바라지 않는다.

(7) 설교자는 회중의 찬사에 둔감해야 한다. 현대의 설교자들은 회중의 찬사를 즐긴다. '아멘'의 함성이 크고 작음과 기타의 칭찬이 담긴 반응에 너무 민감하다. 그러나 크리소스톰과 같은 기독교 초기의 대표적인 설교자는 회중의 찬사에 설교자들의 감각과 감정이 무디어야 함을 강조하고 있다. 설교자는 오직 하나님의 찬사에 귀를 기울여야 한다.

(8) 한국에서 한국인이 한국인에게 한국말로 설교함을 명심해야 한다. 한국교회의 설교자가 가장 중요하게 사용한 도구는 우리말 곧 한국어이다. 그런데 우리의 설교자들은 우리말과 글을 바르게 사용하기 위한 관심이 빈약하다. 그래서 실수와 함께 단조롭고 격에 맞지 않은 언어를 구사한다. 설교자는 언제 어디서나 모범적인 용어와 어법을 통하여 메시지를 전해야 한다. 그럴 때 메시지가 손상을 입지 않는다.

(9) 설교자의 심장에 파토스(Pathos)의 열기가 식지 않아야 한다. 여기서 말하는 파토스는 설교자가 전하고자 하는 하나님의 말씀을 향한

뜨거운 가슴이다. 그 말씀을 먼저 설교자가 사랑하고 순종하면서 희열을 느끼는 감정이다. 그리고 이어서 이 말씀을 받게 될 자신의 회중을 사랑하는 뜨거운 열기이다. 설교자는 전하지 않고는 견딜 수 없는 메시지에 자신이 먼저 심취(深醉)되고, 그 순간 양들에게 달려가 기쁨으로 외치려는 열기가 타올라야 한다.

(10) 성령님의 섭시(讕示-속삭여 보여주심)를 받고 깨달을 수 있는 도구로 자신을 갈고 닦는 일이다. 세속의 해일이 날로 높아지는 현장에서 마지막까지 안전한 노래를 부를 수 있는 설교자가 '이기는 자'이다. 그것은 설교자가 속물화(俗物化)의 유혹을 거뜬히 물리치는 일이다. "내가 거룩하니 너희도 거룩할지어다"(레 11:45)라는 말씀은 오늘의 설교자들이 깊이 받아들여야 할 하나님의 명령이다. 이 말씀이 설교자의 내면에서 살아 움직일 때, 성령님이 속삭여 알려 주시는 메시지가 살아 움직이게 된다.

설교가 살아야 교회가 산다. 이 말의 주인공은 바로 설교자이다. 하나님이 원하시는 성언운반일념(聖言運搬一念)의 설교자들이 건강한 영육을 갖추고 설교를 하는 날, 한국교회는 밝은 내일을 맞이하게 될 것이다.

II. 설교자가 품어야 할 153개 항목

설교자가 품어야 할 153개 항목

　설교자의 가장 무서운 탈선과 오류는 설교이론의 교과서적인 전개를 외면하고 자신의 취향대로 엮어 나가는 데 있다. 인간이 학교에서 배운 교과서를 평생 들고 다니면서 삶의 행진을 이어간다는 것은 매우 힘든 일이다. 그러나 학교의 교육 속에서 성장하고 그 가르침을 늘 생각하고 실천하려는 사람과 그렇지 못한 사람과의 인격과 삶의 양태는 많은 차이를 가져온다. 설교자 역시 설교이론을 바탕으로 하는 사람과 그것을 외면하고 독창적으로 제 길을 걷는 사람과는 많은 차이점이 있다.

　앞에서 내놓은 단상(斷想)들은 필자가 설교학 교수로서 설교의 세계를 거닐면서 느끼고 지적하고 싶은 부분들을 생각나는 대로 엮어 본 것이다. 그러다 보니 학문적으로 체계를 갖춘 전개가 되지 못함의 아쉬움이 크다. 그래서 설교자가 꼭 품어야 할 항목들을 정리할 필요성을 느꼈다. 여기에 내놓은 153개 항목은 장신대에서 25년, 한일장신대에서 8년간 가르쳤던 설교학 교육과정에서 메모해 두었던 것들을 정리한 것이다. 아쉽게도 몇 항목은 앞에서 제시한 단상과 겹친다. 그러나 설교자의 그물에 담아야 할 153마리의 큼직큼직한 고기를 연상하면서 그대로 이곳에 함께 실었다.

1. 설교는 만나이다

1) 만나는 인간이 만든 것이 아니고 하나님께서 특별한 은혜로 내리신 이스라엘 백성의 일용할 양식이었다. 오늘의 설교는 인간이 조작하여 만든 것이 아니라 하나님이 내려주신 영의 양식 곧 생명의 만나이다.

2) 성삼위일제 하나님은 그 백성괴의 만남을 '얼굴과 얼굴(Face to face)'이 아니라 66권의 성경과 성례전과 설교를 통하여 이루신다.

3) 설교를 통하여 주시는 만나는 설교자들이 66권의 성경말씀을 가지고 회중에게 먹여 주는 매우 특수한 관계에서 공급된다. 이 생명의 만나를 온전히 받아먹는 회중은 살고, 그렇지 못한 이들은 죽는다.

4) 이 만나를 받아 운반하는 말씀의 종 곧 그 도구들이 가지고 있는 믿음과 정신과 생활과 정성에 따라 그 영양가와 효력에 현격한 차이가 발생한다.

5) 설교라는 만나는 어떤 경우에도 인위적으로 만들어지거나 먹여 줄 수 있는 것이 아니다. 설교자의 개인적인 경험이나 판단과 지식이 만나의 구성요소가 될 수 없다. 오직 성경 66권에 기록된 하나님의 말씀만이 원천이며 본질이다.

2. 설교자의 준비

6) 설교사역에 목회의 절대적인 비중을 두고 있는 설교자는 언제나 설교준비에 대해 깊은 관심을 쏟게 된다. 성실하게 준비하는 설교자가 한 편의 설교를 위해 마련해야 할 것들은 매우 힘이 들고 어려운 일이다.

7) 설교자는 막연한 생가을 표현하는 존재가 아니다. 설교자는 사실을 파악하고, 정확하게 그 사실을 운반하는 존재이다. 설교자는 회중에

게 무엇을 들려주려고 노력하기보다는 회중에게 필요한 하나님의 말씀을 운반해야 할 자신의 위치를 점검하여야 한다.

8) 설교자가 간단히 자신의 눈에 보이는 것을 진리인 양 강제적 설득만 일삼을 때는 큰 오류를 범하게 된다. 자신의 말보다는 하나님의 말씀을, 그리고 나의 설명보다는 객관적 자료를 통한 해석을 하여야 한다.

9) 때때로 설교자와 회중과의 관계가 처음부터 아주 어색하게 되는 경우가 있는데 그 이유는 설교자가 원고만을 쳐다보며 설교를 계속하기 때문이다. 이러한 현상은 원고를 완전히 소화하지 못한 준비의 부족이 주원인이다.

10) 설교자는 성령님의 도움을 구하고 그분의 도구로서 제기능을 다할 수 있도록 자신을 갈고닦는 일을 최우선적인 준비로 삼아야 한다.

3. 설교자의 자세

11) 설교자는 자신의 사상이나 의견을 말하는 사람이 아니라 메시지를 운반하는 도구라는 정체성을 확실히 파악하고 거기로부터의 탈선을 경계해야 한다.

12) 설교자의 정체성을 확립하고 설교단에 서는 설교자는 자신이 듣고 보는 것으로 설교를 이어가는 일이 없게 된다. 따라서 개인의 모습을 보일 필요가 없으므로, '저는'과 같은 표현이 나와야 할 이유가 전혀 없다.

13) 하나님의 말씀을 운반하는 도구로서의 설교자는 명령하는 존재가 아니다. 그래서 설교자의 어감이 너무 명령적이거나 매우 위압적인 경우는 설교자의 권위가 앞서게 된다. 그러므로 설교는 좀 더 부드

럽고 서술적이어야 한다.

14) 성언을 운반하는 설교자의 인상이 미소를 완전히 상실하고 있어서는 안 된다. 설교자의 인상이 평안하지 못할 때 회중은 더욱 불안하게 되며, 말씀에 감사와 은혜를 소유할 수 있는 여유를 찾지 못한다.

15) 설교자는 자신이 먼저 감동을 받은 후 메시지를 선포해야 많은 회중에게 더 큰 감동을 줄 수 있다. 자신이 아무런 메시지를 발견하지 못하고 성경의 본문을 읽고 설명만을 지속할 때 회중은 아무런 감동도 받을 수 없다. 만약 십자가의 수난을 전하고자 한다면 자신이 십자가 현장을 깊이 명상하고 그 참상을 눈여겨본 후에 설교를 작성하고 전한다면 그 메시지는 힘이 있고 회중도 함께 은혜의 자리에 머물 수 있다.

4. 시간 엄수

16) 설교자에게 있어서 시간의 엄수는 약속임을 기억해야 한다. 물론 시간이 꼭 몇 분이라고 정해진 것은 아니다. 그러나 설교자가 시간을 준수하고 그 시간 내에 준비한 메시지를 온전히 전하는 일은 설교자의 인격과 관계가 되고, 성실한 준비의 정도를 말해 준다.

17) 시간 조절에 실패하는 이유는 여러 가지가 있다. 먼저, 설교가 시간에 맞추어 원고로 정리되지 않아서 일어나는 경우가 가장 많다. 다음으로는 설교 원고대로 하지 않고 설교를 이탈하여 즉흥적으로 진행하기 때문이다. 또 다른 이유는 설교자가 그 설교에 적절하다고 생각되는 자료들을 모두 활용하려는 욕심을 부리는 경우이다.

18) 설교자는 자신이 받은 시간을 최대한 활용하여 최선을 다하면서 성령님의 도우심을 구하고 그 시간 안에 목적을 이룰 수 있도록 해

야 한다.

5. 설교의 내용

19) 설교는 순수한 선포와 운반의 감각이 살아 있어야 하는데, 그와 달리 설교자의 분석과 주장이 매우 강하게 풍기는 때가 많다. 먼저, 마음가짐을 '성언운반일념(聖言運搬一念)'에 두는 기본자세가 필요하다.

20) 설교의 내용이 풍부한 상상력과 함께 생생하게 엮여 회중의 머리가 아닌 가슴을 움직일 수 있어야 한다. 설교의 내용을 너무 딱딱하게 이어가면서 회중의 머리만을 찾는다면 회중의 가슴을 완전히 무시한 잘못된 설교가 되고 만다.

21) 설교의 메시지는 본문 가운데서 가져와야 하며 단계마다 분명하게 방향성을 제시하고 있어야 한다. 또한, 메시지는 제시된 본문으로부터 해석과 적용을 통하여 분명하게 나타나도록 해야 한다.

22) 자신의 경험과 지식과 분석에서 메시지를 가져오고 그것을 심어 주려는 의도로 메시지를 전하는 것은 설교자가 범하는 실수 중에서 가장 큰 잘못이다. 메시지의 주인이 설교자가 되어버리기 때문이다.

23) 설교자는 자신이 전하는 말씀이 어떤 형태의 설교인가를 명확하게 기억하여야 하며, 거기에 맞는 방법으로 말씀을 준비하고 선포하여야 한다. 예를 들어, 자신이 전하는 설교의 형태가 설화체(이야기체) 설교인데 자신의 설명만을 계속해서 늘어놓고 있다면 설화체의 본질을 벗어난 설교를 하게 된다.

6. 설교의 자료

24) 설교자가 한 편의 설교를 위하여 얼마나 많은 노력을 하였는가를 판단할 척도가 있다. 그것은 설교 가운데 얼마나 다양하고 많은 객관적인 자료들이 그 말씀을 빛내 주기 위해 사용되었는가를 보면 알 수 있다.

25) 설교의 자료가 풍부히 활용되면 말씀을 적용하는 데 효과적이다. 설교를 위한 본문의 연구 이외에 문학, 역사, 철학 분야를 비롯하여 삶의 장에서 읽은 서적들을 통한 여러 가지 다양한 자료의 사용은 설교를 더욱 풍성하게 만들어 주며, 말씀을 효과적으로 운반하는 데 큰 도움을 준다.

26) 설교의 자료는 어떤 경우도 메시지의 중심이 될 수 없다. 오직 본문을 이해시키기 위하여 모든 자료는 보조적으로 사용되어야 한다. 본문의 역사적인 정황을 비롯하여 오늘의 말씀이 필요한 현대 상황, 그리고 이해하기 쉬운 적절한 예화, 신학적인 측면의 분석, 표현의 생동력을 가져오는 문학적인 자료 등은 모두 보조적인 단계에 머물러야 한다.

27) 설교의 자료가 말씀을 벗어나 완전히 현장 위주일 때, 그 현장이 메시지보다 위에 머물게 된다. 이러한 설교는 모두 예화 중심의 설교이며, 회중이 메시지와의 만남이 아니라 재미있는 이야기에 한순간 흠뻑 젖어 있다가 그 예화들만을 안고 집으로 가는 모순을 유발한다.

28) 이 땅의 역사와 사회와 현장에서 자료를 가져오는 것이 효과적이다. 문화와 역사와 인종과 사고가 다른 외국의 예화들은 우리의 현실과는 거리가 먼 경우가 많다. 그러한 자료들은 때로는 현실감이나 친근감을 주지 못한다. 그래서 이 땅의 역사와 사회와 현장에서 보다 많은 자료를 가져오는 것에 관심을 기울여야 한다.

29) 너무나 평범하고 단순한 자료의 사용이나 동일한 자료를 두세 번 사용하는 것은 설교의 신선미를 퇴색시키게 된다. 그러므로 신선한 자료의 수집은 설교자가 쉬지 않고 지속해야 할 의무이다. 성도들의 지적인 수준에 어울리고 그들이 말씀을 효과적으로 적용하기에 적절한 설교자료를 준비하는 설교자의 열정과 성실성은 매우 값지다.

30) 새로운 세기의 설교자들에게는 과거보다 더욱 무거운 요구가 주어진다. 즉, 어느 설교자가 학자적인 노력을 기울이면서 말씀을 연구하고, 그 말씀을 위하여 얼마나 많은 책을 읽고 자료를 모아 말씀을 효율적으로 회중에게 적용시키고 있는가의 척도에 따라 그 성패가 갈릴 가능성이 크다.

7. 설교의 목적

31) 설교가 계획한 목적이 무엇인지 알 수 없는 경우가 많다. 먼저, 목적을 세우고 거기에 초점을 맞추어 전개해야 한다. 예를 들어, 다윗과 사울과 사무엘이 등장하는 설교가 있었다. 그런데 거기서 초점을 두고 있는 것이 하나님께서 한 인물을 선택하는 사건인지, 다윗이라는 인물을 묘사하는 것인지, 사울의 탈선을 말하는 것인지, 사무엘의 역할에 주안점이 있는지 그 초점이 분명하지 않았다. 설교의 전반부는 버림받는 사울을 묘사하고 있는 듯했고, 후반부에는 다윗에 대하여 말하고 있었다. 두 개의 이야기를 동시에 사용하는 것은 초점을 잃게 한다. 따라서 회중이 어디에 초점을 맞추어야 할지 몰라 방황하게 된다.

32) 설교자는 자신이 전할 메시지의 목적과 요약을 분명히 해야 한다. 목적과 요약이 분명하지 않을 때 설교는 갈 길을 잃고 여러 곳을 헤

매게 된다. 설교자가 자신이 운반하고자 하는 메시지의 목적과 방향을 확실하게 할 때 회중도 동일한 목적과 방향에서 감동의 호흡을 함께하게 된다.

33) 설교의 목적과 요약이 분명하게 잘 이루어질 때 설교의 윤곽이 뚜렷해지며 주제와 각 대지가 본문과 일치될 수 있다.

34) 설교자는 설교의 축을 이루는 사건이나 인물 속에 주관적으로 깊이 몰입해야 한다. 그러나 설교자에게서 그런 면이 보이지 않고 단지 객관적인 사실만을 열거하고 있는 듯한 느낌을 줄 때는 회중에게 아무런 감동을 줄 수가 없다.

8. 본문의 접근

35) 본문의 접근방식은 철저한 석의를 한 다음에 본문이 언제 누구에게 무엇 때문에 무슨 목적을 가지고 기록되었는지를 밝혀 그 시대의 정황과 저자와 수신자 등에 대한 소개로 이루어져야 한다. 이것이 본문의 Context이다. 이러한 접근이 있어야 본문을 다시 경청할 때 회중은 본문을 더욱 확실하게 이해하게 된다.

36) 본문의 접근은 매우 생동적이어야 한다. 이는 본문의 정황을 정확하게 이해한 결과로 나타나게 됨을 명심하고 철저한 석의작업과 노력을 기울여야 한다. 때로는 본문의 접근방법을 중심 단어의 해설로 시작하거나, 계절의 아름다움과 에덴의 원형으로 다가간다면 회중이 호감을 느끼게 된다는 점도 주목해 볼 만하다.

37) 본문의 접근에 있어서 설교자가 주의해야 할 점은 본문의 역사성에만 치중함으로써 본문 접근의 다양함을 잃어버릴 수 있다는 위험

성이다. 또한, 너무 강의식으로 진행하면 선포의 감각을 실추시킬 수 있음도 기억해야 한다.

38) 본문의 접근이 전체 설교의 분량에서 너무 길게 엮임으로 인해 설교의 균형을 무너뜨리기도 하고, 석의 수준이 상식선에서 끝나는 경우가 있다. 이때 회중은 식상함을 느끼게 된다. 본문의 접근이 너무 장황하게 이루어져 접근과정에서 설교가 진행되고 있는 실수를 범하기도 하는데 접근은 해석하는 과정이 아니다. 물론 적용도 없어야 한다.

39) 설교자들이 늘 마음에 간직하고 있어야 할 한 가지는 본문의 주인이 언제나 성삼위일체 하나님이어야 한다는 것이다. 자신의 시각을 중심으로 해석하면서 접근하는 경우 메시지의 주인이 설교자가 될 위험성이 있다.

9. 본문의 재경청

40) 본문의 재경청은 자신의 언어로 설교자가 그날의 본문을 번역하여 회중과 호흡을 함께하면서 다시 듣는 일이다. 그저 쉽게 번역된 성경을 다시 읽을 수도 있다. 그러나 철저한 석의작업을 통해 오늘의 현대인들에게 주시는 말씀으로 완전히 의역을 하고 매우 쉽게, 그리고 현대 언어 감각으로 본문을 들려준다면 큰 효과를 가져온다.

41) 본문의 재경청에서 본문이 길 경우는 그날의 메시지와 관련된 부분만 자신의 언어로 번역하여 다시 들을 수 있도록 한다.

10. 문장력과 어휘의 문제

42) 설교자는 하나님의 말씀을 운반하기 위해 사용하는 어휘에 많

은 관심을 기울여야 하며 문장에도 신경을 써야 한다. 설교자의 진리에 대한 통찰력이 그림을 그리는 것 같은 좋은 묘사와 문학적인 표현으로 개발될 수 있도록 힘써야 한다.

43) 좀 더 문학적으로 다듬어진 문장체를 개발할 수 있도록 노력해야 한다. 설교는 사실을 사실 그대로 직설적으로 서술하는 것만은 결코 아니다. 그 속에 흐르는 인간의 감정과 갈등과 느낌을 문학적인 표현을 통하여 전할 수 있어야 한다.

44) 문장이 너무 건조하며 문학적 감각이나 표현이 빈약한 구어체로 설교를 지속하게 되면 회중의 관심을 끌지 못하고 공감대를 형성할 수 없다. 모두가 알고 있는 세계를 그대로 보여준다면 회중의 감성을 찌를 수 없다. 문학적 표현이 있어야 회중의 감성을 찌를 힘을 갖게 된다. 보다 함축성 있는 언어와 시적인 언어의 개발을 통하여 좀 더 극적이고 문학적이면서도 깊은 통찰력을 싣고 가는 한 편의 아름답고 인상 깊은 그림을 그려야 한다.

45) 어감으로 감격을 느끼게 하는 것도 중요하지만 선별된 어휘와 표현된 문장에서 회중의 가슴을 적시는 감동의 물결이 몰려오도록 하여야 한다. 이러한 노력이 있을 때 감정이입이 성공적으로 이루어진다.

46) 문장에서 주어가 생략되는 경우가 많이 있다. 가급적이면 주어를 사용하여 문장력을 다듬는 연습을 해야 한다.

11. 효과적인 적용

47) 철저한 본문의 석의와 본문의 해석과정이 끝난 설교자는 말씀의 현장화를 위한 작업을 서둘러야 한다. 이는 말씀을 회중의 삶에 바

로 적용할 수 있도록 하는 단계이다.

48) 적용은 설교자를 포함하여 주위의 환경, 시간과 장소, 문화적 배경, 사회적 배경을 참고하여야 한다. 적용에서는 자신이 하고 싶은 말보다도 객관적으로 입증할 수 있는 자료를 활용함이 효과적이다.

49) 적용의 범위가 필요 이상으로 넓어 집중력을 흩어 버리는 경우, 또한 적용이 너무 피상적이거나 말씀과 관련성이 약한 경우는 설교의 실패를 유발한다.

12. 효과적인 예화

50) 예화의 사용 목적은 선포되고 해석된 하나님의 말씀을 성경 속에서나 인간의 삶 속에 나타나는 사례들을 통하여 지금 우리의 삶에 보다 효과적으로 적용하는 데 있다.

51) 할 수 있다면 설교의 예화는 한국의 토양에서 발생한 우리나라 사람의 이야기를 사용하는 것이 매우 유익하다. 이는 훨씬 더 친근감이 있기 때문이다.

52) 삶의 현장에서 나타나는 예화가 많은 것이 좋으며, 긍정적 사례로 제시된 예화가 더 유익하다. 부정적인 사례는 문제의 제기 부분에서 한 번 정도 사용하는 것이 적절하다. 모든 예화가 부정적인 방향으로 흘러갈 때는 회중에게 많은 부담을 주고 여러 가지 부작용을 낳게 된다.

53) 예화를 사용할 때 설교자들이 주의해야 할 점은 생존한 인물의 이름은 되도록 삼가는 것이 좋고, "제가 ~를 만나서 들은 바 있다" 등의 표현도 삼가야 한다.

54) 어느 특정한 신문이나 회사의 이야기를 계속하여 반복하는 것

은 설교자의 실수이므로 조심해야 한다. 적대관계의 교인들이 있을 수 있음을 설교자는 마음에 두어야 한다.

55) 연예인들의 이름이나 평가가 나오는데 회중은 그것이 무슨 말인지 잘 모를 때가 있다. 가급적 연예인들의 실례는 삼가는 게 좋다. 설교의 숭고함에 손상을 주게 된다.

56) 예화 다음에는 적용이 있어야 한다. 그래야 예화의 값어치가 나타나게 되며 회중에게도 직접 자신의 삶에 적용할 수 있는 여지를 주게 된다. 예화만 제시하고 아무런 설명 없이 넘어가면 회중은 그 예화에 대한 의미를 모를 수도 있다.

57) 예화집에서 예화를 가져올 경우, 다른 설교자들도 그것을 사용할 수 있으므로 설교의 신선미를 잃게 되며 회중은 설교자의 성실한 준비에 의구심을 갖게 된다는 점을 명심해야 한다.

58) 예화에서 너무 긴 시간을 머물게 되어 시간의 조절에 실패하는 경우가 많이 있다. 그러한 까닭에 설교자는 신선하면서도 간결한 예화를 발견하기에 최선을 다하여야 한다.

59) 설교자는 하나님의 말씀인 성경에서, 그리고 우리가 처한 삶의 현장 속에서 좀 더 다양한 자료 수집에 노력을 기울여야 한다.

13. 동기 부여의 문제

60) 동기 부여는 말씀의 선포에서 그 말씀이 나오기까지의 배경이 된다. 왜 이러한 내용의 선포가 지금 이 땅에 필요한가를 배경으로 보여주어야 한다.

61) 이러한 동기 부여는 부정적인 사례를 보여주는 것이 효과적이

다. 그리고 동기 부여는 성경이나 문학작품보다는 주제가 실천되지 않고 있는 삶의 현장을 대상으로 삼는 것이 훨씬 효과가 크다.

62) 동기 부여는 뒤에 나오는 방법론이나 결론에 연결되는 동기가 아니다. 설교자는 종종 자신의 주위에 있는 사건만이 문제의 본질인 양 오해하고 있는 경우가 많다.

14. 대지설교의 이해

63) 대지설교는 본문에서 얻은 착상이나 삶의 장에서 얻은 주제를 중심으로 3~4개의 대지를 정하고 대지마다 해석과 적용을 잘 조화하여 적절한 예화와 함께 구성하는 설교이다. 그러나 자칫 설교자가 봉독한 하나님의 말씀은 보여주지 않고 설교자의 분석과 시각만으로 설교 전체를 채우고 있는 경우가 많다.

64) 대지설교에서 설교자는 설교의 주안점을 봉독한 본문 가운데서 찾아야 한다. 그러나 본문에서 충분히 찾지 못한다면 다른 말씀에서 가져올 수도 있다.

65) 본문말씀 가운데서 나온 주안점의 주어가 명확하게 성삼위 하나님이 되도록 하여야 한다. 하나님께서 선지자들을 통하여 주신 말씀이거나 사도들을 통하여 주신 말씀인 경우, "하나님께서는 바울 사도를 통하여 '……'라고 말씀하십니다" 또는 "하나님께서 바울 사도로 하여금 '……'이라 고백하게 하시고 그 고백을 오늘 우리에게 들려주십니다"와 같은 표현을 사용하도록 한다.

66) 대지에서 선포한 하나님의 말씀에 회중의 삶이 적용될 수 있도록 설교자는 철저한 석의작업과 함께 회중이 알아들을 수 있는 언어로

해석해 주며 효율적인 적용을 하여야 한다.

67) 대지가 하나의 주제 아래 통일성을 가지고 있어야 한다. 그렇지 못할 경우는 마치 세 편의 설교를 한데 모아놓은 것 같은 느낌을 주게 된다는 점을 명심해야 한다.

15. 대지의 형태

68) 대지설교의 형태는 대지마다 해당된 말씀을 해석하고 그 말씀의 현장화를 위한 설명(적용)을 하고 거기에 적절한 예화를 가져오는 형태를 취한다. 그리고 각각의 대지마다 해당된 말씀과 해석과 적용과 예화를 정확하게 구분하여 정리해야 하며 각 대지로 넘어갈 때마다 전이의 문장이 있으면 더욱 좋다.

69) 대지마다 본문의 깊은 뜻을 더 발굴하도록 노력하여야 하며, 적용할 자리에 필요한 자료를 사용하면 효과적이고 현장감이 있게 된다. 그러므로 설교자는 적절한 예화를 통하여 회중의 삶에 바로 적용할 수 있도록 해주어야 한다.

70) 대지설교를 진행할 때, 나열 형태의 구성은 일방적이어서 메시지를 효과적으로 전하지 못한다. 대지는 회중이 그 내용을 생각하고 공감하며 결단할 수 있는 내용이어야 한다.

71) 마지막 대지에서는 지금까지의 명령을 지키면 어떤 결과가 올 것인지를 하나님의 말씀으로 알려 주는 Good News를 만들어 선포해야 한다.

72) 대지 문장이 너무 길어서는 안 되고, 대지들이 평이하고 관념적 성격에만 머물러 있어서도 안 되며, 회중이 듣고 이해하고 새기기 쉽

도록 짧고 분명하며 구체적이고 실천적이어야 한다.

16. 강요된 '아멘'의 오류

73) 어떤 설교자들은 자신이 사용한 "~줄로 믿습니다" 또는 "~를 축원합니다"와 같은 종결어미에 이어서 회중이 '아멘'으로 응답할 것을 강조한다. 이것은 크나큰 오류이다. 성경 어디에도 설교자의 말을 받아서 '아멘'이라는 함성을 지른 곳이 없다. 오직 하나님께 영광을 돌리는 경우나, 하나님의 말씀이 내릴 때 '아멘'이 따르고 있다.

74) 다음의 대표적인 성구들을 유의하여 볼 필요가 있다.

대상 16:36 – "여호와 이스라엘의 하나님을 영원부터 영원까지 송축할지로다 하매 모든 백성이 아멘 하고 여호와를 찬양하였더라."

시 41:13 – "이스라엘의 하나님 여호와를 영원부터 영원까지 송축할지로다 아멘 아멘."

롬 11:36 – "이는 만물이 주에게서 나오고 주로 말미암고 주에게로 돌아감이라 그에게 영광이 세세에 있을지어다 아멘."

계 22:20 – "이것들을 증언하신 이가 이르시되 내가 진실로 속히 오리라 하시거늘 아멘 주 예수여 오시옵소서."

75) 오늘의 '아멘'은 설교자의 말에 장단을 맞추는 격이 되어간다. 잘 훈련된 '아멘'을 유도하여 자신의 설교에 은혜가 있었다는 평가 기준을 두는 모순이 가득하다.

76) 오늘의 설교자들은 '아멘'이라는 응답을 커뮤니케이션에서 피드백(반응)의 원리와 연결짓는 현상을 보인다. 진정한 설교의 반응은

습관적인 '아멘'으로 기준을 정할 수 없다. 진지한 자세와 눈길, 그리고 그들의 생활에서 찾아야 한다.

17. 성언 운반자로서 주의해야 할 표현들

77) "주님의 이름으로 축원합니다."-이 표현은 설교가가 빌고 원한 다는 뜻이다. 설교자는 말씀의 운반자로서 오직 그날의 메시지를 회중에게 운반할 뿐이다. "주님의 이름으로 축원합니다"와 또는 그 유사한 표현들은 설교자가 주어이기에 그 주어의 자리에 성삼위 하나님이 등장하면 메시지의 의미가 달라지면서 메시지의 주인과의 만남을 가져온다. 예를 들면, "여러분이 이제부터 이웃을 자신의 몸과 같이 사랑하면서 살아가기를 주님의 이름으로 축원(바람, 소망)합니다"를 "우리 주님은 이제 우리가 이웃을 내 몸과 같이 사랑하면서 살아가기를 원하십니다(명령하십니다, 가르치십니다, 기다리십니다)"로 수정해야 한다.

78) "~줄로 믿습니다."-이 표현은 회중이 설교를 통하여 메시지를 경청하고 응답하는 표현으로 사용될 수 있는 말이다. 설교자가 사용할 표현이 결코 아니다.

79) "시인은(또는 시편 기자는) 말합니다." "바울은 말합니다."-이러한 표현 역시 성경의 권위를 격하시키는 말이다. 하나님이 시편의 기자를, 또는 바울을 통하여 하신 말씀이다. 그러므로 다음과 같은 표현이 더 합당하다. "하나님은 시편 기자(또는 바울)를 통하여 이렇게 말씀하십니다."

80) "하나님이 ~의 축복을 주셨습니다." "하나님이 축복하십니다."-이 말은 근본적으로 틀린 말이다. 하나님은 만복의 근원이 되신 분으

로 누구에게도 복을 빌 수 없으시다. 오직 복을 주실 뿐이다. 그러므로 "하나님이 ~의 복을 주셨습니다", "하나님이 복을 베푸십니다"로 표현해야 한다. '축복'이라는 어휘를 잘 이해하고 '은총' 또는 '내려주신 복', '복 받은 ~' 등으로 표현을 바꾸어 사용해야 한다.

81) "사랑의 하나님에 대하여 잠깐 생각해 보겠습니다.""예수님의 구원에 대하여 함께 생각해 봅시다.""성령님의 은사에 대하여 말씀해 봅시다."-이러한 표현은 성경공부 같은 강의 시간에 사용할 수 있지만 설교에서는 부적절하다. 설교에는 성삼위 하나님에 '대하여' 설명하거나 생각해 보는 시간이 아니라 성삼위일체이신 하나님의 말씀을 전해야 하기 때문이다.

18. 주제 부상

82) 설교자는 주제 부상을 위해 주제를 5번 이상 언급하면서 주제를 확실하고 분명하게 보여주어야 한다.

83) 주제의 범위가 너무 넓어 초점을 흐리게 하는 경우가 허다하다. 예를 들어, 선한 목자와 잃은 양이라는 두 개념의 주제가 함께 등장하여 혼돈을 가져오는 경우를 본다.

84) 주제 부상도 본문과 관련하여 좀 더 구체적이어야 하는데, 본문에 관한 설명이 명쾌하지 못한 상태에서 주제를 언급했을 때는 주제 부상이 완전하게 이루어지지 않는다.

85) 주제 부상은 언제나 본문을 경청한 후에 나와야 하며, 여기서는 회중이 주제에만 관심을 모을 수 있도록 해야 한다.

19. 주제에 대한 정의

86) 주제의 정의는 3~4회 정도 부정적인 예를 들어 전개하다가 객관적인 정의들을 역사, 철학, 신학 등에서 찾아 제시한 후에, 최종적으로 하나님의 말씀인 오늘의 본문말씀으로 정의를 내리도록 해야 한다.

87) 자신의 견해로 주제의 정의를 일관해서는 안 되며, 여기서 높은 음정을 내어 발성하는 것은 실수이다.

88) 주제의 정의에서 설교자는 너무 많은 주제를 제시하면 안 된다. 한 설교에서 많은 주제를 선정하는 것은 결국 회중에게 아무것도 던져주지 못하게 될 가능성이 크다. 주제의 정의가 실패한 예는 다음과 같이 주제를 너무 넓게 잡았을 경우에 흔히 발생한다. "그리스도인의 삶은 (1) 실천 궁행하는 삶이요, (2) 더불어 사랑하는 삶이요, (3) 기도하는 삶이요, (4) 섬기는 삶이요, (5) 찬양하는 삶이다." 적어도 이 말 속에는 다섯 개의 설교 주제가 들어 있는 셈이다.

89) 주제의 정의에서 주제의 필요성으로 넘어갈 때도 전이의 문장이 필요하다. 예컨대, "그렇다면 왜 우리에게 기도가 필요한 것입니까?" 같은 문장이다.

20. 주제의 필요성(Why)

90) 주제의 필요성은 동기 유발을 가져오는 데 매우 유익한 전개이다. 우리의 삶의 장에서 그 주제가 왜 필요한지를 보여주기 때문에 현장감이 있을 뿐만 아니라 이 설교를 들을 필요성을 불러일으키게 된다.

91) 주제의 필요성을 말할 때는 자신의 설명보다도 그 주제가 없어서 비극적인 현상을 연출하는 실례를 드는 것이 매우 효과적이다.

92) 주제의 필요성에서는 본문의 위상을 높이면서도 회중이 잘 알아들을 수 있도록 매우 쉽게 들려주어야 한다. 그리고 지금 우리가 살아가는 삶의 현장에서 일어나고 있는 아주 구체적인 실제의 이야기일 때 동기 부여에 성공할 수 있다. 그 시기에 가장 쟁점이 되어 있는 사회적인 문제로 주제의 필요성에 접근해 나가는 방식도 적절하다.

93) 주제의 필요성에서 더욱 실감나게 하겠다는 생각으로 남의 이야기를 함부로 사용해서는 안 된다. 부정적인 이야기의 주인공이 노출되지 않도록 하는 것은 좋은 지혜이다.

94) 주제의 필요성에서는 설교자 자신을 등장시키지 말고 '자신이 잘 아는 어느 사람'으로 지칭하는 것이 유익하다.

21. 주제의 실천 방안(How)

95) 주제의 실천 방안은 분석설교의 본체(Body) 부분이며, 설교의 본론이다. 말씀의 해석과 적용이 생생한 자료와 함께 뚜렷하게 나타나도록 하여야 한다.

96) 본론에서는 주안점이 모두 성경에서 나와야 하며 주안점의 표현이 성삼위 하나님이 되게 해야 한다. 그러나 때때로 주안점이 처음부터 끝까지 설교자 자신의 견해로 일관하고 있는 실수를 범할 때가 있다.

97) 주제의 실천 방안은 간결하고 분명하게, 그리고 일관성(unity) 있게 구성해야 한다. 만일 일관성이 없다면 별개의 세 편에 해당하는 설교를 모아놓은 것 같이 되고 만다.

98) 주제의 실천 방안에서 실천 방안의 주어가 누구인지 분명하게 나타내야 한다. "하나님께서 바울을 통하여(또는 본문을 통하여) 말씀하

고 있습니다." 하나님의 직접적인 말씀일 경우에는 "하나님께서 ~라고 말씀하십니다"로 할 수 있다. 그러나 여기서 유의해야 할 것은 종결어미를 다양하게 사용하는 방법이다. 즉, "보여주십니다" 또는 "원하십니다", "명령하십니다" 등의 다양한 표현법을 구사하도록 해야 한다.

99) 실천 방안에서 주이를 하니님으로 삼지 않고 설교자의 견해와 분석으로 이어가는 것은 성언 운반자로서의 바른 설교관이 아니다.

100) 주제의 실천 방안에서도 적용이나 예화의 인용, 그리고 그 후에 가미하게 되는 설명에서 하나님이 주체가 되는 표현을 3~4회 사용해야 비로소 메시지의 주인이 뚜렷하게 부상한다.

22. 주제 실천의 결과

101) 주제 실천의 결과를 보여주는 방법은, 이미 실천 방안에서 제시한 대로 복을 받고 사는 성공적인 경우를 제시하는 것이다. 성경의 예를 드는 것도 좋으나, 현장감 있게 삶의 장에서 발생한 긍정적인 사례를 들면 더욱 효과적인 적용이 될 수 있다.

102) 여기서 유의해야 할 것은 그 결과가 하나님이 기뻐하시고 하나님의 나라와 그 의를 위한 결실로 나타나야 한다. 인간의 욕구가 채워지는 결과처럼 보여서는 안 된다.

23. 서론의 적절성

103) 설교의 서론은 설교 전체의 성패를 좌우하는 중요한 요소이다. 회중에게 이 설교에 대한 총체적 관심을 불러일으킬 수 있으며 이 설교의 내용을 듣고 싶은 충동을 느낄 수 있게 하는 곳이 바로 서론이다.

104) 서론은 설교의 도입이지 결코 설교가 시작되는 지점이 아니다. 그러므로 서론은 언어의 구성과 내용 면에서 간결하면서도 흥미를 유발시킬 수 있어야 한다.

105) 회중을 설교의 주제 속으로 이끌어 가기 위하여, 그리고 회중과의 접근이 친밀하게 이루어질 수 있도록 하기 위하여 다음의 방법을 사용할 수 있다. 시를 인용하거나 계절을 통한 인간의 경험을 언급하고, 우리 주변에서 일어난 사건, 미담과 같이 삶의 구체적인 현장 속에서 발생한 이야기를 소개한다.

106) 서론은 간결한 방향 제시를 할 수 있으면 된다. 서론은 장황한 설명과 함께 엮이는 것이 아니라, 짧은 시간에 함축성 있는 어휘와 함께 간결하게 방향을 주는 부분이다. 자신의 설교 분량의 1/10이 적절하며, 25분 동안 설교를 한다면 서론의 길이는 2분 이내가 좋다. 서론이 너무 평범하고 서술적이고 장황하고 그 표현이 진부하다면 회중의 흥미를 유발시키는 데 실패하게 된다. 아무리 좋은 설교를 준비했다 하더라도 서론이 딱딱하거나 논리를 건조하게 펼치기 시작하면 회중의 집중력을 약화시킬 우려가 있다.

107) 서론에서 동일한 내용을 너무 길게 계속하거나 반복을 거듭할 경우, 그것은 설교의 서론이 아닌 강의로 바뀌게 된다. 서론의 간결성을 망각한 결과이다. 짧게 서술하면서 주제가 암시되어야 한다.

108) 서론의 내용이나 분량이 적절한지 살펴볼 뿐만 아니라, 회중의 흥미를 유발할 수 있을지의 여부에도 깊은 관심을 두어야 한다.

109) 서론이 너무 직설적일 때 그 효과보다는 부작용이 더 많다는 것을 잊지 말아야 한다. 가령, 서론에서 "개보다 못한 우리의 인생"이

라는 표현을 사용할 경우 설교의 품위를 떨어뜨릴 뿐만 아니라, 회중은 설교자의 언어 감각에 대해 회의를 품게 된다.

110) 또한 서론에서 여성을 죄와 유혹의 상징으로 사용하는 오류를 범하는 예가 많다. 이것은 서론의 신중성을 망각한 태도일 뿐 아니라 싱차별의 대표적인 예이다.

111) 설교자가 자신의 경험을 서론에서부터 등장시키는 경우가 있다. 이는 설교 내내 회중의 시선을 설교자에게 집중시키는 결과를 초래한다. 회중의 관심과 초점은 오직 메시지의 주인을 향하여 모아져야만 한다.

24. 결론의 적절성

112) 결론은 회중이 메시지와 만날 마지막 순간이다. 이때는 여러 개의 주제보다는 오직 하나의 주제를 통하여 메시지의 주인 앞에 결단을 내리게 해야 한다.

113) 성언운반일념(聖言運搬一念)의 자세가 가장 강하게 나타나야 할 부분이 바로 결론이다. 하나님이 오늘의 본문에서 무엇을 말씀하시는지를 발견하여 그대로 전해야 한다.

114) 이 설교를 통해서 회중이 무엇을 결단해야 할 것인가에 대한 암시가 너무 약할 때는 결론이 미흡하게 이루어진다. 설교자가 결론을 내려주는 것보다는 회중이 결과를 예견할 수 있도록 도와주어야 하며, 결론을 회중이 선택할 수 있도록 여지를 남겨주는 것도 매우 좋은 방법이다.

115) 결론의 문장을 설교자의 희망사항으로 맺는 것에 유의해야 한

다. "~바랍니다", "~믿습니다"와 같은 자기 희망의 표현은 설교 전체의 복음적 주제를 약화시키게 된다.

116) 특별히 설화체(이야기체) 설교에 있어서 주의해야 할 점은 결론에서 설교자가 자신의 사상이나 의지대로 결론을 내리면 안 된다는 것이다. 회중이 결론을 맺을 수 있도록 유도하는 것이 설화체 설교이다. 설교자에 의해 결론이 내려지는 설교는 설화체 설교라고 할 수가 없다.

117) 결론에서는 요점의 반복, 설교의 요약, 격언, 또는 성구의 사용이 아주 효과적이다. 그러나 때때로 힘이 없는 결과로 끝날 경우도 있다. 따라서 좀 더 충격적인 방법을 사용하는 것이 좋을 수도 있다. 예를 들면, 한 편의 시를 낭송하여 줌으로써 그 안에 함축된 의미를 생각하며 회중 스스로가 결론을 이끌어 갈 수 있도록 하는 것도 하나의 방법이다.

118) 결론에서 인용된 시가 너무 길게 이어진다거나, 결론에서 지나치게 많은 인용구가 사용되어 오히려 결론을 희석시키는 결과를 가져오는 부작용도 있다. 설교자들은 설교 전체의 성패가 달린 결론의 적절성을 특별히 기억해야 한다. 결론의 마지막 문장은 그날의 설교주제가 '사랑'이었다면 본문이나 또는 메시지와 관련된 성구를 다음과 같이 읽고 끝을 맺도록 한다.

"여기 우리에게 들려주신 하나님의 말씀이 있습니다. 경청하십시다. 그런즉 믿음, 소망, 사랑, 이 세 가지는 항상 있을 것인데 그 중의 제일은 사랑이라. 기도합시다."

25. 분석설교의 기본 이해

119) 분석설교는 설교의 기본 유형이 아니라 전개형태 중의 하나이

다. 이 설교는 주제를 본문에서 설정하고 상세하게 전개해 나가는 순수한 '성경적 설교(Biblical Preaching)'이다.

120) 이 설교는 모든 설교의 기본인 서론, 본문 접근, 본문의 재경청, 주제 부상, 그리고 설교의 결론을 갖춘다.

121) 이상의 기본적인 구조를 갖춘 다음에 주제에 대한 정의를 내린다. 메시지의 주제를 정확히 파악시켜 주지 못한 가운데 설교가 이어지는 것은 논리적인 모순이다.

122) 정의를 내린 다음에는 반드시 그 정의가 필요한 이유를 설명하여 주제의 필요성을 절실히 느낄 수 있는 동기 부여를 해야 한다. 이 동기 부여는 설명으로 하는 방법보다는 현장의 실례를 보여주는 것이 더 효과적이다.

123) 설교는 단순한 문제의 제기에서 끝날 수 없다. 문제를 하나님의 말씀으로 대답해 주는 데 설교의 참뜻이 있다. 그러므로 주제의 필요성을 보여준 다음에는 바로 주제의 실천 방안을 제시하여야 한다. 이 방안은 설교자의 견해로 제시하는 것이 아니라 본문에서 해답을 찾아 주어야 한다. 여기서 다시 한 번 해당되는 말씀으로 선포를 하고, 그 말씀을 해석해 주고, 이어서 예화와 함께 적용해 주도록 한다.

124) 실천 방안은 대지와 같이 3~4개의 주안점을 제시한다. 주안점의 주어는 설교자의 견해가 아니라 반드시 성삼위 하나님이 선명하게 나타나도록 해야 한다. 예를 들면, "예수님은 참 목자가 되십니다"라는 표현은 성경을 바탕으로 한 설교자의 견해이고, "예수님은 스스로 참 목자이심을 말씀하십니다"라는 표현은 예수님의 말씀을 그대로 운반하는 형태이다.

125) 이 설교형태는 또 하나의 단계를 요구한다. 그것은 '복된 소식'의 운반이다. 이 단계는 주제의 실천을 설교자가 제시한 방법대로 성실히 행하면 어떤 결과가 오는지를 보여주는 부분이다. 여기서는 삶의 장에서 성공한 사례를 보여준다.

26. 설화체 설교의 이해

126) 설화체 설교는 이야기체 설교라고도 하는데 기본적으로 사건이나 인물을 중심 삼아 줄거리를 전개해 나간다. 글이라는 붓으로, 언어라는 색깔을 가지고 한 폭의 그림을 그리는 설교이다. 그림을 그리는 설교자는 무한한 상상력과 표현력을 활용해야 한다.

127) 예를 들어, 가룟 유다가 설교의 중심인물이라면 가룟 유다의 갈등, 범죄, 후회에 초점을 맞추어 이야기를 전개한다. 어디에서인가 깊은 감동을 주는 장면이 나타나고 회중이 거기에 함께 몰입되도록 해야 한다. 설화체 설교에서 아주 중요한 요건은 설교자가 얼마나 그 사건이나 인물 속에 주관적으로 깊숙이 몰입되어 있는가 하는 점이다. 마치 설교자가 남의 이야기를 객관적으로 하는 듯한 모습을 보여서는 안 된다.

128) 설화체 설교의 전개에 있어서 중요한 요소 중의 하나가 연속성(continuity) 혹은 움직임(movement)이다. 예를 들면, 다윗이 교만한 가운데 있다가 갑자기 회개하는 모습으로 건너가게 될 때 어떤 뚜렷한 계기가 설명되지 않고 곧장 다윗의 마음에 하나님의 빛이 들어가게 되었다고 이야기한다면 그것은 연속성이 확실히 보이지 않는 사례이다.

129) 설화체 설교에는 감성적인 표현과 인상과 어감이 많이 필요하다.

130) 설화체 설교는 문장의 기술(記述)이 아니다. 평어체를 써서 낭독하는 방식은 옳지 않다. 경어체로 바꾸고 대화하듯 구술해야 한다.

131) 설화체 설교는 자신의 말을 하지 않아야 하며 예화를 비롯한 기타 자료들을 전혀 사용하지 않고 오직 그 사건이나 인물만을 언어로 그리면서 서기에 내포된 진리를 운반하는 설교이다.

132) 설화체 설교는 설교자가 결론을 직접 던져 주지 않는다. 설교자가 결론을 맺고 초청하는 설교가 아니다. 설화체 설교는 순수하게 사건이나 인물을 통해서 그대로 결론을 유도해야 하며, 그런 모습을 그림으로 보게 된 회중이 결론에 도달할 수 있도록 도움을 주어야 한다.

133) 이 설교는 후반부에서 설교자의 적용을 들은 회중이 결론을 예견할 수 있도록 이끌어 주어야 한다. 설교자가 결론을 내린다면 설화체 설교로서는 실패작이다.

134) 설교자의 견해와 설명이 너무 많을 때 설화체 설교는 실패한다.

135) 이 설교에서 갈등과 위기 상황의 심화 단계로 넘어가기에 앞서 간단하고 정확한 적용을 하는 것이 매우 효과적이다.

136) 적용은 간단하게 이루어져야 한다. 설화체 설교의 특징 중 하나가 연속성과 움직임이다. 적용이 너무 길면 설교의 연속성이 끊길 위험이 있다.

137) 설화체 설교는 적용을 3~4회 정도로 최소화하여야 하며, 적용을 할 때도 한두 문장으로 요약하여 순간적인 불꽃처럼 보여주어야 한다. 그러나 적용 이후에는 문장의 단원을 바꾸는 것이 좋다. 왜냐하면 적용은 하나의 사상을 전달하고 난 후에 그것을 결론적으로 정리하는 곳이기 때문이다. 그러므로 다음에 오는 내용은 새로 전개해 가

는 것이 자연스럽다.

138) 적용을 한 후에는 잠시 쉬어서 회중에게 생각할 수 있는 여유를 주어야 한다. 설화체는 회중이 감동적인 그림을 그리는 듯한 설교이므로 회중이 직접 듣고 보면서 스스로 진리를 발견하게 해야 한다.

139) 설교는 갈등과 위기의 단계로 나아간다. 이 단계에서는 갈등과 모순이 설교자의 철저한 석의 다음에 이어지는 깊은 통찰력을 통하여 자세히 묘사된다. 이때 설교자는 가능한 한 그 설교가 제시하고자 하는 사건이나 인물을 한 폭의 그림처럼 묘사할 수 있는 준비를 갖추어야 한다. 이를 위하여 설교자들은 함축성 있는 어휘나 문학성이 있는 시적인 언어 등을 개발하여야 한다.

27. 설교전달을 위한 준비

140) 이제 설교자는 하나님께서 주신 말씀을 모국어로 선포할 준비를 해야 한다. 먼저, 신뢰할 만한 우리말 사전을 늘 곁에 두고 어휘의 사용이 정확한지를 세세히 점검해야 한다.

141) 우리말은 높임법이 까다롭다. 그러나 이것을 잘 지키면 하나님 말씀의 감동력이 더 높아지고 설교자와 회중 사이에 소통이 원활해진다. 반대로 이 원칙이 무너진다면 설교자에 대한 거부감으로 인해 하나님 말씀까지 손상을 입을 수 있다.

142) 표준어 사용에 최선을 다해야 한다. 설교자가 표준어를 쓰는 것은 일종의 의무이며 교양의 바탕이 된다는 점을 잊어서는 안 된다.

143) 설교자는 표준 발음법을 익히고 그에 따른 발음 습관을 점검해야 한다. 예컨대, 우리말은 단어의 첫음절을 길게 발음하거나 짧게

발음하는 것에 따라 의미가 달라진다([말]과 [말:], [밤]과 [밤:] 등). 설교자가 늘 사용하는 단어인 '구원', '부활', '제물'은 길게 발음해야 하고, '복음', '교독', '참회'는 짧게 해야 옳다.

144) 외래어나 외국어, 요즘 새로 나온 지나친 줄임말이나 너무 오래된 한자어들의 사용을 자세하고 생생한 우리말을 찾는 노력을 기울이도록 하자.

28. 원고의 작성과 소화의 문제

145) 설교자가 설교의 준비를 모두 완료하면 원고를 작성하는 과정에 들어선다. 이 시간은 가장 엄숙하고 진지한 순간으로서 성령님의 도움을 받아 한 단어, 한 문장을 받아쓰는 자세와 정신이 되어야 한다. 한국의 초기 설교자들은 이러한 순간을 성령님의 섭시(囁示)가 함께한 시간으로 이해하였다. 여기서 '섭시'라는 말은 '속삭여 보여줌'을 의미한다.

146) 흔히 성령님의 도움을 설교의 전달에서 구하려 한다. 그러나 성령님의 역사와 도움은 설교의 준비에서부터 간구해야 한다. 그중에서도 가장 결정적인 도움은 설교를 원고화하는 시간에 받아야 한다. 지금까지의 모든 준비가 총정리 되는 순간임을 마음에 깊이 두어 최선의 정성을 기울여야 한다.

147) 이와 같은 자세와 준비로 정리된 원고는 하나님 앞에서의 정중한 약속이다. 그 시간에 운반해야 할 하나님의 메시지가 기록된 원고로서의 소중함을 인식해야 한다. 그리고 나서 이 원고의 운반을 위한 준비를 갖추어야 한다.

148) 설교사역에서 간과해서는 안 될 일은 아무리 정중하게 준비된 설교 원고일지라도 회중은 읽는 것을 환영하지 않는다는 점이다. 회중은 설교자가 자신들을 주시하면서 열정적으로 그의 입에서 지금 터져 나오는 것처럼 운반되기를 기대한다.

149) 설교자는 원고를 완전히 소화하고 있어야 한다. 글자로 기록된 원고의 내용이 완전히 성육화(Incarnation)되어 생생한 감정과 표현과 음정으로 운반되지 못할 때 설교의 효과는 약해진다.

150) 원고를 완전히 소화하지 못한 경우, 자신이 알고 있는 내용만을 말하게 되고 어려운 해석 부분을 전하지 못하는 결과를 낳게 된다. 자칫하면 설교자의 즉흥적인 말이 하나님의 메시지로 변하는 비극이 연출된다.

151) 설교자가 원고를 기억하지 못하고 헤매는 장면이 너무 뚜렷하여 설교자의 준비성과 결점이 노출될 때 회중의 시선과 마음은 깃털을 달고 허공을 헤매게 된다는 사실을 명심해야 한다.

152) 원고 소화가 완벽하지 못했을 때 나타나는 현상들이 있다. 설교의 내용이 뒤바뀌거나, 중언부언하게 되고, 고성을 지르게 되고, 시간 내에 설교를 맺지 못하는 모순이 나타난다.

153) 설교자가 자신이 준비한 설교에서 은혜를 받는 순간은 준비된 원고를 반복하여 읽으면서 원고를 성육화(成肉化)시키는 과정에서 발생한다. 회중에게 감동을 준 설교자들은 설교를 읽고 또 읽으면서 그 메시지를 하나님이 자신에게 주신 말씀으로 먼저 받아들였으며, 때로는 그 순간 눈물이 나와 설교 원고를 적시는 일들이 많았다.

III. 설교의 실제

독자들이 눈길을 모아주어야 할 부분들

10편의 설교를 실으면서 이 무익한 종은 떨림의 감정을 감출 길이 없다. 설교학을 30년이 넘도록 가르쳐 온 교수로서 설교의 이론에는 밝은 편이다. 그래서 남의 설교 비평에는 예리하다. 그러나 필자 자신의 설교에는 언제나 만족을 느끼지 못했다. 그래서 자신의 설교문을 내어놓는다는 것은 매우 현명하지 못하다는 생각을 해왔다. 그동안 수많은 독자들이 설교문을 내놓으라는 주문을 했지만 그것만은 수용하기 어려운 요청으로 응답을 하지 않았다. 겨우 한두 편『예배와 설교 핸드북』의 '설교의 지침'에서 선을 보였을 뿐이다.

본서에 실린 글들은 그동안 설교에 대한 많은 생각을 하면서 주고 싶은 조언들을 묶어놓은 것이다. 그 단상(斷想)들을 편집하는 과정에서 그동안의 고집에 변화를 일으켰다. 그것은 제시한 설교이론대로 엮인 설교를 내놓아야 한다는 강한 당위성이었다. 이론의 주장에만 끝나지 않고 실천하는 설교학 교수의 설교 실상을 보여주어야 한다는 주변의 조언이 필자를 상당한 고민에 빠지게 하였다.

생각하면 설교자가 자신의 설교를 마친 후에 만족감에 젖는 일은 거의 없다. 설교를 완성하고 전달한 후에 느끼는 것은 언제나 아쉽고 불만스러운 느낌이다. 만에 하나 자신의 설교에 만족한 미소를 짓는 다면 그는 위험 신호 앞에 서있는 설교자이다. 설교자의 만족은 언제나 위험요소의 인자를 뿌리기 때문이다. 그것은 설교자가 겸손한 도구로서의 기본자세를 벗어나게 만들 뿐만 아니라, 그 만족이 교만으로 이어지기 때문이다. 그래서 설교자는 언제나 최신을 다한 '무익한 종(worthless servant)으로서의 정체성을 확인할 뿐이다.

이 작은 종이 말씀의 주인님으로부터 메시지를 받아 정리하고 단에 서서 외쳤던 설교이기에, 주신 메시지는 광채를 발하여야 한다고 생각한다. 그러나 그 운반의 과정에서 나타난 오점들은 '바보스런 종'의 탓으로 돌려야 한다. 다음은 본문을 통하여 주신 메시지를 상한 곳이 없이 주님의 백성들에게 운반하기 위해 몸부림쳤던 주안점들을 정리해 보았다.

1) 여기에 실린 설교는 모두 본문에서 메시지를 받아 정리한 본문설교이다. 본문을 앞에 두고 그 말씀의 깊은 뜻을 터득하려고 몸부림쳤다. 그러기 위해 본문의 정황(context)과 본문의 핵심 단어(key word)를 파악하기 위해 원어분석을 중심하여 각종 주석과 사전들을 펼치고 정확한 메시지를 찾는 노력을 기울였다.

2) 말씀의 진행에 있어 주어를 설교자가 아닌 성삼위 하나님이 되도록 최선을 기울였다. 말씀의 중심에 언제나 성삼위 하나님이 등장하도록 하는 표현에 깊은 관심을 두었다. 예를 들어, "항상 기뻐하라"는 말씀도 바울의 말로 전하지 않고 "하나님이 바울을 통하여 주신 말씀"으로 표현하여 말씀의 주인을 온전히 성삼위 하나님으로 하였다.

3) 우리의 설교자들은 우리말의 1인칭 단수를 주어의 자리에 사용하지 않는 알타이(Altai) 어족의 특성에 대한 이해가 부족하다. 그 결과 하나님의 말씀이 설교자의 말로 표현되는 문제를 유발하여 메시지에 심각한 오류를 범한다. 그 오류의 주범인 "축원합니다, 믿습니다, 바랍니다"와 같은 표현은 전혀 사용하지 않았다.

4) 설교자가 돋보이는 것은 설교의 큰 장애물임을 강조해 왔기에 본 설교문에서 설교자의 경험을 비롯한 자신의 말을 최대한 삼가도록 하였다. 단, '만병통치'의 설교에서 필자의 경험을 말해 보았다. 비록 실감나는 예화의 효력도 있지만 과연 그것이 얼마나 올바른 설교의 자료인지 그 의문을 지금도 지우지 못하고 있다.

5) '은, 는' 다음에 따라오는 '것입니다'에 대한 문제이다. 국문학자들로부터 늘 지적을 받아온 설교자의 "믿는 것입니다(〉믿습니다)", "바라는 것입니다(〉바랍니다)", "말씀하신 것입니다(〉말씀하십니다)", "사랑하고 계신 것입니다(〉사랑하고 계십니다)"와 같은 표현은 전혀 나타나지 않도록 하였다. 오직 추측과 미래와 지칭에서만 '을, 를'의 다음에 '것입니다'를 사용하였다.

6) 불확실한 감각을 안고 있는 표현은 사용하지 않았다. 제31강에서 상세하게 제시한 바 있는 "…인 것 같습니다", "…듯 싶습니다", "…라고 하겠습니다", "… 수 있습니다"와 같은 말들이 스며들지 않게 하였다. 설교자의 일상생활에서 확신과 자신감을 보이는 것은 겸손치 못한 인상을 준다고 생각하여 앞서 제시된 표현들을 종종 사용하기도 한다. 그러나 확실성을 생명으로 하는 설교에서는 절대로 금물이다.

7) 우리의 설교자들 대부분이 설교의 주안점(대지)을 끝낼 때, 또는

설교의 전체적인 끝부분에 "…를 주님의 이름으로 축원합니다"를 일상화하는 실수를 하고 있다. 말씀 선포의 명을 받아 전하는 설교자의 정체성을 망각한 표현이다. 그래서 "하나님이 …를 원하십니다", "주님께서 …를 명령하십니다", "성령님께서 …를 역사하십니다"와 같은 대안을 보여주었다.

8) 본 설교의 어느 부분에서도 자신의 판단과 분석과 지식을 말하고 그 말의 정당성을 입증하기 위해 "본문에서도…", "본문 …을 보면", "예수님도…", 또는 "본문도…", 또는 "바울도…"와 같은 표현은 전혀 사용하지 않았다. 그동안 설교자들이 본문을 읽고 그 말씀을 해석하고 적용하는 과정에서 설교자의 주장을 말하고 본문을 각주로 사용하는 경우가 많았다. 학술논문에서는 자기주장의 정당성을 입증하기 위한 각주(footnote)가 필요하다. 그러나 설교는 주시는 말씀을 먼저 들려주고 회중이 알아듣도록 풀어주는 것이 절차이다.

9) 설교자들이 모든 설교에는 예화가 필수인 듯 오해를 하고 있다. 본 설교에서는 예화를 경우에 따라 사용하되 매우 짧게 사용하여 메시지를 풀어주고 빛나게 하였다. 긴 예화가 설교 시간을 다 차지해서는 안 된다는 점을 보여주는 데 노력하였다.

10) 끝으로 10편의 설교마다 끝맺음에 관심을 기울여 주기 바란다. 현재 다수의 설교자들이 "…(을. 를) 주님의 이름으로 축원(소원)합니다"를 당연하게 생각하고 사용한다. 그러나 여기에 제시된 설교의 끝말은 본문이나 그 메시지에 가장 근접한 성경말씀으로 회중의 관심을 메시지에 집중시키고 있다. 모든 설교의 끝맺음을 다음과 같은 형태로 하였는데 여기에 눈길을 모을 필요가 있다고 본다.

예: 하나님은 우리에게 다시 말씀하십니다.

"… 선을 행하되 낙심하지 말지니 포기하지 아니하면 때가 이르매 거두리라"(갈 6:9). "… 죽도록 충성하라 그리하면 내가 생명의 관을 네게 주리라"(계 2:10).

오늘 다시 들려주신 하나님의 말씀입니다. 기도합시다.

본문 : 출애굽기 32:32/로마서 9:3/누가복음 19:41-44

주제 : 그리스도인의 애국 애족

서론

지금으로부터 120년 전 1896년 9월 3일자의 독립신문 논설에서는 하나님을 '상주님'이라 부르면서 다음과 같은 기도를 하고 있었습니다.

높으신 상주님!

자비로운 상주님! 긍휼히 보소서

이 나라 이 땅을 지켜주옵시고

오! 주여 이 나라 보우하소서

홀로 한 분이신 만왕의 왕이여 찬미받으소서

반만년 동안 갖은 풍랑 속에서도 끈질긴 생명을 보유했던 우리 민족이 일제의 손아귀에 서서히 침식당하여 우리의 조국을 잃어갈 때 목마르게 외쳤던 기도이며 호소였습니다.

그리스의 위대한 철학자 플라톤(Plato, B.C. 428-347)은 그의 서한집에서 이렇게 말했습니다.

"인간은 자기 자신만을 위하여 태어난 것이 아니라 조국을 위하여 태어났다"(Man was not born for himself alone but for his country).

그래서 '내 나라 내 민족'이라는 어휘가 언제나 가슴에 담겨집니다.

더 나아가 나라의 희소식은 곧 나의 희소식이 되고, 나라의 아픈 소식은 나의 아픈 소식이 됩니다.

본문 접근

로마의 총독정치 아래서 신음하던 이스라엘 가운데 우리 주님은 인류의 메시아로 오셨습니다. 그리고 결국 자기 민족의 고발로 십자가의 죽음을 감수하셨습니다. 십자가의 사형 언도가 있기 얼마 전, 우리 주님은 예루살렘을 방문하셔서 착잡한 심정으로 조국의 미래를 보며 눈물을 흘리셨습니다. 성경은 우리 주님께서 눈물을 두 번 흘리셨다고 기록하고 있습니다. 다른 한 번의 눈물은 나사로의 죽음 앞에서 울고 있는 그 자매 마르다와 마리아를 보시면서 흘리신 눈물이었습니다.

원어에서는, 나사로의 죽음과 그 자매들의 슬피 우는 현장의 눈물은 '다크뤼오'라는 단어로서, 남의 딱한 처지를 동정할 때 나오는 눈물을 뜻합니다. 그러나 오늘 본문에서 보여주신 주님의 울음은 '클라이오'라는 단어로서 강렬한 감정을 억제하지 못하고 소리를 내어 통곡하며 우는 것을 말합니다. 우리 주님은 예루살렘 성을 보시자, 민족의 장래를 생각하면서 깊은 감정 속에서 나오는 눈물을 억제하지 못하고 통곡을 하셨습니다. 그리고 말씀하십니다.

본문의 재경청

마태복음 23장 37절에도 기록된 동일한 말씀을 함께 묶어 오늘의 언어로 옮기어 다시 경청하십시다.

예루살렘아! 예루살렘아! 선지자들을 죽이고 네게 파송된 자들을 돌로 치는 자들아, 암탉이 그 새끼를 날개 아래 모음같이 내가 네 자녀를 모으려 한 일이 몇 번이냐? 그러나 너희가 원치 아니하였다. 메시아로 내 조국의 진정한 평화를 외치건만 너희가 듣지 못하고 깨닫지 못하도다. 너희 눈에는 결코 보이지 아니하도다. 보라 날이 다가온다. 그날이 이르면 네 원수들이 토성을 쌓고 너를 포위할 것이며 너희들과 그 가운데 있는 네 자식들을 땅에 매어 치며, 돌 하나도 돌 위에 남기지 아니하리라.

본문 주해

참으로 슬픈 장면이 예언되고 있습니다. 이 파멸의 슬픈 장면은 곧 다가왔습니다. 우리 주님께서 말씀하신 지 불과 40년이 채 되지도 않았던 A.D. 70년에 이 비극은 드디어 오고야 말았습니다.

로마 디도 장군의 병사들은 예루살렘 성안에 침입하여 민족의 대절기인 유월절에 모였던 100만이 넘는 유대인들을 모두 학살했습니다. 로마군대에 맞서 마지막까지 싸웠던 열심당원들은 천혜의 요새인 맛사다에 모여 마지막 저항을 했습니다. 그러나 로마군은 6천 명의 유대인을 노예로 삼아 서북쪽에 3년에 걸쳐 토성을 쌓았습니다. 드디어 맛사다 산정에 진격하게 되었습니다. 그 전날 이스라엘의 엘리아자르 벤 야이르(Elazar ben Yair) 장군은 마지막 남은 900여 명의 군사와 가족을 앞에 두고 비참한 호소를 합니다.

"우리가 로마의 노예나 포로가 되느니 스스로 목숨을 끊는 것이 더 현명하다."

이 호소에 그들은 동의하고 성에 불을 지르고 모두 자살했습니다. 맛사다에 진입한 로마 군인들은 그 산정에 놓인 936구의 시신만을 만나보게 되었습니다. 그때 로마군의 장군 디도가 다음과 같은 말을 합니다.

"오늘의 진정한 승리는 로마의 것인지 유대민족의 것인지 나는 분별하기 어렵다."

예수님께서 조국의 미래를 향한 예언은 이렇게 적중하였습니다. (인터넷에서 '맛사다 항전'을 치면 좀 더 자세한 내용을 읽을 수 있습니다.)

성지순례 때 그 현장에서 이 슬픈 역사를 듣노라면 모두가 가슴 아파합니다. 이처럼 주님의 예언은 일점일획도 틀림이 없이 예루살렘에 임하였습니다. 우리 주님은 이 현장을 미리 보실 수 있었기에 그렇게 통곡의 눈물을 흘리게 되었습니다.

주제 부상

우리 주님의 조국을 위한 눈물은 오늘 우리에게 심각한 메시지를 주고 있습니다. 지금 우리는 주님처럼 '내 나라 내 민족'을 진지하게 생각해야 하는 시점에 와 있습니다. 오늘 우리가 직면하게 될 아픔이 무엇인지를 생각하고, 여기에 주어진 하나님의 말씀을 경청하고, 우리의 자세를 가다듬어야 하겠습니다.

주제 정의

조국이란 도대체 무엇이기에 우리의 관심이 필요합니까?

조국이란 나의 한 생명을 호의호식(好衣好食)하는 장소가 아닙니다. 조국이란 나의 부와 명예를 위하여 존속하는 무대가 아닙니다. 조국이란 나의 방종과 무관심이 가득해도 지탱되는 영구불멸의 장소가 아닙니다.

리차드 니버와 같은 신학자의 말을 굳이 빌리지 않더라도 조국이란 나의 언어, 나의 모습, 생각을 가장 잘 반겨주는 곳입니다. 나의 선조들이 묻혀 있고 내 자신을 낳아주고 키워주는 강토입니다. 그래서 조국은 어머님의 품과 같습니다. 언제나 애정이 스며들고, 버리고 싶어도 버릴 수 없는 강토요, 한겨레입니다.

하나님이 인간을 창조하시고, 종족을 형성시키시고, 그들의 거처할 곳을 허락하시고, 그곳에서 수명이 다하도록 하신 역사는 바로 모든 사람이 조국을 갖게 하는 위대한 창조의 섭리였습니다. 그래서 조국이 없는 민족은 가장 불행합니다.

주제의 필요성

지금은 어느 때보다 우리나라가 위기에 직면해 있습니다.

* 지난해는 메르스라는 바이러스 공포에 시달렸습니다. 금년에는 정초부터 북한의 수소폭탄 실험과 핵탄두 미사일 도발이 이어졌습니다. 이 달에는 5차 핵실험 강행으로 한반도의 긴장은 최악의 상태에 빠져 있습니다.

* 그런가 하면 원자력발전소들이 밀집해 있는 지역에서 전에 없던 5.1/5.8의 강력한 지진이 발생하여 우리 모두는 공포에 떨고 있습니다.

* 경제는 어떠합니까? 경제학자들이 시한폭탄이라고 말하는 가계부채가 1,300조 원에 육박했습니다. 그 뿐만이 아닙니다. 공공부분의 부채(1,200조 원)와 기업부채(2,300조 원)를 합하면 5천조 원의 부채를 안고 있는 경제 현황입니다.

한국 경제의 주요 지표들은 IMF 외환위기 수준으로 잇따라 곤두박질치고 있다는 보고입니다. 청년들의 실직률이 IMF 때와 동일한 수준에 달하고 있습니다. 앞으로 조선업을 비롯한 여러 곳에서 구조조정에 진입하면 실직률은 훨씬 더 높아질 것이라고 합니다. 신용등급이 강등된 기업의 수가 외환위기 이후 최대를 기록하고 있다고 합니다. 지금의 통계 수치대로라면 정부의 전망은 무색해지고, 한국 경제는 위태로워진다는 보도입니다.

＊부정부패는 어떠합니까? 현직 부장판사와 검사장이 구속되는 전에 없던 일들이 일어나고 있습니다. 국제투명성 기구가 조사한 부패지수는 2015년의 경우 일본이 18위, 우리나라가 37위가 될 정도로 부끄러운 상태입니다.

＊윤리 도덕의 상태는 어떠합니까? 부모가 자식을, 자식이 부모를 해치는 사건들이 연일 보도되고 있습니다. 지금 우리의 조국이 돈만을 추구하는 눈길들로 아수라장을 이루고 있습니다. 어느 누가 들어도 전율을 느끼고 눈물을 흘릴 수밖에 없는 사건들이 여기저기서 발생하고 있습니다. 진실보다는 비진실이 더욱 위세를 떨치는 것이 오늘의 현장입니다.

＊이 땅의 교회마저 감각 없는 무희가 되어 부패의 무대 위에서 함께 춤을 추고 있습니다. 이 사회를 바르게 이끌어 가야 할 우리의 교회는 고개를 들 수 없는 기록으로 가득 차 있습니다. 성직자들이 돈과 이성과 명예와 각종 탐욕으로 얽힌 사건들이 끊임없이 보도되고 있습니다.

＊남쪽의 땅에서는 먹고 남아 버린 음식 쓰레기가 1년에 7조 원을 넘는 반면, 북쪽의 겨레들이 울부짖는 기아선상의 신음 소리는 심각

합니다.

가슴이 아픕니다. 이 땅의 미래가 어떻게 될 것인지 생각이 있는 국민은 가슴을 조이지 않을 수 없습니다. 조국의 미래를 보시면서 통곡의 눈물을 흘리셨던 우리 주님의 모습을 볼 때에 우리가 행동에 옮겨야 할 시점에 도달했습니다.

주제의 실천 방안

어떻게 오늘의 기독교인들이 조국을 사랑할 수 있는지의 질문입니다.

1. 우리 주님은 애국애족의 본을 눈물로 우리에게 보여주십니다.

〈선포와 해석〉

우리 주님은 아무도 사용한 바 없는 작은 나귀에 몸을 싣고 많은 사람들의 뜨거운 환영을 받으면서 예루살렘에 입성하셨습니다.

"호산나! 호산나! 우리를 구원하소서. 우리를 구원하소서. 주의 이름으로 오시는 왕이여! 하늘에는 평화요, 가장 높은 곳에서는 영광이로다." 이러한 열화 같은 함성과 함께 놀라운 환영의 인파가 몰리고 있었습니다. 그러나 우리 주님은 이러한 함성에는 아무런 반응을 보이시지 않고, 가까이 오셔서 예루살렘 성을 보시며 통곡의 눈물을 흘리시면서 부르짖습니다.

"예루살렘아! 예루살렘아! 선지자들을 죽이고 네게 파송된 자들을 돌로 치는 자들아, 암탉이 그 새끼를 날개 아래 모음같이 내가 네 자녀를 모으려 한 일이 몇 번이냐? 그러나 너희가 원치 아니하였다."

우리 주님은 불과 40년 후에 있을 예루살렘의 최후 비극을 미리 보시면서, 조국에 대한 한없는 슬픔을 억제하지 못한 채 소리 내어 눈물을 흘리셨습니다. 조국을 사랑하는 깊은 애국심에서 끓어오르는 탄식의 울음을 터뜨리셨습니다. 우리 주님의 눈물과 부르짖음은 이 시간 뜻깊은 메시지를 우리에게 주고 있습니다.

〈적용〉

조국을 위하여 눈물을 흘리신 예수님을 구원의 주님으로 영접한 우리 신앙의 선배들은 이 땅에서 주님의 발자취를 어김없이 따랐습니다. 하나님은 일찍부터 한국의 교회를, 조국을 위하여 눈물과 피와 목숨을 바친 교회로서 전 세계에 보여주셨습니다. 그러나 오늘 우리 교회는 어떠합니까? 나라 사랑하는 눈물과 기도의 맥이 이어져야 할 오늘의 교회, 우리의 성총회는 실로 이해할 수 없는 방향으로 가고 있습니다. 우리 교회, 우리의 성총회가 나라 사랑의 열기가 너무 식어 있습니다. 주님이 조국을 위하여 흘리셨던 눈물의 흔적이 우리의 교회에서는 찾아볼 수 없습니다. 우리의 선배들이 흘렸던 피와 눈물의 자국이 전혀 보이지를 아니합니다. 무엇에 쫓기고 무엇을 위하여 살아가는 우리의 총회이며 교회이기에, 이토록 나라 사랑하는 눈물이 메마르고 있습니까?

하나님이 사랑하시는 총대 여러분!

하나님은 우리의 성총회를 한국교회의 장자교회의 위치에 서게 해주셨습니다. 장자에게는 책임이 따릅니다. 하나님은 이 시간도 우리가 나라 사랑의 눈물을 흘리면서 하나님 앞에 울부짖기를 원하십니다. 하나님은 주님의 종들이 흘리는 나라 사랑의 눈물을 결코 외면하지 않으십니다.

2. 하나님은 모세와 바울이 남긴 애국애족의 비장한 고백을 이 시간 들려주십니다.

〈선포와 해석〉

하나님이 들어 쓰신 인간 가운데 가장 소중한 역할을 담당한 인물은 구약에서는 모세, 신약에서는 사도 바울입니다. 먼저, 하나님을 가장 가까이했던 모세가 자신의 민족을 위하여 어떤 마음의 바탕을 가지고 있었는지를 알려 주십니다. 그는 젊은 시절부터 애굽 사람이 자기의 동족을 치는 것을 보고 참지 못할 정도로, 대단한 민족 사랑의 열정을 가진 사람이었습니다. 그의 행위는 잔인했으나 그는 자기의 민족을 사랑하는 뜨거운 가슴을 가지고 있었습니다. 또한 모세는 이스라엘 민족이 금으로 우상을 만들어 하나님의 진노의 손길을 면할 길이 없게 되자 하나님께 아룁니다.

"그들의 죄를 사하시옵소서 그렇지 아니하시오면 원하건대 주께서 기록하신 책에서 내 이름을 지워 버려 주옵소서"(출 32:32).

하나님으로부터 외면당하는 인간이 되더라도 자신의 민족만은 살려야 한다는 모세의 갸륵한 고백을 들려주십니다.

그리고 하나님은 사도 바울이 고백한 겨레 사랑의 정신을 들려주십니다. 그는 자신의 민족이 선민으로서 그리스도를 통한 구원을 받아야 하는데, 그렇지 않게 되자 그는 이 문제를 가지고 마음에 깊은 근심을 합니다. 그리고 그치지 않는 고통을 느끼게 되고, 드디어는 심각한 고백을 합니다.

> "나는 혈육을 같이하는 내 동족을 위해서라면 나 자신이 저주를 받아 그리스도에게서 떨어져 나갈지라도 조금도 한이 없겠습니다. 나의 동족은 이스라엘 사람들입니다"(롬 9:3-4a, 공동번역).

하나님은 이 아침 하나님의 신실한 종 모세와 바울의 입을 통하여 그들이 속해 있는 민족과 나라를 사랑함이 얼마나 중요한지를 알려 주십니다. 하나님은 실로 우리의 가슴을 뭉클하게 만드는 이 고백을 들려주시면서, 우리가 그러한 정신을 이어받은 후예들이 되기를 원하십니다. 하나님은 우리가 진정 애국애족의 성스러운 사명을 품고 다시 거룩한 교회로 일어서기를 원하십니다.

〈적용〉

한국교회의 신앙의 선배들은 진정 이 말씀대로 살았습니다. 자신을 포기하면서 나라의 구원에 앞장을 섰습니다. 자신의 생명이 무참히 일제의 칼날에 쓰러지더라도 조국의 독립을 위해 만세를 부르는 용감한 그리스도인의 자세를 보여주었습니다.

하지만 오늘 우리는 어떠합니까? 나에게 조금의 불이익이 된다면 조국을 헌신짝처럼 버릴 심성을 가지고 있지는 않습니까? 조국의 운명은 어찌되든 자신과 자신의 가족만 잘 먹고 잘 살면 된다는 이기주의에 빠져 있지는 않습니까? 내 나라 내 민족의 위태로운 여건을 보면서도 전혀 감각이 없는 몸으로 전락되어 있지는 않습니까?

하나님이 사랑하시는 총대 여러분!

하나님은 우리의 성총회가 우리나라 우리 민족을 위하여 어떤 정신과 자세를 갖추어야 하는지를 보여주시기 위하여, 모세와 바울이 보여준 비장한 결심을 이 아침 들려주십니다.

하나님은 오늘도 자신을 희생하더라도, 자신의 조국을 사랑하고 구원시키려는 뜨거운 가슴을 가진 종을 찾고 계십니다. 하나님은 그러한 종이 우후죽순처럼 솟아나와 울부짖을 때 이 민족을 붙들어 주십니다.

3. 하나님은 우리가 참회의 눈물을 흘리면서 애통하기를 원하십니다.

〈선포〉

우리 주님은 오늘의 본문말씀에서 "선지자들을 죽이고 네게 파송된 자들을 돌로 치는 자들"이 된 이스라엘의 회개를 얼마나 기다리고 원하시는지를 보여주십니다.

〈해석〉

우리 주님은 하나님의 사랑을 깨닫지 못하고 살아가는 민족의 죄를 지적하셨습니다. 하나님은 암탉이 그 새끼를 날개 아래 모음같이 이스라엘 백성을 지극히 아끼시는데 그것을 깨닫지 못함을 한탄하셨습니다. 우리 주님이 메시아로 오셔서 조국 이스라엘을 향하여 진정한 평화를 외치건만 듣지 못하고 깨닫지 못함을 괴로워하셨습니다.

하나님은 구약에서 신약에 이르기까지 계속해서 하나님의 진리의 말씀을 깨닫지 못한 죄를 통회자복할 것을 인간들에게 요구하고 계십니다. 통회, 곧 회개란 무엇입니까? 진정한 회개는 어제의 잘못을 뉘우치고 눈물 흘리고 다시 그 죄악의 종이 되는 길을 벗어나는 일입니다. 회개란 하나님의 말씀을 불순종했던 자신의 방향을 순종의 방향으로 바꾸는 일입니다. 웨스트민스터 소요리 문답에서는 죄란 "하나님의 말씀을 불순종한 것이나 순종함에 있어서 부족함"이라고 말합니다. 하나님은 잘못된 방향에서 헤매던 삶을 정리하고, 하나님 말씀에 새롭게 순종하고 돌아선 자를 구원하신다고 말씀하십니다.

〈적용〉

한국교회가 새롭게 일어섰던 과거의 기록은 특별합니다. 미국교회에서 1906년에 시작된 오순절 운동은 방언을 중심한 은사운동이었습니다. 그런데 한국에서 1907년에 불길이 솟았던 평양 장대현교회의 대각성 부흥운동은 선교사들이나 한국의 교인들이 일심동체가 되어 통회의 자복을 하면서 한국교회가 새롭게 시작되도록 성령님께서 역사하셨습니다.

1970년대에 접어들면서 한국교회는 세계 선교사상 가장 빠른 성장을 이룬 기적의 교회라는 찬사를 받았습니다. 10년 전만 하더라도 영국의 유력지 맨체스터 가디안(2003년 4월)은 한국교회의 세계사적 의미를 대서특필하였고, 런던의 파이낸셜 타임스(2008년)는 한국교회의 불길을 활화산 같다고 보도한 바 있습니다. 이처럼 우리는 교회의 성장과 함께 선교사역을 비롯하여 각종 복지사업에 좋은 일을 많이 했습니다.

그러나 국가 경제의 급성장과 첨단문화의 발전은 물질만능의 회오리 바람을 몰고 왔습니다. 우리의 교회마저 육적인 향락과 각종 탐욕의 풍랑에 휩싸이게 했습니다. 우리의 교회는 하나님의 영광에 맞추었던 초점을 잃어버렸습니다. 특별히 매스컴에는 주의 종들이 저지른 범죄행위로 가득하였습니다. 비록 소수에 의한 탈선이었지만, 사회에서는 교회 전체의 탈선으로 지목했습니다. 뿐만 아니라 목회자의 탈선은 한국교회 성도들의 삶의 질을 제대로 챙기지 못하고 말았습니다. 드디어 한국교회는 선교사상 가장 빠른 속도로 추락하고 있는 지경에 이르렀습니다.

이 나라 이 민족은 하나님의 보호하심 때문에 오늘을 지탱한 매우 특수한 나라입니다. 민족이 말살될 위험한 시점에서도, 하나님을 배척한 공산주의의 잔인한 침공 앞에서도, IMF와 같은 경제 위기 속에서도 하나님은 이 민족을 지켜주셨습니다. 그런데도 그 은혜를 몰라보고 물질만능의 풍조에서 육적인 탐욕에 휩싸여 하나님의 마음을 아프게 한 극심한 죄와 함께한 무리가 되었습니다.

어느 때보다 다급한 위기에 우리나라는 직면해 있습니다. 하나님의 진노의 손길이 눈에 보입니다. 무서운 심판의 불길이 다가올 것 같은 위험한 징조가 여기저기서 보입니다.

어찌 우리가 하나님의 은혜를 망각한 죄를 눈물로 통회하지 않고 무사태평하게 앉아 있을 수 있습니까? 눈물로 통회하십시다. 그리고 울부짖읍시다.

오! 하나님!

이 나라를 구원하소서

이 민족을 버리시지 마옵소서

이 나라를 살려주소서

하나님이 사랑하시는 성총회 총대 여러분!

교회가 탈선하면 이 사회는 거대한 죄악의 파도를 일으킵니다. 교회가 방향을 잃으면 이 민족 이 나라는 하나님의 보호를 받지 못합니다. 이 나라 이 민족은 한시라도 하나님이 보호하시지 않으면 생존할 수 없는 나라입니다. 그러기 때문에 하나님을 향하여 우리의 무디어진 죄를 내어놓고 회개해야 합니다. 하나님은 우리의 교회가 먼저 그릇된 과거와 현재를 회개하면서 하나님의 품에 안기게 되기를 원하십니다. 다시 진정한 거룩한 교회로 탈바꿈하게 되기를 기다리고 계십니다.

그럴 때 이 나라의 대통령을 비롯하여 정치 지도자들도 양심의 가책을 느끼고 부끄러운 행위로부터 벗어나 정신을 가다듬고 하나님을 두려워하게 됩니다. 이 나라 이 민족의 기강이 새롭게 서게 됩니다.

이 민족이 살아남아 발전을 거듭하는 길은 우수한 두뇌가 아닙니다. 정치의 기술이 아닙니다. 이상적인 교육이 아닙니다. 화려한 외교가 아닙니다. 정교하게 만든 우상을 섬기는 일이 아닙니다. 오직 하나님만을 의지하고 하나님의 보호하심을 간구하는 것만이 이 민족의 살 길입니다. 그럴 때 하나님이 기뻐하시고 이 나라를 더욱 튼튼히 보호하십니다. 하나님은 변함없이 말씀하십니다.

"여호와는 마음이 상한 자를 가까이하시고 충심으로 통회하는 자를 구원하시는도다"(시 34:18).

결론

이 땅에 복음이 들어온 그 다음해에 북장로교 선교사들이 본국에 보낸 보고서에는 우리의 관심을 끄는 다음과 같은 기록이 있습니다.

한국교회가 지닌 가장 흥미 있는 양상의 하나는 애국심이다. 해안선의 어느 아침, 대나무 끝에서 조그마한 태극기들이 흔들리고 있었다. 바로 그 집들이 예수님을 믿는 사람들의 집이었다. 주일날이면 그들의 집이 나 교회 위에 태극기를 단다는 것은 선교사들의 아무런 지시도 없이 한 국의 기독교인들 스스로 하는 일이었다.

한국교회는 처음부터 나라 사랑하는 교회로 출발하였습니다. 눈물 을 흘려 조국을 사랑하셨던 예수님의 모습을 따르던 교회였습니다. 하 나님은 오늘 우리에게 이 주님의 모습을 보여주셨습니다. 그리고 모세 와 바울의 민족을 사랑하는 심각한 결단을 보여주셨습니다.

일본이 제2차 세계대전에서 패전국으로 확인되던 때 일본의 기독교 사상가 우찌무라 간조는 "나는 두 개의 J를 사랑한다. 하나는 나의 주 님 Jesus의 J요, 하나는 나의 조국 Japan의 J이다. 나는 어떤 경우에도 한 손에는 예수 그리스도를, 한 손에는 나의 조국을 붙들리라"는 비장 한 선언을 한 바 있습니다.

사실 우리 주님도, 모세도, 바울도, 예레미야도, 그리고 한국의 신앙 의 선배들도 모두가 한 손에 하나님의 말씀을, 한 손에 조국을 붙들고 있었습니다.

여기 하나님이 눈물의 선지자 예레미야의 입을 통하여 의미심장한
말씀을 다시 들려주십니다.

"여호와여 내가 심히 깊은 구덩이에서 주의 이름을 불렀나이다

우리 마음에는 기쁨이 그쳤고 우리의 춤은 변하여 슬픔이 되었사오며

우리 머리에서는 면류관이 떨어졌사오니

오호라 우리의 범죄 때문이니이다"(애 3:55, 5:15-16).

설교 후 기도

기도하십시다.

이 민족을 특별히 사랑하신 하나님!

이 민족을 강대국 사이에서 수천 년간 지켜 보우하시다가

복음으로 무장된 나라 만들어

하나님을 뜨겁게 예배하도록 하신 은혜 감사합니다.

선교의 강국으로 세계를 누비게 함을 감사합니다.

하오나!

이 나라 이 민족, 심지어 우리의 교회까지

날이 가면 갈수록

물질만능의 파도에 휩싸여 하나님이 원하시는 길을

벗어나고 있습니다.

이 나라 이 민족이 가장 어려운 형편에 직면해 있습니다.

안보와 경제와 윤리도덕이 무너지고 교회가 시들어 가고 있습니다.

오! 하나님!
하나님의 영광을 위하여
이 나라를 구원하소서.
이 민족을 버리시지 마옵소서.
이 나라를 살려주소서.
주님의 몸 된 교회를 소생시키소서.
우리의 주님이시요 그리스도이신 예수님의 이름으로 기도하옵나
이다. 아멘.

2016년 제101회 총회 경건회

네 형제와 싸우지 말라

본문: 열왕기상 12:16-30
주제: 분열과 전쟁

서론

이 한반도의 남과 북의 온 국민이 조국의 통일을 염원하는 애창곡이 여기 있습니다.

우리의 소원은 통일

꿈에도 소원은 통일

이 정성 다해서 통일

통일을 이루자

이 겨레 살리는 통일

이 나라 찾는데 통일

통일이여 어서 오라

통일이여 오라

이 노랫말에서 표출되는 이 민족의 통일을 향한 간절한 소망과 겨레의 의지는 우리의 심금을 울리고 있습니다. 평창올림픽 때 북한의 예술단이 이 노래를 남쪽에서 함께 부를 때나, 우리의 예술단이 북쪽에서 함께 부를 때 모두가 눈시울이 뜨거워졌습니다.

이 아침도 우리 하나님이 이 민족이 갈망하는 통일의 소원을 언제 어떻게 들어주실지 학수고대합니다.

본문 접근과 재경청

오늘의 본문은 솔로몬의 아들 르호보암 때에 나라가 두 동강이 난 원인과 결과를 상세하게 밀하고 있습니다.

하나님의 은혜로 부와 권세를 누렸던 솔로몬은 하나님께서 금지하셨던 명령을 외면하였습니다. 예를 들어, 하나님이 금지하셨던 이방 여인들과의 결혼(참조, 신 7:1-3)에 정신을 잃었습니다. 왕후 700명과 첩 300명을 둘 정도였습니다. 이는 이방여인들이 자기 나라에서 섬기던 각종 우상들을 가져와 섬기는 데 솔로몬이 함께 했습니다. 솔로몬은 나이가 들면서 아예 예루살렘 앞산에 산당을 지어 우상 신들을 섬기는 무서운 죄를 범하고 있었습니다.

하나님께서 그렇게도 좋아하시던 솔로몬의 성전이었지만 하나님의 경고를 어긴 죄는 용납지 않았습니다. 약속대로 솔로몬 때는 벌을 주지 않으시고, 그 아들 르호보암 때 징벌의 채찍을 드셨습니다.

솔로몬의 뒤를 이은 르호보암이 왕이 되자 다윗 왕 때부터 있어 왔던 남북 간의 갈등이 걱정되었습니다. 그래서 르호보암은 즉위식을 유서 깊은 언약의 중심지인 세겜에서 가졌습니다. 거기에는 북이스라엘 사람들의 지지를 얻고자 하는 의도가 다분했습니다. 북이스라엘 사람들은 그동안 성전건축에 시달렸기에 여로보암을 앞장세워 세금 감면을 르호보암 왕에게 청원하였습니다. 그러자 르호보암은 3일 간 생각할 여유를 달라고 했습니다.

왕은 먼저 솔로몬의 생전에 봉직했던 원로들에게 자문을 구했습니다. 원로들은 백성들의 요구를 수용하여 세금을 경감시키는 것이 마땅하다는 조언을 했습니다. 이어 왕은 자기 또래의 소년원에 자문을 구했습니다. 그들의 대답은 원로들과는 반대로 백성들에게 더 무거운 멍에를 지우는 것이 좋다는 조언을 했습니다. 왕은 이 소년원의 조언대로 백성들의 세금경감 청원을 외면하고 더 가중시키겠다는 답을 합니다.

이 같은 르호보암의 결정에 백성들은 분노하였습니다. 유다 지파를 제외한 10지파는 12지파 연합에서 탈퇴하여 여로보암을 왕으로 추대하였습니다. 르호보암을 향한 분노가 심상치 않자 르호보암은 남쪽의 예루살렘으로 도망치게 되었습니다. 결국 이스라엘은 남과 북으로 갈라졌습니다(왕상 11:13).

예루살렘으로 돌아온 르호보암은 유다와 베냐민 지파에서 18만 명의 정예병을 소집하고 전쟁을 일으켜 이스라엘 북쪽 지파들을 장악하려고 했습니다. 그러나 하나님은 예언자 스마야를 통하여 "너희들은 비록 남과 북으로 분열되어 있지만 한 민족이다. 싸우지 말고 집으로 돌아가라"고 말씀하셨습니다. 그들은 이 말씀에 순종하여 모두 귀향하였습니다.

주제 부상과 정황의 비교

다툼과 분열에 의하여 발생된 전쟁은 인류가 끊임없이 겪어왔습니다. 자신들의 이권을 챙기기 위해서, 또는 국토를 넓히기 위해서, 또는 자신들의 권력 유지를 위해서 으르렁거리는 현상은 다툼과 분열을 초래합니다. 그 분열이 가속되었을 때는 전쟁이라는 극단적인 수단을 사용합니다.

우리 민족의 역사는 이스라엘을 가장 많이 닮아 있습니다. 이스라엘 민족의 역사와 우리 한민족의 역사를 비교하고 문화적인 유사성을 연구하는 신학자들을 종종 봅니다.

이스라엘 민족은 하나님의 선민이었으나 그들의 5천 년의 역사는 파란만장한 대행진이었습니다. 민족 전체가 노예로 살기도 했고, 광야 40년의 유랑생활을 하기도 했습니다. 그러나 하나님의 섭리 속에서 그들은 분열의 상처와 나라 없는 아픔 속에서도 하나님의 도우심으로 역사를 이어갔습니다. 1948년 이스라엘이 독립을 선언하고 다윗 벤구리온 총리가 초대총리가 되었습니다. 그는 시온니스트로서 하나님의 법도를 따르는 원칙을 세우고 나라의 기틀을 잡아 오늘에 이르게 했습니다.

세계에서 유일하게 단일민족으로 분류되는 우리 한민족 역시 수천 년의 역사가 순탄하지 않았습니다. 거대한 중국의 갖은 침략과 일본의 제국주의에 의한 민족 말살정책에 이르기까지 상처가 가득한 민족입니다. 하나님의 섭리로 우리나라는 1945년 독립을 선언하였습니다.

신앙적으로 이스라엘은 유대교라는 그들만의 신앙을 유지하면서 예수님을 메시아로 인정하지 않고 지금까지 하나님께서 보낼 메시아를 기다리고 있습니다. 이에 반해 한반도에서는 예수님을 메시아로 영접하고 100년의 짧은 역사지만 기독교 박해국가에서 세계 제2의 선교사 파송국가로 살고 있습니다.

이스라엘은 이제 남북 분열왕국의 흔적 없이 단일국가로서 그 기틀을 튼튼히 잡아가는데, 우리나라는 광복이 오기가 무섭게 남과 북으로 분열의 선을 그었습니다. 남한에서는 이승만 초대대통령이 이스라엘의 초대총리처럼 하나님을 의지하는 신앙으로 대한민국을 세웠고, 첫

국회도 하나님께 감사의 기도를 드리면서 개회를 하였습니다. 그리고 세계 선교의 기적이라고 할 정도로 교회는 성장하였고, 기독교가 이 민족의 구석구석에 영향을 끼치게 되었습니다.

그러나 북한에서는 여로보암의 북왕국의 모습을 재현하면서 지난 70년을 지내왔습니다. 북한은 김일성을 신격화하여 '최고의 존엄'이라 부르면서 그 아들 김정일까지 숭배의 대상으로 합니다. 그들의 동상이 북한에 3만 8,000여 개가 세워져 있습니다. 평양에 내려 그들이 안내하는 코스를 따라가노라면 김일성과 그의 사상이 하나님을 대신하고 있음을 아주 쉽게 발견하게 됩니다. 철저히 하나님과는 거리가 먼 여로보암의 북왕국의 재판입니다.

본 메시지가 필요한 오늘

오늘 우리에게 주신 말씀은 대한민국의 백성들에게는 매우 소중한 메시지입니다.

분열과 상처와 전쟁으로 얼룩졌던 솔로몬 이후의 이스라엘 역사를 통하여 하나님이 21세기의 한반도에 어떤 섭리와 명령을 내리시는지를 경청하는 특별한 시간입니다.

이 메시지가 필요한 이유는 우리의 남과 북의 정상이 오는 27일 판문점에서 세계에 중계를 하면서 만나게 되기 때문입니다. 지난 연말만 해도 핵미사일과 수수폭탄이 금방이라도 이 땅에서 발사되어 전쟁의 위험이 목전에 있는 듯 불안했던 한반도가, 평창 동계올림픽을 통하여 갑작스럽게 평화의 무드로 변하였습니다. 마침내 남과 북의 두 정상이 만나고 이어서 북한과 미국의 정상이 만나게 된다는 사실은 참으로 믿어지지 않습니다.

이때 우리나라와 같은 정황에 있었던 이스라엘에 하나님이 무엇을 어떻게 경고하시고 그 결과는 어떠했는지 귀를 기울여야 하겠습니다.

본론

1. 하나님은 하나님의 경고를 외면했을 때 가혹한 채찍을 드셨습니다.

〈선포〉

"만일 너희나 너희의 자손이 아주 돌아서서 나를 따르지 아니하며 내가 너희 앞에 둔 나의 계명과 법도를 지키지 아니하고 가서 다른 신을 섬겨 그것을 경배하면 내가 이스라엘을 내가 그들에게 준 땅에서 끊어 버릴 것이요 내 이름을 위하여 내가 거룩하게 구별한 이 성전이라도 내 앞에서 던져버리리니…"(왕상 9:6-7).

〈해석〉

하나님은 솔로몬이 성전건축의 대역사를 마칠 때 무척 만족해하셨습니다. 그리고 매우 의미심장한 말씀을 솔로몬에게 하십니다.

"… 네가 세운 이 전을 성별하여 영원히 나의 것으로 삼으리니 장차 내 눈과 내 마음을 영원히 그곳에 두리라"(왕상 9:3, 공동번역).

얼마나 존귀한 말씀입니까? 하나님의 눈과 귀와 마음을 아름답게 건축한 성전에 두시겠다는 약속은 참으로 귀하고 귀한 말씀이었습니다.

하나님은 이 좋은 약속을 하시면서 준엄한 경고를 잊지 않으십니다. 미래를 생각하시면서 주시는 사랑의 경고이며, 엄격한 하나님의 속성을 밝히시는 말씀이었습니다.

> "만일 너나 너의 자손이 나를 따르지 아니하고 등을 돌리거나 내가 너에게 일러준 명령과 법을 지키지 아니하고 다른 신을 받들어 섬기거나 예배하면 나는 내가 준 땅에서 이스라엘을 끊을 것이고, 성별하여 나의 것으로 삼은 이 전을 내 앞에서 버릴 것이다"(왕상 9:6-7, 공동번역).

하나님이 제일 싫어하시는 것이 무엇이라고 생각하십니까? 하나님이 밝히신 대로 하나님의 명령과 법을 지키지 않는 일입니다. 그 중에서도 십계명의 첫 번째, 두 번째 계명입니다.

> 제 일은 "너는 나 외에는 다른 신들을 네게 두지 말라"(출 20:3).
> 제 이는 "너를 위하여 새긴 우상을 만들지 말고 또 위로 하늘에 있는 것이나 아래로 땅에 있는 것이나 땅 아래 물 속에 있는 것의 어떤 형상도 만들지. 말며 그것들에게 절하지 말며 그것들을 섬기지 말라"(출 20:4-5a).

아무리 지혜의 왕으로 명성을 떨쳤고 부귀영화를 누리는 왕이라 할지라도 하나님의 경고를 외면하고 죄악을 행하면 하나님이 떠나십니다. 그리고 멸망이라는 하나님의 심판만이 그 앞에 전개됩니다. 이 사실은 솔로몬의 부귀영화도 물거품에 지나지 않음을 보여줍니다.

〈적용〉

하나님의 계명과 법도를 떠난 북한의 공산주의자들의 탈선은 극심합니다. 3만 8천 개의 김일성, 김정일의 동상을 만들고 그 앞에 엎드려 경배하게 하는 탈선이 극에 달했습니다.

평양의 김일성 시신 앞에 경배하는 모습이나, 정교하게 그림을 그려 놓고 그 앞에서 무릎을 꿇게 하는 모습, 동상마다 그 앞에서 꽃을 바치고 묵념을 하는 행위는 하나님의 진노를 불러오는 가장 큰 요인입니다.

여로보암이 하나님을 외면하고 우상을 섬기는 행위는 하나님의 진노의 대상이 되었고, 돌이킬 수 없는 폐망의 길을 걷게 되었습니다. 북한이 직면한 가장 시급한 문제는 핵보유국이 되는 것이 아니라, 하나님의 법도와 규례를 철저히 따르는 나라가 되어야 한다는 사실입니다. 죽은 인간을 하나님의 위치에 놓고 경배하도록 하는 행위는 결단코 하나님의 용서를 받을 수 없습니다. 핵무기의 개발이 아무리 높은 수준에 도달했다 하더라도 하나님의 법도와 계율을 짓밟고 나아가는 무리는 시간이 가면 갈수록 폐망의 길을 걷게 됩니다.

우리의 삶도 마찬가지입니다. 하나님의 영광을 최우선으로 하지 않는 삶은 언제나 사탄의 마수에 의하여 흔들립니다. 죄악의 함정에 빠지게 됩니다. 멸망의 포구에 다다르게 됩니다. 하나님은 매우 중요한 사실을 이 시간 우리에게 보여주십니다.

여로보암이 열 지파를 거느리고 북왕국을 세웠으나 하나님의 법도를 무시하고 우상을 만들어 경배하게 했을 때 영원한 멸망으로 그들의 종말을 맞이하게 했습니다. 르호보암은 비록 두 지파라는 소수를 가지고 남왕국을 유지했으나 하나님의 명령과 계율을 지키기로 노력했기에 하나님의 보호를 받아 오늘에 이르게 되었습니다.

북한이 살 길은 하나님을 두려워하고, 모든 우상을 버리고 하나님의 보호를 받는 일입니다. 하나님을 외면한 공산주의자들의 진실은 위장된 것들이 너무 많았습니다. 비록 통일에 갈급한 우리 민족이지만, 우리는 통일의 노래를 부르기 전에 북한의 집권자들이 하나님 앞에 돌아오게 해달라는 기도를 먼저 해야 합니다.

2. 하나님은 '혈육인 네 형제와 싸우지 말라'고 명하셨습니다.

〈선포〉

"르호보암이 예루살렘에 이르러 유다 온 족속과 베냐민 지파를 모으니 택한 용사가 십팔만 명이라 이스라엘 족속과 싸워 나라를 회복하여 솔로몬의 아들 르호보암에게 돌리려 하더니 하나님의 말씀이 하나님의 사람 스마야에게 임하여 이르시되 솔로몬의 아들 유다 왕 르호보암과 유다와 베냐민 온 족속과 또 그 남은 백성에게 말하여 이르기를 여호와의 말씀이 너희는 올라가지 말라 너희 형제 이스라엘 자손과 싸우지 말고 각기 집으로 돌아가라 이 일이 나로 말미암아 난 것이라 하셨다 하라 하신지라 그들이 여호와의 말씀을 듣고 그 말씀을 따라 돌아갔더라"(21-24절).

〈해석〉

르호보암이 예루살렘에 돌아와 생각하니 여로보암과 그를 추종한 10지파의 행위는 어이없는 일이었습니다. 생각할수록 분노가 치밀어

올랐습니다. 그래서 자기를 따르는 유다와 베냐민 지파 가운데서 18만 명의 정예병을 소집하고 전쟁을 일으켜 이스라엘 북쪽 지파들을 장악하려고 했습니다. 그때 하나님은 말씀하십니다.

"너희는 너희 형제 이스라엘 사람들과 싸우러 가지 말고 모두 집으로
돌아가거라. 일이 이렇게 된 것은 내 뜻이었다"(24절, 현대인의 성경).

그래서 그들은 여호와의 말씀에 순종하여 모두 집으로 돌아갔습니다.

여기서 두 가지의 사실을 깨닫게 됩니다.

하나는, 하나님은 남과 북의 분열이 일찍부터 솔로몬에게 주었던 경고의 결과임을 다시 상기시키고 있습니다. 솔로몬이 다른 신을 섬기고 거기에 경배하면 오늘과 같은 비극을 줄 것이라는 하나님의 경고가 현실화 되고 있음을 밝히셨습니다.

둘째는, 북왕국의 행위가 아무리 잘못되었다고 하더라도 그 백성은 이스라엘 동족이기에 쳐들어가 싸우는 것은 합당한 일이 아니라는 것을 가르쳐 주십니다. 하나님은 동족끼리 살생의 행위를 원치 않으시기에 그러한 싸움은 허락하시지 않았습니다. 하나님의 경고의 결과를 가지고 전쟁으로 발전되는 비극을 금하시고, 모두 집으로 돌아가라는 명을 하셨습니다.

〈적용〉

이 가르침은 바로 오늘 우리 한반도의 남과 북의 위정자들이 경청해

야 할 중요한 메시지입니다. 우리 민족은 세계에서도 보기 드물 정도로 단일민족으로 반만년의 역사를 이어왔습니다. 그런데 남과 북은 6·25 이후 서로 미워하고 적대시하는 정책을 고수해 왔습니다. 김일성-김정일-김정은으로 이어지는 세습 독재정권의 나쁜 부분만 보도하면서 우리는 살아왔습니다. 그 결과 김정은은 지난 6년 동안 천하에 몹쓸 망나니 독재자의 대표주자로 인식되어 왔습니다. 북한 역시 우리의 우방 미국을 철천지원수로 보도하면서 남한은 미국의 식민지처럼 보도하고 우리의 못된 것만 보도를 하는 웃지 못할 비극의 연출이 양측에서 진행되었습니다.

그런데 지난 2월의 평창 올림픽을 기점으로 하여 최근에 이르러 믿지 못할 상황들이 속속 전개되고 있습니다. 올림픽 때 북한의 통치자가 평창의 올림픽을 적극 칭찬하고, 축하를 겸한 특사들을 파송하더니 마침내는 이번 주 27일 금요일에는 남북의 정상이 판문점에서 만나고, 이어서 한 달 후에는 북한의 김정은과 미국의 트럼프가 만나 평화를 이야기하는 극적인 장면이 연출됩니다.

김정은은 한발 앞서서 엊그제 20일에 노동당 중앙위원회의를 개최하고 "4월 21일부터 핵실험과 대륙간 탄도로켓(ICBM) 시험발사 중지"를 결정하고, "핵실험 중지를 투명성 있게 담보하기 위하여 공화국 북부 핵실험장을 폐기할 것이다"라고 선언했습니다. 뿐만 아니라 많은 매체들은 북미 정상회담에서는 휴전협정이 폐기되고 평화협정이 체결될 것이라고 보도하고 있습니다. 미국은 북한 정권의 인권문제까지 언급하게 될 것이라는 예상을 합니다.

벌써부터 6·25 전쟁 정전협정 당사국인 미국과 중국이 종전선언을 공개적으로 지지하고 나섰습니다.

참으로 급변하는 변화입니다. 이것이 꿈인가, 생시인가 하는 혼란을 가져옵니다. 우리 주님께서 한반도의 통일을 위한 운전대를 잡으신 듯싶습니다. 촛불 혁명에서 오늘의 갑작스러운 변화는 모두가 상상을 못한 일이었습니다.

하나님이 김정은에게 오늘의 본문말씀대로 다음과 같은 계시를 보여주시기를 기도합니다.

> 남한과 북한의 국민은 동일한 민족이다. 형제자매이니 전쟁의 망상은 버리고 집으로 돌아가 경제를 살리고, 인권을 회복하고, 하나님의 경고와 명령을 준행하는 데 네 힘을 다하여라. 그리고 통일의 대업을 이룩하는 데 큰 기틀을 마련하여라.

김정은이 절대독재자로서 자기의 이익을 챙기는 집권자가 아니라, 민족의 통일을 가져오는 도구로 쓰임 받게 해달라는 기도가 필요한 시점입니다. 이제는 하나님의 말씀대로 우리 동족끼리의 증오와 싸움과 피 흘림을 멈추어야 합니다. 불안과 고통과 아픔과 좌절이 사라진 우리의 조국이 되어야 합니다. 평화의 동산으로 한반도가 우리의 집 곧 스위트 홈(sweet home)이 되어야 합니다.

3. 하나님은 예배우등생이 남과 북에 가득하여 예배공동체가 이룩되기를 원하십니다.

<선포>

"네가 만일 네 아버지 다윗이 행함 같이 마음을 온전히 하고 바르게 하여 내 앞에서 행하며 내가 네게 명령한 대로 온갖 일에 순종하여 내 법도와 율례를 지키면 내가 네 아버지 다윗에게 말하기를 이스라엘의 왕위에 오를 사람이 네게서 끊어지지 아니하리라 한 대로 네 이스라엘의 왕위를 영원히 견고하게 하려니와"(왕상 9:4-5).

<해석>

하나님은 솔로몬에게 간절한 부탁을 하십니다.

첫째, 네 아비 다윗처럼 충성스런 마음으로 내 앞에서 바르게 살아라.
둘째, 내가 일러준 모든 계명을 지켜 나가거라.
셋째, 내 법과 의식을 잘 따르라. 네가 이러한 나의 명을 잘 수행하면 너의 왕좌를 영원히 지켜주리라.

하나님이 우리에게 가장 으뜸가는 명령으로 따르라고 하실 항목이 무엇입니까?

랍비들은 하나님이 내린 율법의 항목이 613개라고 합니다. 모두 다 중요하게 보이지만, 그 중에 무엇이 가장 중요한지 많은 사람들이 늘 의문을 제기하였습니다.

예수님께서 한참 복음을 전하고 있을 때 어느 한 율법사가 예수님을 시험하려고 질문을 던집니다.

예수님, 율법 중에 어느 계명이 제일 큽니까?(마 22:36)

예수님은 거침없이 대답을 하십니다.

"…네 마음을 다하고 목숨을 다하고 뜻을 다히여 주 너의 하나님을 사랑
하라 하셨으니 이것이 크고 첫째 되는 계명이요"(마 22:37-38).

하나님이 주신 그 많은 법도와 율례 중에서 가장 으뜸가는 일이 무
엇입니까? 그것은 십계명의 첫째, 둘째, 셋째 계명에서 강조한 내용입
니다. 곧, 어떤 우상도 만들지 말고 거기에 눈길을 돌리지 말고 하나님
만을 경배하고 예배하는 일입니다.
예수님은 이 중요한 예배에 대하여 말씀하셨습니다. 수가성 우물가
에서 한 여인이 예배에 대하여 관심을 보일 때 매우 선명하게 대답을
하셨습니다.

참되게 예배를 드리는 사람들이 영과 진리로 아버지께 예배를 드릴 때
가 온다. 지금이 바로 그때이다. 아버지께서는 이렇게 예배를 드리는 사
람들을 찾고 계신다(요 4:23).

이 말씀에서 하나님의 우선적인 관심은 무엇보다도 예배에 있다는
말씀입니다. 그리고 하나님은 지금도 쉼 없이 하나님의 마음에 합당하
게 예배드리는 예배우등생을 찾으신다는 뜻입니다.

〈적용〉

하나님을 외면하고 그 계명과 법도를 따르지 않은 여로보암의 종말은 비참했습니다. 하나님을 예배하는 흔적이 사라지고 절대독재의 폭정만이 난무했습니다. 이때 하나님은 그들을 외면하셨습니다. 즉, 하나님을 향한 예배가 없는 곳은 슬픈 종말을 맞게 된다는 엄격한 교훈이었습니다. 하나님 앞에 마음을 온전히 하고 바르게 서지 못했을 때 하나님은 멀어집니다. 하나님이 떠난 세계는 죄악이 춤을 춥니다. 인간 중심의 각종 부정부패가 그 사회를 점령합니다. 하나님이 명령하신 법도와 율례를 지키며 예배하는 삶을 이어가지 못할 때, 그 개인과 사회와 국가는 하나님의 보호를 받지 못합니다. 마지막에는 슬픈 패배를 맞게 됩니다.

1974년 무렵입니다. 유명한 내셔널 지오그래피(National Geography)는 재미동포들의 눈을 의심케 하는 사진과 기사를 보도했습니다. 내용은 김일성의 지배하에 있는 북한이 먹고사는 문제에 있어서 남한보다 앞서고 있다는 것이었습니다. 깜짝 놀랐습니다. 믿어지지 않아 한 번 더 기사를 읽었는데 그것은 사실이었습니다.

그런데 지금 그들은 세계적으로 빈곤국가에 속해 있습니다. 핵무기의 개발에 총력을 기울여 세계를 놀라게 했지만 우선 의식주의 문제가 시급한 형편입니다. 북한은 한 푼이라도 벌어보겠다고 세계의 도처에서 추한 행위를 저질러 세계의 매스컴에 심심치 않게 보도되고 있습니다. 거기에 더하여 유엔의 경제 제재의 모든 조치는 북한의 경제를 더욱 어렵게 하고 있습니다.

이 모두는 북한이 여로보암의 북왕국처럼 하나님을 예배하는 것을 엄격히 가로막고 있기 때문입니다. 대신 김일성을 우상화하고 그의 시신과 도처에 세운 그의 동상을 숭배하게 하는 행위가 일상화되어 있기 때문입니다. 이것은 하나님의 법도와 계율에 정면으로 도전하는 악한 행위로서 용서받기 힘든 죄악의 길입니다.

〈예화〉

2008년 7월 봉수교회 헌당예식에 참여할 기회가 있었습니다. "이 교회는 진짜 교회인가? 위장된 교회인가?" 하는 논란은 쉬지 않고 있습니다. 외형적으로는 우리 교회와 차이를 느끼지 못합니다. 저의 눈길은 아름다운 찬양을 하는 찬양대의 모습이었습니다. 이 찬양대는 선별되고 훈련받은 철저한 공산당원들로 구성되어 있다고들 말합니다. 외국인들에게 종교의 자유를 보여주려는 선전원들이라고 말합니다. 내 눈에는 30여 명으로 조직된 그들의 찬양은 화음이나 표정이나 감성이 진심어린 찬양으로 보였습니다. 혼자서 생각해 보았습니다. 그들이 비록 쇼적인 행위를 한다고 하더라도 그 진지한 태도와 열정으로 부지런히 찬양하다 보면 어느 때인가 필연코 자신들도 모르는 사이에 하나님의 손에 붙잡힌 도구가 되리라 예상하면서 그들을 위해 기도하고 돌아왔습니다. 종교의 자유가 공식화되는 날 북한의 도처에 숨어서 예배하는 교회가 십자가를 들고 지상으로 나와 승리의 개가를 부를 날을 속히 허락해 달라는 기도만 하고 돌아왔습니다.

북한 땅의 평양은 한때 동양의 예루살렘이라고 불릴 만큼 하나님을 예배하는 도성이었습니다. 세계교회사에 기록된 1907년의 대각성 부흥운동의 발상지도 평양입니다. 수많은 주님의 종들을 배출한 평양신학교도 그곳에 있었습니다. 끝까지 하나님을 예배하다가 순교를 당한 주님의 수많은 백성들이 피 흘린 곳이 그곳이었습니다.

하나님을 마음껏 경배하고 찬양하면서 예배할 수 있는 날이 진정한 통일을 앞당기게 됩니다. 하나님을 예배하는 것을 총칼로 가로막은 정권은 결코 승리하지 못합니다. 폐망의 길을 걷게 됩니다. 사탄의 일차적인 목표는 하나님의 자녀들이 하나님을 예배하지 못하게 하는 데 있습니다.

결론

이제는 꿈에도 소원인 통일의 길이 보일 듯싶은 일들이 일어나고 있습니다. 북한이 세계를 공포로 몰고 가던 방향을 바꾸고 있습니다. 대륙 탄도간 미사일 개발을 멈추고 핵시설을 폐기하겠다는 뜻밖의 결정을 하고 있습니다. 우리의 대통령과 오는 금요일에 만나 평화를 위한 대화를 시작합니다. 한 달 후에는 미국의 정상과 정전협정을 폐기하고 평화협정을 체결하자는 절차를 이야기하리라 예상을 하고 있습니다. 그리고 엊그제 미국은 여기에 끝나지 않고 곧 북한 백성들의 인권보호를 대화의 안건으로 하겠다는 발표를 합니다. 이 인권보호는 바로 종교생활의 자유가 함께하는 주제입니다.

여기 우리의 남한의 교회가 관망이 아니라 적극적인 태도로 빠르게 움직이는 변화에 대응을 해야 합니다. 이 대응은 우리가 경성하여 기도하면서 하나님께 매달리는 일입니다.

이 새벽 이렇게 기도했습니다.

전지전능하시고 고마우신 하나님!

우리의 옷깃을 여미고 참회의 눈물을 흘리나이다.

내 민족 내 나라 위한 기도가 짧았나이다.

용서의 손길 펴 주소서.

북녘 땅에서 이 시간도 하나님만 바라보고 눈물 흘리는 백성들

불쌍히 여기소서.

하나님을 자유롭게 예배하고 싶어 몸부림치는 그들에게

은혜를 베푸소서.

놀라운 변화의 파도가 급작스럽게 넘실거리나이다.

감사의 노래를 부를 겨를도 없이 밀려오나이다.

주님께서 함께 계시는 변화의 파도인지요?

아직 알아보기 힘들어 묻나이다.

우리의 대통령이 근시안적인 자기중심의 자세보다는

민족의 먼 장래에 초점을 맞추어 회담에 임하게 하소서.

김정은이 저지른 잘못을 깨닫게 하시고

달라진 심성의 인간이 되게 하소서.

눈을 들어 전능하신 하나님을 보게 하소서.

통일의 기틀을 마련하는 데 소중한 도구로 사용하소서.

북미회담에서 이 나라에 전쟁의 먹구름이 영원히 사라질 합의를 이

루게 하소서.

이제 남과 북이 마음껏 하나님의 법도와 궤휼을 따르게 하소서.

하나님 한 분만을 섬기고 예배하는 하나의 나라 되게 하소서.

오 하나님!

통일은 우리의 소원, 우리의 꿈이옵니다.

통일된 나라에서 하나님의 나라와 의가 세워지게 하소서.

하나님을 모시고 예배하는 우등생으로 가득하게 하소서.

세계 앞에 하나님이 세우신 제사장 나라 되게 하소서.

우리의 길이요 진리요 생명이신 우리 주님 예수님의 이름으로 기도
하나이다. 아멘.

2018. 4. 22.

한마음 한뜻

본문 : 빌립보서 2:1-11
주제 : 형제자매인 그리스도인들

서론

충청남도 대흥면 동서리에 가면 1400년대에 세워진 "예산 이성만 형제효제비(禮山李成萬兄弟孝悌碑)"가 있습니다. 고려시대 부모에 대한 효성이 지극한 이성만과 이순(李順) 형제의 행적을 기리기 위함인데 그 이야기는 다음과 같습니다.

부모님이 세상을 떠난 다음에 이 형제는 한 마을에 살면서 형제간의 우애가 지극하여 아침에는 형이 아우의 집으로 가고 저녁에는 아우가 형의 집으로 가서 아침밥과 저녁밥을 같이 먹었고, 한 가지 음식이 생겨도 형제가 함께 있지 않으면 먹지 않았다고 합니다.

어느 가을밤에 있었던 일입니다. 형님은 동생을 생각합니다. '나보다 전답을 더 적게 상속을 받았는데 어린 것들과 먹고살기에 힘이 들겠지' 하면서 아무도 몰래 볏단을 한 짐 잔뜩 지고 동생의 논으로 가서 거기 볏단에 함께 놓아두었습니다.

동생은 동생대로 형님을 생각합니다. '내 형님께서 장손으로 부모님 제사와 기타 가문의 책임 때문에 더 많은 경비가 들텐데…. 형님 몰래 볏단을 한 짐 가져다 드려야지' 하면서 형님 논에 볏단을 갖다 놓습니다. 날이 새고 논에 나간 두 형제는 어리둥절합니다. 분명히 지난밤에 볏단을 지고 가서 놓아두고 왔는데 그 빈자리가 다 채워져 있음에 이상함을 느낍니다. 해가 저물어 밤이 되자 아무도 몰래 형은 형대로, 동생은 동생대로 볏단을 한 짐씩 지고 형의 논에, 아우의 논에 가서 내려놓고 옵니다. 날이 밝아서 유심히 보니 여전히 빈자리가 채워져 있습니다. 참 이상합니다. 그 형과 동생은 빈자리에 채워진 볏단을 며칠 밤을 계속하여 형님 논에, 동생 논에 갖다 놓는 작업을 계속했습니다. 어느 날 밤, 형이 논두렁길을 걸어서 한 짐을 잔뜩 지고 가는데 저쪽에서 어느 한 사람이 한 짐 잔뜩 지고 이쪽 방향으로 오는 것이 보였습니다. 서로 가까이 가서 마주하고 보니 형님과 동생이었습니다. 그때 두 형제는 볏단을 내려놓고 목을 껴안고 사랑하는 형제지간의 따뜻한 마음씨를 확인하면서 눈물을 흘렸습니다.

형은 말합니다. "동생! 나는 자네보다 형편이 더 좋고 여유가 있지 않은가? 이게 무슨 짓인가?" 동생 역시 말합니다. "저는 식구도 아직 적고 단출한 생활이지만 형님은 장손으로 부모님 제사를 비롯하여 얼마나 많이 쓰시는데 이게 무슨 일입니까?" 아름다운 두 형제의 따뜻한 마음씨와 숨은 정이 확인된 귀한 이야기입니다.

이러한 모습은 현대인의 삶 속에서 찾기가 매우 힘이 들지만 초대교회에서는 쉽게 발견할 수 있는 일이었습니다. 그리스도교가 출발하면서 가장 강조한 것이 바로 이러한 따뜻한 마음씨와 서로를 사랑하고 아끼는 모습이며, 이것이 일차적인 행동강령이었습니다.

본문 접근과 재경청

오늘 우리에게 주신 본문말씀은 로마의 감옥에 바울이 갇혀 있을 때 그를 통하여 빌립보 교회에 주신 하나님의 말씀입니다.

빌립보 교회는 유럽에서는 맨 먼저 세워진 교회로서 인간성이 좋고 돈독한 믿음을 가진 성도들이 모인 교회였습니다. 바울은 감옥에 갇힌 몸으로 언제 재판을 받고 죽을지 알 수 없는 몸이었습니다. 죽음을 앞둔 감옥 생활에서 그는 인간적으로 아무런 희망이 없었습니다. 그러나 그는 그 감옥에서 십자가의 도를 님달리 깨닫고 하나님과 영적인 교류를 쉬지 않고 생명을 이어갔습니다. 그는 십자가를 지신 예수 그리스도를 통하여 새롭게 발견한 하나님의 사랑을 깊이 깨달았습니다. 하나님이 바울을 통하여 빌립보 교회에 보낸 교훈은 4장에 불과한 짤막한 서신서였습니다. 그런데 이 짧은 빌립보서를 자세히 읽고 묵상하다 보면 놀라운 사실이 발견됩니다. 그것은 즐거움, 기쁨, 감사, 만족, 평화라는 단어가 20회 이상이나 등장하고 있다는 사실입니다.

하나님이 바울을 통하여 주신 이 말씀을 좀 더 쉬운 오늘의 언어로 옮긴 현대인의 성경으로 다시 경청하십시다.

"그리스도 안에서 여러분은 서로 격려하고 있습니까? 그리스도의 사랑으로 서로 위로하며 성령으로 교제하고 있습니까? 그리고 서로 친절과 동정을 베풀고 있습니까? 그렇다면 한마음 한뜻으로 같은 사랑을 가지고 하나가 되어 내 기쁨을 충만하게 하십시오. 무슨 일이든지 다툼이나 허영으로 하지 말고 겸손한 마음으로 자기보다 남을 낮게 여기며 자기 이익만 생각하지 말고 남의 이익도 생각하십시오. 여러분은 그리스도 예수님과 같은 태도를 가지십시오. 그분은 원래 하나님의 모습을 지니고 계셨지만 하나님과 동등하게 되려고 생각하지 않으시고 오히려 자기의 모든 특권을 버리시고 종의 모습으로 사람들과 같이 되어 사람의 모양으로 나타나셨으며 자기를 낮추시고 십자가에 달려 죽기까지 순종하셨습니다. 그러므로 하나님은 그분을 최고로 높여 모든 이름 위에 뛰어난 이름을 주셔서 하늘과 땅과 땅 아래 있는 자들이 모두 예수님의 이름에 무릎을 꿇게 하시고 모든 사람이 예수 그리스도를 주님이라고 고백하여 하나님 아버지께 영광을 돌리게 하셨습니다"(빌 2:1-11).

주제 부상

서로 서로 사랑하고 서로 마음을 열고 합쳐서 한마음과 한 생각과 한 목적을 가지고 일하라는 말씀은 분열과 싸움과 저주로 가득한 이 시대와 이 땅 위에 참으로 필요한 말씀입니다.

자기 본위가 되거나 남에게 과장된 행동을 하지 말고 겸손하게 되어 남을 자기보다 높이 여기라는 말씀 역시 멸시와 천대와 차별대우로 얼룩진 우리의 가슴을 파고드는 말씀입니다.

뿐만 아니라 자기 이익만을 추구하지 말고 남에게도 눈을 돌려 그들이 하는 일에도 관심을 가지라는 말씀은 개인과 집단의 이기주의가 편만하여 사회를 메마르게 하고 있는 오늘에 필수적인 말씀입니다.

그 중에서도 다음의 말씀은 양심과 인격과 도덕의 기준을 상실한 현대인들에게 가장 적절한 표준을 제시한 말씀입니다.

"너희 안에 이 마음을 품으라 곧 그리스도 예수의 마음이니"(빌 2:5).

주제 정의

한마음! 이것은 어느 가정이나 교회나 사회에서 다 필요한 명제입니다. 그러나 여기서의 한마음이란 선하지 못한 일에 매력을 느낀 사람들이 한마음이 되어 움직이는 것을 말하지 않습니다. 여기서의 한마음이란 권력이나 금권을 쟁취하기 위해 짜고 죄를 범하는 것을 말하는 것은 물론 아닙니다.

여기서의 한마음 한뜻이란 하나님의 형상을 지키려고 몸부림치는 그의 자녀들이 모여서, 우리 주님 예수님께서 가르치신 말씀과 보여주신 희생과 사랑과 고귀한 뜻에 한마음이 된다는 뜻입니다.

주제의 필요성-오늘의 현장

앞에서 언급한 의좋은 형제의 아름다운 이야기는 초등학교 국어시간에 감명 깊게 읽고 그러한 형과 아우가 되어보겠다고 마음먹고 자란 우리 모두의 모습입니다. 그런데 우리의 사회에는 그러한 의좋은 형과 아우는 보이지 않습니다. 오히려 시기와 분쟁과 경멸과 비난과 상처만을 안겨주는 현실입니다. 하나님의 나라와 의를 실현해야 할 교회마저 서로가 비방과 분열로 얼룩지고 있습니다.

어디에서 의좋은 형제들이 볏단을 지고 형을 위하여, 아우를 위하여 고요한 달밤을 지새우는 풍경을 볼 수 있습니까? 그러한 삶의 철학을 명령하는 곳은 진정 보이지 않습니다. 만약 우리의 귀에 따뜻한 정과 사랑을 나누면서 한마음 한뜻으로 의좋은 삶의 세계를 창조하라는 명령이 사라진다면, 오늘의 그리스도인들이 십자가를 지신 주님을 쳐다보면서 에덴동산을 만들라는 명령을 들을 수 없다면, 그것은 바로 어둡고 삭막하고 살벌한 세계로 몰락됩니다.

말세가 다가온 징조가 여기저기서 보입니다. 둘이 하나가 되는 일은 보이지 않고 하나가 둘이 되는 분열과 고통의 함성이 여기저기서 들려옵니다. 우리의 교단도 어느 대형교회의 계승문제를 두고 총회의 분위기가 심상치 않습니다. 총회 때마다 교회가 하나 되지 못하여 상소한 고소고발이 수십 건에 이릅니다. 다음주에 열리는 우리 교단의 총회가 어떻게 전개될지 초미의 관심거리가 되었습니다. 우리의 한국교회가 교회다운 교회의 모습을 갖추어야 할 시점이 바로 지금입니다.

주제의 실천 방안

어떻게 해야 하나님이 기뻐하시는 교회다운 교회의 모습과 내용을 지탱할 수 있습니까?

1. 하나님은 교회가 하나가 되어야 함을 명령하십니다.

〈선포〉

"그리스도 안에서 여러분은 서로 격려하고 있습니까? 그리스도의 사랑으로 서로 위로하며 성령으로 교제하고 있습니까? 그리고 서로 친절과 동정을 베풀고 있습니까? 그렇다면 한마음 한뜻으로 같은 사랑을 가지고 하나가 되어…"(1-2절).

〈해석〉

하나가 되기 위해서는 먼저 해결해야 할 것이 있습니다. 먼저는 따뜻한 격려가 오고가야 합니다. 둘째는 그 요건이 그리스도의 사랑으로 서로 위로해야 하고, 셋째는 성령님 안에서 교제가 있어야 하고, 넷째는 서로가 친절과 동정을 베풀어야 한다는 선결조건을 제시하고 있습니다.

여기 나오는 격려라는 원어는 '파라클레시스'인데 애원, 충고, 위로, 간청 등의 의미를 가지고 있습니다. 두 번째의 사랑은 우리가 잘 아는 '아가페' 사랑을 말합니다. 세 번째의 교제는 '코이노니아'라는 용어를 사용했는데 '상호교류', '우정', '공동체'의 뜻 을 가지고 있습니다. 네 번째는 긍휼과 자비인데 곧 친절과 동정심이 가득한 사랑을 나타내야 한다는 뜻입니다.

그럴 때 진정한 의미에서 하나 되는 이상향이 우리 앞에 전개된다는 뜻입니다.

〈적용〉

우리가 사는 사회는 사분오열되어 있습니다. 어디서도 한마음 한뜻을 가지고 오순도순 살아가는 모습을 찾아보기 힘듭니다. 이러한 풍조가 우리의 교회에까지 침투한다면 그것은 참으로 암담한 일입니다.

그런데 하나님은 오늘도 우리에게 명령하십니다.

마음을 같이하여 같은 사랑을 가지고 하나가 되어라(2절).

마음을 같이한다는 것은 매우 어려운 일입니다. 사전에서는 마음의 뜻을 "사람이 다른 사람이나 사물에 대하여 감정이나 의지, 생각 따위를 느끼거나 일으키는 작용이나 태도"라고 합니다. 사람마다 생각하는 구조가 다릅니다. 판단이 다릅니다. 어떻게 각각 다른 생각 다른 마음이 하나가 될 수 있습니까?

너와 나의 마음이 하나 되기에는 너무나 거리가 멉니다. 길이 험합니다. 그래서 그 하나 되는 기준을 설정해야 하는데 그것이 바로 예수님의 마음이라고 하나님은 오늘의 본문을 통하여 말씀하십니다.

여러분은 훌륭한 일을 하셨습니다. 새 성전을 마련하고 새로운 출발이라는 거대한 발길을 내딛었습니다. 그러나 뜻밖에 담임목회자의 심신의 건강이 온전하지 못하여 여러분은 암초에 부딪친 느낌입니다. 이때마다 교회는 흔들립니다. 지도자는 언제나 정신적으로나 육체적으로나 건강해야 합니다. 그래서 대통령은 그 몸이 아파도 아프다는 말을 못하고 임기 동안 언제나 건강한 모습만 보입니다.

이제는 여러분에게 훨씬 무거운 책임이 주어졌습니다. 이제는 어제보다 훨씬 더 많은 땀과 눈물을 흘려 예수님의 마음을 읽을 수 있어야 합니다. 예수님의 마음을 우리의 마음으로 내세우는 참으로 어려운 일을 이제부터 시작해야 합니다.

마음이란 사람이 "사물의 옳고 그름이나 좋고 나쁨을 판단하는 심리나 심성의 바탕"입니다. 사람에 따라 그 옳고 그름의 판단이 다릅니다. 나의 판단과 이해가 기준이 될 때 상대의 마음과 하나가 될 길이 없습니다. 그러기에 앞으로 이 교회는 이 아름답고 흔들림 없는 공동체 연합의 결실을 맺기 위해서는 예수님의 마음에 모든 것의 기준을 두어야 합니다.

오늘의 말씀대로 서로간에 따뜻한 위로와 격려의 꽃을 피워야 합니다. 예수님이 십자가 위에서 보여주신 그 놀라운 사랑의 모습이 보여야 합니다. 오늘도 화평 속에 하나 됨을 간절히 원하시는 성령님 안에서 막힘없는 교제가 이루어져야 합니다. 나에게 있는 최선의 친절과 동정이 우러나야 합니다.

그럴 때 우리는 하나님이 원하시는 하나 된 예배공동체로 묶이게 됩니다.

2. 하나님은 오늘의 말씀을 통하여 동일한 사랑을 가지고 다툼이나 허영이 침투하지 못하게 명령하십니다.

〈선포〉

너희가 "마음을 같이하며 같은 사랑을 가지고 뜻을 합하며 한마음을 품어 아무 일에든지 다툼이나 허영으로 하지 말고 오직 겸손한 마음으로 각각 자기보다 남을 낫게 여기고 각각 자기 일을 돌볼 뿐더러 또한 각각 다른 사람들의 일을 돌보라"(2-4a절).

〈해석〉

본문은 한마음을 품어 하나가 되는 과정에 가장 걸림돌이 되는 것으로 우리가 범하기 쉬운 다툼이나 허영을 꼽고 있습니다. 여기 나오는 다툼 '에리데이아'라는 말은 음모, 당파 싸움, 계략과 같은 의미를 가지고 있습니다. 그리고 허영 '케노독시아'라는 말은 헛된 영광, 사실무근, 공허한 자랑, 판단착오와 같은 의미를 가지고 있습니다. 하나님은 주님의 몸 된 교회가 다툼이나 허영이 가득하여 하나 되지 못함에 깊은 관심을 기울이고 계십니다. 이 거침돌이 우리가 하나가 되는 데 있어서는 안 된다는 사실을 가르치십니다.

<적용>

서로의 개성이 다르고 배경이 다른데 하나로 묶인 사랑, 하나로 통일된 뜻, 하나로 나타나는 마음을 우리가 품을 수 있는지에 많은 회의를 품게 됩니다. 우리는 그 가능성을 말하기 전에 그 필요성을 먼저 생각해야 합니다.

우리의 조국이 해방이 되자 이승만 대통령이 국민에게 외친 유명한 말이 있습니다. "뭉치면 살고 흩어지면 죽는다"는 말이었습니다. 복잡한 여건 속에서 몸부림친 우리의 민족이 하나가 되지 않고 이리저리 갈라서서 당파싸움과 계략으로 가득하고 헛된 영광과 판단착오 속에 휘말릴 때 우리의 조국은 승리보다는 실패의 기록으로 가득하게 될 것이라는 뜻이었습니다.

실로 어느 가정이나 교회나 사회나 모두가 한마음 한뜻을 품고 나가는 데 발전이 있습니다. 그렇지 못할 때 거기는 분열과 퇴보와 아픔만이 계속됩니다.

<예화>

누군가 얼마 전에 보내온 놀라운 동영상을 보았습니다. 그것은 일곱살 소년이 우즈베키스탄의 오케스트라를 지휘하는 모습이었습니다. 설명인즉, 바이올린은 1년, 지휘 공부는 6개월을 했는데 그 지휘 실력이 탁월하여 많은 사람들이 감탄을 금하지 못했습니다.

처음에는 어린아이의 지휘 실력에 놀랐습니다. 두 번째 볼 때는 연주하는 수십 명의 단원들이 7살 난 아이의 지휘를 그렇게도 열심히 따르고 있는 모습에 감동이 되었습니다. 그들이 어린아이의 지휘에 한마음 한뜻이 되어 땀 흘리는 모습이 더욱 돋보였습니다. 거기는 오직 지휘자의 지휘봉에 따라 연주되는 아름다운 음악이 있을 뿐 허영이나 다툼이 존재하지 않았습니다. 전심전력으로 하나가 되는 데 최선을 기울인 모습뿐이었습니다.

증오와 비난과 분열은 가정을 파괴하고, 일터를 망치고, 교회를 파괴하는 사탄의 무서운 도구입니다. 우리가 이 사탄의 도구를 우리 마음에 둔다면 사탄의 왕국을 세우는 데 공헌을 하는 결과를 가져옵니다.

우리가 적은 일에도 마음을 같이하지 않으면 분열이 쉽게 옵니다. 사랑을 가지고 뜻을 합하지 않으면 비난과 증오가 침투합니다. 한마음을 갖지 않게 되면 무슨 일이든지 다툼이 옵니다.

그래서 하나님은 이 아침도 다시 말씀하십니다.

> 너희가 "마음을 같이하며 같은 사랑을 가지고 뜻을 합하며 한마음을 품어 아무 일에든지 다툼이나 허영으로 하지 말라"(2-3a절).

3. 오늘의 본문을 통하여 예수님의 마음을 품으라고 하십니다.

〈선포〉

"너희 안에 이 마음을 품으라 곧 그리스도 예수의 마음이니 그는 근본 하나님의 본체시나 하나님과 동등됨을 취할 것으로 여기지 아니하시고 오히려 자기를 비워 종의 형체를 가지사 사람들과 같이 되셨고 사람의 모양으로 나타나사 자기를 낮추시고 죽기까지 복종하셨으니 곧 십자가에 죽으심이라 이러므로 하나님이 그를 지극히 높여 모든 이름

위에 뛰어난 이름을 주사 하늘에 있는 자들과 땅에 있는 자들과 땅 아래에 있는 자들로 모든 무릎을 예수의 이름에 꿇게 하시고 모든 입으로 예수 그리스도를 주라 시인하여 하나님 아버지께 영광을 돌리게 하셨느니라"(5-11절).

〈해석〉

여기서 나타난 마음이라는 단어는 '프흐렌'인데 본래 의미는 감정, 본성, 정신, 지혜를 가리키는 말입니다. 이 뜻을 살려 이 말씀을 다시 번역하면 "예수님의 정신과 본성과 감정을 품고 사는 인간이 되라"는 뜻입니다.

마음먹고 자신을 살펴보면 우리의 마음은 아직도 욕심이 가득히 쌓인 마음입니다. 사촌이 논을 사면 배가 아프다는 속담이 우리 마음속에 가득합니다. 어떻게 우리 주님 예수님의 정신, 예수님의 감정, 예수님의 지혜를 품을 수 있을는지 실로 불가능한 가르침입니다.

우리는 자신도 모르는 사이에 황금만능의 풍조에 휩싸여 육체의 즐거움과 현대화된 삶의 장에 도취되어 살게 됩니다. 어떻게 그리스도의 마음을 내 마음에 품고 오늘을 살아갈 수 있는지 생각만 해도 부담이 되는 명령입니다.

그러나 그리스도인들로서 세례를 받고 이 자리에 나와 하나님을 예배하는 우리로서는 외면할 수 없는 명령입니다. 비록 당장 내가 실천하지 못하더라도 그 명령에 귀를 기울여야 합니다. 그리고 우리의 마음에 품으라는 예수님의 마음이 어떤 것인지를 알아야 합니다.

오늘의 말씀에 따르면 예수님의 마음은 겸손한 마음입니다.

하나님과 동등됨을 취하지 않으시고 오히려 종의 형체를 입어 사람들과 같이 되신 겸손입니다. 스스로를 낮추시고 십자가 위에서 죽기까지 복종하시는 마음입니다.

이 겸손을 행동으로 보이신 주님의 마음을 우리 마음에 품게 되면 우리도 달라질 수 있다는 하나님의 말씀입니다. 이제 나의 주장만을 펴고 자기 우월주의에 빠져서 자신의 의견만을 고집하던 사람도, 언제나 나의 위치를 높게 보고 남을 낮추었던 사람도 남을 높이 여기는 자세가 생기게 된다는 말씀입니다.

우리 주님이 종의 자리로 내려오셔서 생명을 버리시기까지 복종하신 마음을 알게 되고 그 마음을 품는 사람은 달라질 수 있다는 하나님의 말씀입니다. 지금껏 나의 이익만을 챙기기에 동분서주하던 사람이 다른 사람의 유익도 생각하고 이웃의 아픔도 찾아보고 챙기게 된다는 귀한 말씀입니다.

"오직 겸손한 마음으로 각각 자기보다 남을 낫게 여기고 각각 자기 일을 돌볼 뿐더러 또한 각각 다른 사람들의 일을 돌보라"(3b-4a절).

〈예화〉

제가 잘 아는 사람인데 그들은 똑순이와 똑똑이 부부로 결혼한 지 52년이 되었습니다. 나이 80이 다 되도록 그 부부는 자기주장과 고집이 대단한 분들입니다. 부부 사이에 겸손과 양보가 없고 다툼도 많고 황혼이혼의 가능성을 언제나 안고 살면서 서로의 성질을 죽이지 못한 부부였습니다.

그러던 어느 날 남편이 평소와 같이 양보나 이해 없이 자기 고집만 피우는데 마음에 성령님의 소리인 듯 중요한 깨달음이 왔다고 합니다. '내가 앞으로 살면 얼마나 살겠다고 이렇게 권위와 고집을 걸머쥐어야 하는가?' 그래서 기도했답니다.

"하나님! 이제 다 내려놓겠습니다. 물질도, 시간도, 주장도, 고집도, 다 당신이 내게 주신 뼈 중에 뼈요, 살 중에 살인 나의 임자에게 다 양보하고 하자는 대로 따르면서 내 마음 비우고 살렵니다."

이렇게 마음먹고 실천한 후부터 마음이 편해졌다고 합니다. 황혼이혼의 위험도 다 없어졌다고 합니다. 그때야 "이것이 그리스도 예수님의 마음이로다. 아! 이제 80이 다 되어서야 철이 드는구나"라고 했답니다.

하나님은 오늘의 말씀을 통하여 예수님의 마음을 품고 사는 사람들의 세계는 자기의 이익만 구하지 않고 다른 사람의 이익도 돌아보아야 한다고 가르치십니다. 너는 죽어도 좋으니 나만 살면 된다는 마음가짐은 예수님의 마음이 아님을 알려 주십니다. 예수님의 마음은 온유와 겸손 속에 남을 더 돌아보면서 이익을 보는 생활이 아니라 약간씩 손해 보는 생활임을 가르치십니다.

그렇습니다. 주님의 몸 된 교회에서는 한 식구로서 서로의 아픔을 볼 수 있는 눈이 있어야 하고, 울음을 들을 수 있는 귀가 있어야 합니다. 이것이 우리가 품어야 할 그리스도이신 예수님의 마음입니다.

결론

우리 모두 예수 그리스도를 중심한 한마음 한뜻을 가집시다. 그리스도이신 예수님을 중심하여 그의 가르침과 그 크신 사랑의 십자가 밑에 뭉치는 한마음 한뜻을 품고 나갑시다. 이 마음, 이 뜻 속에 뭉치겠다는 강한 집념의 마음을 가집시다. 성실하고 바른 마음을 가집시다. 이 한마음 한뜻 속에서 동정과 용서가 있는 너그러운 마음, 사랑하는 마음을 가집시다. 그리고 이 한마음 한뜻 속에서 좁고 옹졸하고 배타적이고 편협한 소인(小人)의 심성을 버립시다. 넉넉한 마음, 시원한 마음, 높고 깊은 마음, 진취적인 마음을 가집시다. 이것은 주님이 원하시는 마음입니다. 그때 우리의 교회에 따뜻한 성령님의 역사 속에서 그리스도의 바람이 일게 됩니다. 한마음 한뜻이 일게 됩니다. 의좋은 형제의 볏단이 오고가게 됩니다.

산란한 마음, 분열된 정신, 초조한 언행, 사분오열된 마음의 상처를 방치하지 맙시다. 예수 그리스도를 중심한 오직 한마음 한뜻이 있는 곳에 하나님의 나라가 이룩되고 그 의가 실천됩니다. 하나님께는 영광이요 우리에게는 진정한 행복과 즐거움이 찾아옵니다.

성령님의 역사는 예수 그리스도 안에서 한마음 한뜻을 갖도록 오늘도 우리에게 요구하십니다.

"너희 안에 이 마음을 품으라 곧 그리스도 예수의 마음이니"(5절).

마음은 날씨와도 같습니다. 아침에 태양이 찬란하게 빛나는가 하면, 난데없이 검은 구름이 비바람을 몰고 옵니다. 개였다 흐렸다 하면서 걷잡을 수 없는 것이 날씨인 것처럼, 인간의 마음도 기쁨과 감사의 해가 떠오르는가 하면, 분노와 질투의 회오리바람이 붑니다. 환희와 사랑과 따스한 햇살이 퍼지는가 하면, 이기심과 탐욕과 허용과 나태와 교만의 검은 구름이 떠오릅니다. 이러한 복잡한 인간의 마음을 우리 인간은 자유자재로 움직일 수 없기에 하나님을 찾아 나섭니다.

성령님의 역사 속에 우리가 침몰되어야 합니다. 그때 하나님의 말씀으로 갈고 닦고 그 말씀에 내 마음이 포로가 됩니다. 그리고 하나님의 뜻대로 움직여 달라고 내 스스로를 하나님께 맡겨 버리는 기도가 나옵니다. 이것이 우리 믿는 성도들의 마음을 다스리는 비결입니다.

만일 한 인간이 하나님의 말씀을 중심하여 이 복잡한 마음을 갈고 닦지 않으면 내버려둔 쇠가 녹슬 듯이 마음은 녹이 슬고 썩어져 갑니다. 마비됩니다. 탈선합니다. 무서운 죄의 노예가 됩니다.

여기 오늘에 지치고 피곤한 우리의 마음, 갈피를 잡지 못하는 우리의 마음이 갈 곳이 있고 쉴 곳이 있습니다. 바로 우리 주님 예수님의 품입니다.

"수고하고 무거운 짐 진 자들아 나 내게로 오라 내가 너희를 쉬게 하리라 나는 마음이 온유하고 겸손하니 나의 멍에를 메고 내게 배우라 그리하면 너희 마음이 쉼을 얻으리니"(마 11:28-29).
"보라 형제가 연합하여 동거함이 어찌 그리 선하고 아름다운고 … 거기서 여호와께서 복을 명령하셨나니 곧 영생이로다"(시 133편).

오늘 우리에게 다시 들려주신 하나님의 말씀입니다. 기도합시다.

2018. 9. 2.

만병통치

본문: 시편 100편

주제: 감사

서론

오늘 감동적인 찬양을 하나님께 드리는 찬양대를 보면서 다음주부터 찬양대원으로 가입하고 싶은 마음이 들었습니다. 그런데 찬양대원으로 지원을 하면 두 가지 이유로 받아주지 않을 듯싶습니다. 첫째는 자신들 틈에 함께할 수 있기에는 나이가 너무 많다는 것이고, 둘째는 음악적 자질이 충분하지 않아서 화음보다 불협화음이 많이 발생할 가능성이 높다는 이유를 붙여 불합격을 시킬 가능성이 높습니다. 오늘 아침 찬양대가 부러운 이유가 여기 있습니다.

1991, 1994년 두 번이나 '미국 최고의 의사'로 선정된 한국인이 있습니다. 그는 미국 텍사스 주립대 메디컬센터의 종신교수이고 교회 장로입니다. 그가 인터뷰를 하는데 중요한 데이터를 이야기합니다.

교회 찬양대원들이 일반인보다 면역세포가 200배가 높다고 합니다. 그런데 감사의 마음으로 찬양을 부른 다음에는 그 면역세포가 500배가 높은 수치를 보인다고 합니다. 그래서 찬양대원들이 건강하고 병에도 잘 안 걸리고 잘 치유되고 오래 산다고 합니다.

나이가 들다 보니 제일 관심이 가는 것은 부귀영화가 아닙니다. 건강하여 병에 안 걸리고, 걸리더라도 곧 완치되고 장수할 수 있는 분야에 가장 깊은 관심이 갑니다.

세상에 이런 분야가 어디 있겠습니까? 그런데 그 세계가 멀리 있지 않고 바로 저 찬양대원들이 그 세계의 주인들이라고 하니 어찌 거기에 함께하고 싶지 않겠습니까?

본문 접근

오늘 우리에게 주신 시편 100편은 66권의 성경 중에서 하나님을 찬양하고 감사를 드리는 대표적인 말씀입니다. 인간의 슬픔, 원망, 탄원, 고통과 같은 표현이 전혀 언급되지 않은 말씀입니다. 오직 우리의 예배를 받으시는 하나님을 향하여 감사와 찬양의 함성을 높이는 신선한 감동으로 가득한 말씀입니다. 창조주 하나님과 우리의 관계를 정확히 밝히면서 피조물인 인간들에게 영원토록 베풀어주신 하나님의 선하심과 인자하심을 깨닫고 즐거움으로 찬양할 것을 명령하시는 매우 특수한 말씀입니다. 오늘의 본문은 우리의 창조주이시고 목자이신 하나님이 돌보시는 은총을 깨닫고 우리의 가슴속 깊이에서 언제나 찬양과 감사를 드려야 함을 명령하고 있습니다.

이 말씀은 이스라엘 백성들이 어려움을 당할 때나 기쁨을 경험할 때 한목소리로 부르는 감사의 노래입니다.

본문의 재경청

오늘의 말씀을 우리의 일상용어로 번역하여 다시 경청해 보십시다.

모든 피조물들아 여호와 하나님께 환호성을 올려라

즐거운 마음으로 여호와를 섬기고 노래하며 그 앞에 나아가라

그분이 그대들의 여호와 하나님이라는 사실을 명심하라

그분이 우리를 만드셨으니 우리는 그의 것이요, 그의 백성이요, 그가

기르시는 양이다

감사의 노래를 드리며 그 성문으로 들어가거라

찬양의 노래를 부르며 그 뜰 안으로 들어가거라

감사의 노래를 드리며 그 이름을 찬양하여라

주님은 선하시며 그의 인자하심 영원하다

그의 성실하심이 대대에 미친다

주제 부상

인간이 살아가면서 감사할 수 있는 대상이 있고 항목이 있다는 것은 실로 행복의 으뜸가는 조건입니다. 여기서 감사라는 개념은 무엇인가를 내 손에 들려줄 때 "고맙습니다"를 연발하고, 원하는 것을 주지 않을 때 미워하고 원망하는 유아적인 수준이 아닙니다. 좀 더 깊고 넓은 차원, 높은 감사의 항목을 가지고 하나님 앞에 나타나는 성숙한 그리스도인의 삶을 말합니다. 성숙한 그리스도인으로서 창조주 하나님의 섭리를 깨닫고 경배와 찬양과 감사의 마음과 고백을 하면서 살아간다면, 그것은 진정 만병통치의 길입니다. 하나님 나라의 시민으로서 누리는 특권입니다.

주제 정의

하나님이 기뻐하시는 감사, 인간이 희구하는 참된 감사란 진정 무엇입니까?

감사라는 것은 자기중심의 욕심과 탐욕이 작동하여 이익을 추구하기 위한 수단이 아닙니다. 그러한 감사는 피곤합니다. 진정성이 없습니다. 환경의 지배를 받아 변화무쌍합니다. 그러나 진정한 감사는 상대방에게 드리는 깨끗하고 향내 나는 마음의 열매입니다. 그래서 고대 그리스 아테네의 유명한 시인이며 희극작가였던 메난드로스는 그의 단편집에서 "이 세상에서 가장 상쾌한 과실은 감사다"라는 말을 남겼습니다.

성경에서는 감사의 단어가 수없이 등장합니다. 그 감사의 대상은 성삼위일체되신 하나님이십니다. 감사의 당연성은 크게 두 가지입니다. 하나는 피조물로서 받은 창조의 은총입니다. 그 은총에 의하여 나의 생명이 오늘도 호흡하면서 하나님 나라의 시민으로 사는 일입니다. 둘째는 죽을 수밖에 없는 죄인들이 예수 그리스도의 십자가 대속의 죽음을 통하여 받은 구원의 은총을 깨닫는 일입니다. 이 두 은총을 경험하고 깨닫고 감격하여 드리는 응답의 으뜸가는 행위가 바로 감사입니다.

내 자식 내 손주가 이번에 수능시험에서 만점을 맞았다고 해서 기뻐하고 감사하는 것은 당연한 일입니다. 그러나 하나님이 원하시는 감사는 하나님의 그 신실하심과 선하심과 인자하심이 영원토록 나와 함께하심에 감격하고 감사하는 일입니다.

주제의 필요성

우리 인간, 특별히 하나님 나라의 시민으로 살아가는 우리의 삶에 감사가 필요한 이유가 무엇입니까?

감사가 없는 인간세계는 불만 불평의 씨앗만을 뿌립니다. 그 씨앗은 잡초처럼 번지고 번져서 자신의 삶이 온통 혼돈과 무질서의 상태인 카

오스의 세계로 변하게 됩니다.

〈예화〉

1972년 저의 유학생활 첫 해 여름에 있었던 일입니다. 조지아 주와 앨라배마 주를 오가며 하루에 8시간 큰 트럭을 운전하면서 시골의 Drugstore(약국을 겸한 편의점)에 물건을 배달하는 일을 하게 되었습니다. 이제 막 운전을 배운 실력으로 고속도로를 500Km로 달려가 그 무거운 물건들을 배달하고 돌아온다는 것은 저에게는 참으로 고된 일이었습니다. 저는 감사의 생각이나 느낌이 전혀 들지 않았습니다. 기쁨 따위는 흔적도 없고 고학의 아픔을 참고 견디어야 하는 불평과 불만이 가득했습니다.

그날도 새벽에 나가서 물건을 배달하고 돌아오는 길에 물류창고에 들러 내일 배달할 물건을 찾아 큰 트럭에 가득 싣고 회사로 질주했습니다. 빨리 그날의 일을 마치고 싶어서 속도를 내고 달렸습니다. 그런데 승용차들이 내 차 곁을 달리면서 빵빵거립니다. 무시하고 마구 달렸습니다. 시내에 들어와 고속도로에서 IC로 나와야 하기 때문에 속도를 내지 못하고 천천히 운전하는데 어느 승용차가 아주 빨리 내 앞을 가로막고 "여보시오. 지금 당신 트럭 뒷문이 열렸어요"라고 말해 주었습니다. 깜짝 놀라 내려서 보니 문이 활짝 열려 있고 그 안에 가득히 실었던 물건들이 하나도 없었습니다. 투덜대던 나의 불평과 불만은 절망으로 바뀌었습니다. 암담했습니다. 눈물이 펑펑 쏟아졌습니다. 세상이 온통 깜깜한 암흑이었습니다.

그때서야 "아! 하나님! 나는 이제 어떻게 해야 합니까?" 하고서 울부짖었습니다.

주제의 실천 방안

1. 하나님은 오늘의 본문을 통하여 우리가 하나님 앞에 나아갈 때의 기본자세를 가르쳐주십니다.

〈선포〉

"온 땅이여 여호와께 즐거운 찬송을 부를지어다 기쁨으로 여호와를 섬기며 노래하면서 그의 앞에 나아갈지어다"(1-2절).

〈해석〉

오늘의 본문말씀은 감사의 예물을 드리기 위해 성전으로 나아가는 무리의 기본자세가 어떠해야 하는지를 가르친 말씀입니다. 먼저, 하나님의 존전에는 기쁨으로 나아가야 함을 강조합니다. 불평과 불만과 짜증의 마음과 자세로 하나님 앞에 나아가는 것을 하나님은 환영하지 않습니다. 나의 감사를 받으실 분에게 즐거운 감정과 표현을 보여드리는 것은 당연한 의무입니다. 본문에 나오는 기쁨은 '씸하'라는 히브리어 단어로 유쾌함 또는 환희, 즐거움이라는 뜻입니다. 인간이 윗사람을 찾아 나설 때, 어느 누가 불쾌하고 화난 얼굴로 그 앞에 나타나겠습니까? 억지로라도 미소를 짓습니다. 심지어 육체적으로 어느 부분이 아파 쩔쩔매면서도 미소를 짓는 인상을 만들려고 갖은 노력을 다 기울입니다. 하나님은 언제나 피조물들이 그 앞에 나타날 때는 경쾌한 인상과 언어와 마음을 품고 나오기를 원하십니다. 오늘의 말씀과 맥락을 같이하는 말씀을 이사야 선지자를 통하여 주셨습니다.

> "신랑에게 제사장의 관을 씌우듯이, 신부를 패물로 단장시키듯이, 주님
> 께서 나에게 구원의 옷을 입혀 주시고, 의의 겉옷으로 둘러 주셨으니,
> 내가 주님 안에서 크게 기뻐하며, 내 영혼이 하나님 안에서 즐거워할 것
> 이다"(사 61:10, 새번역).

〈적용〉

인간이 눈물을 흘릴 때가 있습니다. 슬플 때, 공포에 시달릴 때, 충
격적으로 기쁠 때 등입니다. 어느 날 학교에서 새벽기도회 때 어느 장
애우 학생이 자신의 룸메이트들과 함께 특송을 하는 것을 보았습니다.
얼굴에 전혀 어두운 그림자가 없었습니다. 그렇게도 행복한 얼굴은 처
음 보았습니다. 발음도 정확하지 못하고 음정도 정확치 못한데 어떻게
그런 친구들과 어울려 만면에 미소를 짓고 경쾌하고 행복한 찬양을 할
수 있었는지 지금도 나는 이해를 못합니다. 그 얼굴을 뚫어지게 쳐다
보는 나의 눈에서는 눈물이 줄줄 흐르고 있었습니다. 나 혼자 참회의
기도를 했습니다. '저렇게 신체장애를 가지고 살면서도 그 얼굴에 우
울함이나 창피함이나 불평이나 불만이 없이 하나님을 향하여 즐거운
마음과 감사가 가득할 수 있을까?' 그 힘찬 찬양의 함성, 꾸밈없는 순
수한 심성을 보면서 심한 가책을 느끼면서 울었습니다. 멀쩡한 건강을
가지고 있으면서도 미소를 잃고 기쁨의 감각이 없이 짜증스러운 얼굴
로 억지로 새벽기도회에 나와 있던 학생과 교직원들 모두가 부끄러움
을 금하지 못했습니다. 그 후로 캠퍼스에서 그 학생을 만날 때마다 나

는 꼭 포옹을 해주면서 사랑해 주었습니다. 그때마다 나도 그 학생처럼 "주님 안에서 크게 기뻐하며, 내 영혼이 하나님 안에서 즐거워하면서 하나님 앞에 나아갈 것"을 다짐했습니다.

혹시 우리 가운데 오늘 아침 이 기쁜 감사주일에 불평과 불만과 짜증과 증오가 담긴 감정을 품고 하나님 앞에 나오신 분은 없으시겠지요?

2. 하나님은 오늘의 말씀에서 나의 정체성을 밝혀주십니다.

〈선포〉

"여호와가 우리 하나님이신 줄 너희는 알지어다 그는 우리를 지으신 이요 우리는 그의 것이니 그의 백성이요 그의 기르시는 양이로다"(3절).

〈해석〉

이 말씀에서 우리 인간은 하나님이 지으신 피조물임을 재확인할 뿐만 아니라, 하나님의 소유물임을 밝히고 있습니다. '우리는 그의 것'이라는 말씀은 매우 깊은 뜻이 있습니다. 우리의 생사화복을 책임지시고 끝까지 주관하시는 주인이심을 뜻합니다. 그리고 우리는 유순하고 남을 공격할 줄 모르고 맹수들 앞에 아무런 방어력을 갖추고 있지 못한 양에 불과함을 말씀하십니다. 그런데 그분이 푸른 초장, 잔잔한 물가로 인도하시면서 기르신다는 사실을 정확히 말씀하십니다. 그래서 우리는 하나님께 완전히 소속된 자녀로서 하나님을 아버지라 부르면서 오늘도 활보를 하고 걷고 뛰고 있습니다.

〈적용〉

인간은 누군가에게 소속이 되어 있을 때와 없을 때의 삶의 질이 매우 다릅니다. 부모님이 계셔서 내 곁을 보살피시고 추슬러 주실 때의 나의 삶과, 부모님이 세상을 떠나신 다음에 엮인 나의 삶의 내용과 형태는 매우 다릅니다.

인간은 스스로 존재하는 실존이 아닙니다. 육적으로는 부모에게 소속된 생명체였고, 장성하면 가정을 이루고 아내는 남편에게 속하고 남편은 아내에게 속해 있는 생명체입니다. 부모는 자식을 보살피고 자식은 장성하여 부모를 보살피는 것이 정상입니다. 남편은 아내를 보살피고 아내는 남편을 보살피는 것이 인간 윤리의 기본입니다.

나의 아주 가까운 친구의 아내가 얼마 전에 세상을 떠났습니다. 그렇게도 당당하고 기상이 넘치던 친구가 얼마나 초라해 보이는지 말로 할 수 없었습니다. 그가 이런 말을 합니다. "친구야! 이제 부모님도 떠나시고 아내도 떠나고 나니 내가 소속되어 있어야 할 대상이 없어서 칠흑 같은 고독만 엄습해 오고 삶의 의욕이 없어지고 있어."

하나님 한 분만이 우리의 영원한 주인이심을 고백합니다. 그분만이 변함이 없는 영원한 나의 목자이십니다. 외롭고 고단한 삶의 여정 길을 홀로 걷다가도 나를 살리시기 위해 십자가의 모진 희생을 감수하신 예수님의 말씀을 떠올립니다.

> "나는 선한 목자라 나는 내 양을 알고 양도 나를 아는 것이 아버지께서 나를 아시고 내가 아버지를 아는 것 같으니 나는 양을 위하여 목숨을 버리노라"(요 10:14-15).

이 말씀만 들어도 눈이 번쩍 뜨입니다. 정신을 가다듬고 옷깃을 여미게 됩니다. 그리고 감사의 함성을 지르지 않을 수 없습니다.

하나님은 우리의 영육을 책임지십니다. 오늘도 오곡백과가 결실을 맺게 하셔서 우리의 육체를 보살필 뿐만 아니라 생명의 말씀을 통해 영적으로 날로 날로 새로운 삶의 주역으로 우리를 이끌어 주십니다.

3. 하나님은 오늘의 본문에서 우리의 의무행위를 지시하십니다.

〈선포〉

"감사기도 드리며 성문으로 들어가거라. 찬양 노래 부르며 뜰 안으로 들어가거라. 감사기도 드려라…"(4절, 공동번역).

〈해석〉

66권의 성경에 감사라는 어휘는 아주 많이, 그리고 아주 다양하게 기록되어 있습니다. 구약에서는 하나님이 이스라엘 백성에게 베푸신 구원의 역사와 예배의 행위에서 감사의 표현과 요구가 많습니다. 복음서에서는 예수님께서 그 감사의 정신을 계속 이어 보여주시면서, 종국에는 예수님이 십자가 위에서 희생의 제물이 되었음을 회상하고 기념하는 성찬성례전을 제정하시면서 그 의식 자체를 감사의 예전이 되도록 하셨습니다. 사도들은 감사의 사상을 확대하여 범사 곧 어떤 처지에서든지 감사할 것을 가르치고 있습니다.

하나님의 천지 창조와 구원의 대역사의 주권자가 하나님이심을 인정한 사람은 결코 침묵할 수 없습니다. 하나님 앞에 나아가 감사의 찬양을 드리면서 하나님의 권능에 합당한 영광을 돌리라는 명령을 주셨습니다.

〈적용〉

흔히들 감사는 하나님의 위대하신 은총을 생각하면서 오직 하나님을 기쁘시게 해드리기 위한 행위로 해석을 합니다. 그리고 우리의 생명을 지켜주시고 십자가의 도를 우리에게 펼쳐주신 은총에 응답하는 일방적인 행위로 생각하는 경우가 많습니다. 또한 예배 때나 드리는 절차적인 것으로 생각해 왔습니다. 그 해석이 틀린 것은 아닙니다. 그런데 최근에 와서 그 감사를 부르짖고 사는 인간들에게 주어진 깊은 뜻이 알려지기 시작합니다.

"범사에 감사하라 이것이 그리스도 예수 안에서 너희를 향하신 하나님
의 뜻이니라"(살전 5:17).

어떤 환경, 어떤 처지에서든지 지속적으로 하나님 앞에 감사하는 사람들에게 주시는 기적 같은 일들이 속속히 증명되고 있습니다.

미국의 저명한 의사인 존 헨리(John Henry)는 "감사는 최고의 항암제요, 해독제요, 방부제이다"라고 말했습니다. 우리가 기뻐하며 감사하면 우리 신체의 면역체계를 강화시켜 준다는 보고서를 여기저기서 읽을 수 있습니다. 우리가 1분간 기뻐하며 웃고 감사하면 우리 신체에 24시간의 면역체가 생긴다고 합니다. 그러므로 매일매일 항상 기뻐하고 모든 일에 감사하면서 하나님 앞에서 살 수 있다면 전인적인 건강을 잘 유지할 수가 있습니다.

요즘 미국의 정신병원에서는 우울증 환자들을 치료하기 위해서 약물치료보다는 소위 '감사'치유법을 더 많이 사용한다고 합니다. 일본에서는 이미 환자들로 하여금 자신의 삶에서 감사한 일은 무엇일까를 찾아내게 하고 감사를 회복하도록 돕는다고 합니다. 그런데 놀랍게도 약물치료보다도 이 감사치유법이 훨씬 더 효과가 탁월하다고 합니다.

미국의 실업가 중에 '스탠리 탠'이라는 사람은 척추암 3기에 걸려 죽음을 앞두고 있었는데 몇 달 후에 건강한 모습으로 출근해서 주위를 놀라게 했습니다. 그는 다음과 같이 말합니다. "저는 하나님 앞에 감사만 했습니다. 그랬더니 병이 다 나았습니다."

"하나님, 병들게 된 것도 감사합니다. 병들어 죽게 되어도 감사합니다. 하나님, 저는 죽음 앞에서 하나님께 감사할 것밖에 없습니다. 살려주시면 살고, 죽으라면 죽겠습니다. 하나님, 무조건 감사합니다."

하나님이 바울을 통하여 주신 말씀을 마음에 꼭 품고 삽시다.

"아무것도 염려하지 말고 오직 모든 일에 기도와 간구로 너희 구할 것을 감사함으로 하나님께 아뢰라 그리하면 모든 지각에 뛰어난 하나님의 평강이 그리스도 예수 안에서 너희 마음과 생각을 지키시리라"(빌 4:6-7).

4. 오늘의 본문은 하나님의 고결한 속성 앞에 감사할 것을 명하십니다.

〈선포〉

"여호와는 선하시니 그의 인자하심이 영원하고 그의 성실하심이 대대에 이르리로다"(5절).

〈해석〉

하나님은 스스로의 이미지를 언제나 영원토록 선하시고 인자하시고 성실하신 분으로 인간에게 심어주셨습니다. 그래서 이스라엘 백성들은 언제나 마음에 이 세 개의 단어를 품고 하나님을 신뢰하였습니다. 그래서 그들의 입에서는 언제나 "여호와는 선하시고 인자하심이 크도다"라고 외칩니다. 여기서 말한 선이란 좋은, 풍부한, 아름다운 등의 뜻을 가지고 있습니다. 그리고 인자하심이란 인애, 자비, 친절, 경건의 뜻을 가지고 있습니다. 그리고 성실이란 신실성, 안정성, 확고함 등의 뜻입니다.

여기서의 선, 인자, 성실은 하나님의 고귀한 속성입니다. 처지에 따라 언제나 변하는 인간의 속성과는 달리 변치 않는 영원성을 가지고 있습니다. 즉, 인간의 감정과 성품은 변화될 수 있고 세상의 풍조는 나날이 달라지나 하나님의 인자하심과 성실하심은 영원히 변치 않고 대대에 이른다는 뜻입니다.

〈적용〉

여러분은 하나님의 무엇에 대하여 감사를 하고 있습니까?

우리는 가을이 되면 "오곡백과를 거두면서 감사합니다. 일 년 내내 우리에게 주신 건강, 좋은 가정, 사업, 직장, 교회, 친구를 지켜주심에 감사합니다"라고 고백합니다. 당연한 일입니다. 그런데 이 모두는 부차적인 항목입니다.

우리 모두가 우리 부모님을 생각해 보십시다. 지금 회상을 하시면서 내 부모님의 이떤 부분을 감사할 것인가를 생각해 보십시오. 나에게 주신 어떤 항목들만을 생각하고 감사한다면 그러한 항목을 자식에게 주시지 못한 부모님은 자식의 감사를 받을 자격이 없다는 결론에 도달합니다. 우리는 우리가 받은 어떤 항목 때문에 부모님께 감사하는 것으로 끝날 수 없습니다. 자신들의 생명을 바쳐서라도 나를 아끼고 돌보시고 키워주신 그 원천적인 사랑 때문에 부모님을 향한 감사는 평생 동안 이어지게 됩니다.

이제 우리는 성숙한 하나님의 자녀들입니다. 우리는 그가 기르시는 양들입니다. 우리를 푸른 초장으로 이끄셔서 꼴을 먹여주시고, 시냇가로 이끌어 물을 먹여주시는 것 때문에 우리가 하나님을 향하여 감사 찬양하는 것이 전부라면, 그것은 지극히 유아적인 그리스도인들입니다. 그것보다 나를 이 땅에 보내주셨으나, 죄의 속성에 의하여 죄인으로 전락하여 죽을 수밖에 없는 몸을 살려주신 그 선하심과 인자하심부터 생각하십시다. 독생 성자 예수 그리스도님을 보내셔서 십자가 위에서 나의 죽음을 대신하여 그 옥체 다 상하시고 보혈을 남김없이 흘리셔서 나를 구원시켜 주신 하나님의 선하시고 인자하신 구속사를 먼저 생각하십시다.

그래서 하나님은 이 시간도 들려주십니다.

"여호와는 선하시니 그의 인자하심이 영원하고 그의 성실하심이 대대에 이르리로다"(5절).

오늘 예배의 부름에서 본 대로 "감사하라"는 말끝마다 우리의 입에서는 "그 인자하심이 영원함이로다"로 응답해야 하는 이유입니다.

주제 실천의 결과

하나님이 원하시는 감사의 궤도를 달렸을 때 우리에게는 어떤 현상이 나타납니까?

감사의 감정과 고백이 없이 피곤과 짜증으로 눈물과 땀을 흘리던 때 있었던 일의 후반부 일을 다시 이어봅니다.

트럭의 문을 잠그지 않아 남의 그 값비싼 물건들을 모두 잃어버린 나는 어찌할 바를 모르고 당황했습니다. 회사에 돌아와 사장님 앞에 무릎을 꿇었습니다. 눈물을 흘렸습니다. 그리고 공부를 포기하고라도 이 손해를 메꾸겠다는 말을 하였습니다. 사장님의 입에서 무슨 말이 떨어질지 기다리고 있었습니다. 그때 사장님의 말입니다.

"염려하지 말라. Don't worry about that. 지난 30년 동안 막대한 액수의 보험을 들었는데 한 번도 타 먹지 못하여 억울한 시점이었다. 그런데 너 때문에 내가 큰돈을 손에 쥐게 되었다."

순간 하늘의 음성이 들려옵니다.

빈손인 너를 택하여 미국 유학까지 오게 해주었고

아직 한 번도 등록금을 내지 못하거나 굶은 일이 없거늘

방학 동안 네가 마땅히 해야 할 일을 하면서

네가 마음에서 쏟아낸 너의 불평과 불만과 짜증의 함성이 너무 심하였다.

네 정신이 흔들리고 육체가 중심을 잃었다.

미국 유학의 관문을 뚫고 올 때의 초심을 완전히 상실했다.

그래서 너는 보기 드문 사고를 저질렀다.

너는 감사의 믿음이 없고, 네 하나님의 은총을 망각하고,

눈앞에 보이는 고생만 따지는 지극히 수준 낮은 나의 종이로다.

그러나 네 하나님은 영원하신 선하심과 인자하심이 불변하시고 이렇게 너를 사랑한다.

그때에야 비로소 내 귀는 열리고 눈이 뜨였습니다. 그리고 다음의 말씀은 내 가슴에 파도치고 있었습니다.

"여호와는 나의 목자시니 내게 부족함이 없으리로다

그가 나를 푸른 풀밭에 누이시며 쉴 만한 물 가로 인도하시는도다

내 영혼을 소생시키시고 자기 이름을 위하여 의의 길로 인도하시는도다

내가 사망의 음침한 골짜기로 다닐지라도 해를 두려워하지 않을 것은

주께서 나와 함께하심이라 주의 지팡이와 막대기가 나를 안위하시나이다

주께서 내 원수의 목전에서 내게 상을 차려 주시고

기름을 내 머리에 부으셨으니 내 잔이 넘치나이다

내 평생에 선하심과 인자하심이 반드시 나를 따르리니

내가 여호와의 집에 영원히 살리로다"(시 23편).

그때부터 나의 집 응접실과 연구실에는 "내 잔이 넘치나이다"를 걸어놓고 들어올 때 나갈 때 명상을 합니다.

결론

지금 이 시간 하나님은 명령하십니다.

하나님 앞에 그 백성들이 나아올 때 즐거운 마음으로 노래하며 환호성을 올리라고 말씀하십니다. 우리는 하나님이 지으신 피조물임을 재확인할 뿐만 아니라, 하나님의 소유물임을 명심하라고 하십니다. 하나님의 소유물이기에 하나님은 우리의 목자가 되셔서 우리를 보호하시고, 지키시고, 기르신다고 하십니다. 하나님은 어저께나 오늘이나 한결같으셔서 그의 선하심과 인자하심과 성실하심이 영원토록 변치 않고 우리와 함께하십니다. 그래서 우리는 쉼 없이 감사의 노래를 부르며 하나님께 나아갑니다.

> 모든 피조물들아 여호와 하나님께 환호성을 올려라
> 즐거운 마음으로 여호와를 섬기고 노래하며 그 앞에 나아가라
> 그분이 그대들의 여호와 하나님이라는 사실을 명심하라
> 그분이 우리를 만드셨으니 우리는 그의 것이요, 그의 백성이요, 그가
> 기르시는 양이다
> 감사의 노래를 드리며 그 성문으로 들어가거라
> 찬양의 노래를 부르며 그 뜰 안으로 들어가거라
> 감사의 노래를 드리며 그 이름을 찬양하여라
> 주님은 선하시며 그의 인자하심이 영원하다
> 그의 성실하심이 대대에 미친다

하나님이 다시 한 번 더 들려주신 말씀입니다. 기도합시다.

2018. 11. 28.

우리의 첫사랑, 지금 어디에?

본문: 요한계시록 2:1-7

주제: 초심을 잃은 그리스도인들

서론

1801년 300여 명의 순교자를 낸 신유박해 때의 일입니다. 우리나라에 입국한 최초의 신부 주문모를 초빙해 오는 경비를 거의 전담했다는 이유로 순교를 당한 전주의 유항검의 아들 유중철, 이순이 부부에 대한 이야기입니다.

14살의 이순이라는 소녀가 주문모 신부로부터 세례를 받습니다. 이 소녀는 성찬성례전에서 주님이 자신을 위하여 십자가 위에서 그 옥체가 상하시고 보혈을 흘리시고 희생되셨다는 사실을 깨닫게 됩니다. 이때부터 주님의 몸과 보혈을 받은 자신은 주님만을 사랑하고 평생 동정녀로 살기로 결심합니다. 거의 같은 시기에 유중철이라는 소년도 주문모 신부에게 똑같은 고백을 합니다.

주문모 신부는 이 두 사람이 결혼이라는 형식을 빌려 함께 살면서 동정의 몸으로 주님만을 섬기도록 했습니다. 4년 동안 그들은 젊은 남녀의 이성의 불길을 주님 사랑의 열정으로 이겨내고 동정부부로서 철저히 수절을 하다가 그 가족 전체가 순교를 당할 때 세계교회사에 유일한 동정부부 순교자로 남게 되었습니다. 이러한 기록은 전주에서 한일장신대로 가는 길의 치명자산에 있는 유항검의 8명의 순교가족이 합장되어 있는 무덤이 생생하게 말해주고 있습니다. 특별히 그녀가 18

세의 꽃다운 나이에 순교의 제물이 되면서 어머니에게 남긴 글이 가슴 뭉클하게 합니다.

"어머니, 못난 자식이었습니다. 하지만 주님의 특별한 은총으로 순교의 열매를 맺는 날이면, 어머니께서도 자랑스러운 자식을 두었다고 여기실 것입니다."

우리말 성경이나 찬송가도 없던 시절 오직 성례전과 기도로 신앙생활을 이어갔던 시절에 어떻게 이렇게 주님을 흠모하고 사랑할 수 있었는지 참으로 믿기 어려운 이야기입니다. 그들의 무덤을 보고 생애를 읽고 산길을 내려오면서 우리 일행은 다음의 찬송을 불러보았습니다.

웬말인가 날 위하여 주 돌아가셨나
이 벌레 같은 날 위해 큰 해 받으셨나

내 지은 죄 다 지시고 못박히셨으니
웬일인가 웬 은헨가 그 사랑 크셔라

늘 울어도 눈물로써 못 갚을 줄 알아
몸밖에 드릴 것 없어 이 몸 바칩니다

우리 일행은 이 찬송이, 구원의 감격을 깨닫고 거침없이 불렀던 주님을 향한 첫사랑의 고백이었다는 데 동의했습니다. 그러나 주님을 향한 이 처음 사랑의 고백이 지금 우리에게서 퇴색되고, 희미해지고, 아무런 광채가 나지 않고 있음에 모두 침울한 심정을 안고 하산을 했습니다.

본문 접근

요한계시록 1장 1절은 66권 어디에서도 볼 수 없는 첫 문장이 등장합니다. 그것은 "예수 그리스도의 계시라"는 말씀입니다. 그래서 요한계시록은 우리 주님 예수 그리스도께서 친히 하신 계시의 말씀으로서, 하나님께서 장차 이루실 일에 대한 분명한 예언이었으며, 주님께서 직접 말씀하신 사실임을 밝히고 있습니다. 지상에 있는 교회의 모형으로 등장하고 있는 일곱 교회 가운데 에베소 교회에게 주신 주님의 말씀은 우리의 한국교회가 경청해야 할 말씀입니다.

주신 말씀을 간추리면 크게 5가지의 주안점이 있습니다. 먼저는 주님께서 알고 계신 칭찬의 항목들, 둘째는 책망의 내용, 셋째는 단호한 명령, 넷째는 경고하시는 내용, 다섯째는 격려와 약속입니다.

본문의 재경청

주신 본문말씀을 오늘의 에베소 교회, 바로 한국교회에 맞게 쉬운 우리말로 옮겨봅니다.

> 나는 네가 한 일과 네 수고와 인내를 잘 알고 있다. 또 네가 악한 자들을 용납할 수 없었으며 우후죽순처럼 너희 땅에서 일어나 행세하던 이단들을 시험하여 그들의 허위를 가려낸 일도 잘 알고 있다. 너는 잘 참고 내 이름을 위해서 견디어냈으며 낙심하는 일이 없었다. 그러함에도 불구하고 너를 책망할 것이 있나니 너희가 내게 보여주었던 처음 사랑을 버렸느니라. 그러므로 어디서 그 첫사랑의 연줄이 끊겼는지를 깊이 살펴보고 회개하여 처음 행위를 회복하라. 만일 그리하지 아니하고

회개하지 아니하면 내가 네게서 타오르고 있는 교회의 촛대를 그 자리
에서 옮기리라.

주제 정의

오늘 말씀의 핵심은 첫사랑의 회복입니다.

여기서 말하는 첫사랑은 인간사회에서 흔히 느끼고 경험한 사랑을
의미하지 않습니다. 육체나 정신적인 조건을 채우기 위해 주고받는 그
러한 사랑을 의미하는 것도 아닙니다. 내게 불리하면 외면하고 유리하
면 달려가는 그러한 유한적이고 변태적인 현대인들의 사랑이 아닙니다.

첫사랑에 대한 사전적 의미는 처음으로 느끼거나 맺은 사랑을 말
합니다.

그러나 우리 주님이 회복을 촉구하신 처음 사랑은 생과 사를 판가름
하는 '관계성의 사랑'입니다. 나를 위해 그 몸 다 찢기시고 상하시고 그
몸에 물 한 방울 남김없이 흘리시고 나를 살려주신 그 경이로운 희생, 곧
아가페의 사랑을 깨닫고 무릎을 꿇고 충성을 맹세했던 그 사랑입니다.

주제의 필요성

1990년대까지 우리의 귀를 현란하게 만들 정도로 아름다운 수식어
는 한국교회가 모두 차지하고 있었습니다. 선교사상 기적을 이룬 교
회, 교단마다 세계에서 가장 큰 교회가 있는 한국교회, 어느 나라도 따
라올 수 없는 새벽기도회가 보편화 되어 있는 교회, 세계에서 두 번째
로 많은 선교사를 해외에 파송한 교회 등등…. 참으로 아름다운 찬사
는 모두 한국교회의 것이었습니다. 주님을 향한 우리의 사랑의 줄이 견

고했던 시절이었습니다.

그러나 우리는 지금 위기에 직면해 있습니다. 우리 교회의 성장은 멈추기 시작했습니다. 사회로부터 부정적인 지탄의 소리가 끊이지를 않습니다. 노회와 총회에 접수된 고소고발이 헤아리기 힘들 정도입니다. 명성을 떨치던 목회자들이 법정에 서고 있습니다. 재정적인 어려움이 각 교회마다 엄습해 오고 있습니다. 물질과 이성과 명예와 권력의 탐욕이 교회 지도자들을 몹시 괴롭히고 있습니다. 이단들은 때를 만난 듯 날뛰고 있습니다.

이러한 위기의 조짐이 보이는 오늘, 우리를 향한 주님의 말씀에 귀를 기울여야 하겠습니다.

주제의 실천 방안

오늘의 에베소 교회인 한국교회를 향하여 주신 주님의 말씀이 여기 있습니다.

1. 주님은 우리의 어제와 오늘을 잘 아시고 칭찬의 말씀을 주고 계십니다.

〈선포〉

"내가 네 행위와 수고와 네 인내를 알고 또 악한 자들을 용납하지 아니한 것과 자칭 사도라 하되 아닌 자들을 시험하여 그의 거짓된 것을 네가 드러낸 것과 또 네가 참고 내 이름을 위하여 견디고 게으르지 아니한 것을 아노라"(2-3절).

<해석>

이 말씀 가운데 중심단어는 우리의 수고와 우리의 인내와 이단들을 분별하는 일과 주님의 이름을 위하여 견디고 게으르지 아니한 것 등등의 어휘입니다. 이 어휘들의 원어를 분석하면서 재해석하면 다음과 같습니다.

> 내가 너희의 실천적인 믿음과 고통과 변치 않는 자세와 사이비이단을 분별하는 총명과 내 이름을 위하여 숱한 역경 가운데서도 확고한 자세로, 지쳐 쓰러지지 않고 너희가 살아온 것을 내가 아노라.

실로 듣기 어려운 칭찬입니다. 에베소 교회는 많은 일을 한 교회였습니다. 에베소 교회는 계속 수고하고, 꾸준히 인내하였으며, 거룩한 사명에 충성을 다하여 칭찬을 받았습니다. 에베소 교회는 진리를 사모함에 있어서, 견고한 믿음의 소유에 있어서, 이단들에 대하여 정절을 지킴에 있어서 어느 교회보다 모범이 되었습니다.

<적용>

한국교회도 주님 주신 이 칭찬의 말씀을 받기에 적합한 과거를 가지고 있습니다. 130년의 짧은 역사이지만 한국교회는 갖은 환난과 핍박의 관문을 통과한 교회입니다. 우리의 주님 예수 그리스도, 그 이름 하나 붙들고 순교의 피를 어느 나라보다 많이 흘린 우리의 한국교회입니다.

나라 잃은 슬픔의 눈물도 제대로 흘릴 겨를 없이 엄습해 왔던 일제의 음험하고 흉악한 손길에 우리의 교회는 갖은 농락을 다 당했습니다. 그들은 신사참배를 비롯하여 하나님의 말씀의 전파마저 억압했던 사탄의 무리로서 36년간 우리의 교회를 핍박했습니다. 그때 우리의 교회는 나라의 구원과 나의 구원을 구분하지 않고 주님의 자비를 구하면서 눈물을 흘리고 호소를 했습니다.

그뿐만이 아닙니다. 광복의 기쁨을 누리기도 전에 하나님의 존재마저 부정한 공산주의자들의 침략으로 6·25라는 칠흑같이 어두운 현장에서 교회는 순교의 피를 흘려야 했습니다. 세계에서 가장 비참한 처지에 놓인 나라로 우리는 추락하고 말았습니다. 그때 한국교회는 발길이 멈춘 피난길마다 천막을 치고 모여 하나님을 예배하고 기도하면서 하나님의 도움을 애절하게 울부짖고 울부짖었습니다.

가장 비참한 육신의 생활을 지탱하면서도 하나님을 향한 우리의 청아한 기도와 찬송은 하나님의 마음을 움직이고 있었습니다. 주님의 십자가를 쳐다만 보아도 눈물짓는 순박하고 아름다운 주님 사랑의 열정이 가득하였습니다.

또한 얼마나 많은 이단들과 터무니없는 교주들이 우리 주변에서 날뛰었고 지금도 날뛰고 있습니까? 그들의 감언이설은 우리의 교인들을 지독하게도 끈질기게 유혹하였습니다. 그러나 우리의 교회는 주님이 주신 지혜와 말씀에 의지하여 슬기롭게 대처하여 이들로부터 큰 상처를 받지 않고 오늘에 이르렀습니다. 세계 도처를 향한 선교의 불길은 세계교회를 놀라게 했습니다.

생각하면 대견스럽고 자랑스럽습니다. 한국교회의 목사가 되고 장로가 된 것에 자부심을 갖지 않을 수 없었습니다.

우리 주님은 이러한 사실을 단순한 어떤 기록을 통하여 아시는 것이 아니라 우리 가운데 계시면서 우리를 지키셨기에 한 가지 항목도 빠트리지 않고 상세하게 알고 계신다고 말씀하십니다. 그러한 주님께서 우리를 알아주신다는 그 한 말씀은 우리의 가슴을 뿌듯하게 해주고 기쁨을 간직하게 만듭니다.

주님의 말씀을 다시 한 번 더 경청하고 싶습니다.

한국교회여!

나는 너희가 겪은 놀라운 일과 거기에 따른 네 고통을, 그리고 그 처절한 인내를 잘 알고 있노라. 또 네가 악한 자들을 용납할 수 없었으며 우후죽순처럼 너희 땅에서 일어나 행세하던 이단들을 시험하여 그들의 허위를 가려낸 일도 잘 알고 있노라. 너는 잘 참고 내 이름을 위해서 견디어 냈으며 낙심하는 일이 없었노라.

2. 주님께서는 우리가 처음 사랑을 버렸음을 책망하시면서 "생각하라", "회개하라", "회복하라"는 준엄한 명령을 주고 계십니다.

〈선포〉

그러함에도 불구하고 너를 책망할 것이 있나니 내게 보여주었던 처음 사랑을 버렸느니라. 그러므로 어디서 그 첫사랑의 연줄이 끊어졌는지를 깊이 생각해 보고 회개하여 처음 행위를 회복하라(4-5a절).

〈해석〉

에베소 교회는 사도 바울이 2년 동안 그곳에 머물면서 때로는 박해를 받아가면서 심혈을 기울여 세운 교회입니다. 바울 사도가 에베소를 떠날 때는 디모데를 그곳에 머물게 할 만큼 철저하게 교육시켰고 오네시보로와 같은(딤후 1:16-18) 충성된 일꾼들이 많이 배출된 교회였습니다. 그래서 그들이 주님께 보여주었던 처음의 사랑은 일곱 교회 가운데 가장 우수하고 열정적이었습니다. 어디에도 에베소 교회가 타락한 기록이 없습니다. 거짓 교리를 따른 적도 없습니다. 태만하고 방종의 길을 걷지도 않았습니다. 핍박을 받을 때도 주님을 배반한 적이 없었습니다.

그러함에도 불구하고 주님 보시기에는 에베소 교회가 처음에 보여주었던 그 아름다운 사랑의 행위가 사라지기 시작하였습니다. 그래서 주님은 가슴 아파하시면서 어디에 그 원인이 있는지를 살펴보고, 철저하게 뉘우치고, 회복하여 새롭게 일어설 것을 명령하셨습니다.

〈적용〉

바로 이 책망과 명령은 오늘의 한국교회를 향한 말씀으로 우리 앞에 놓여 있습니다. 한국교회가 그 환난과 핍박, 가난과 질병, 전쟁과 죽음의 공포 속에 있을 때 우리는 참으로 절박하게 주님을 의지하고 사랑하고 섬겼습니다. 주님은 우리의 생명이셨습니다. 우리의 최고 최대의 사랑이요 기쁨이었습니다. 우리는 하나님을 예배하는 데 지루하거나 지쳐본 적이 없었습니다. 가가호호를 방문하면서 전도를 해도 피곤하지 않고 오히려 기쁨이 충만했습니다. 하나님을 예배하는 주일은 그리스도인들의 잔칫날이었습니다. 성경을 배우는 모임마다 앞다투어 달려갔고, 그 말씀을 배우고 암송하는 데 앞서가고 싶은 마음들이 간절했습니다. 새벽기도회는 언제나 그날의 출발을 든든하게 하는 초석이었습니다.

그런데 지금 우리는 어떤 지경에 놓여 있습니까? 많이 변해 있습니다. 우선 하나님의 말씀을 읽고 먹으면서 내 영혼을 건강하게 만들려는 노력이 사라졌습니다. 주님을 사랑하는 것보다 물질의 풍요로움을 더 우선적으로 하는 위험한 길을 달리고 있습니다. 주님의 십자가를 쳐다보면서 '내 탓입니다'의 겸허한 자기반성보다는 '너의 탓이다'고 고성을 지르면서 부끄러운 추태를 연출합니다.

주님이 보여야 할 자리에 돈과 명예와 권력만 보이고 있습니다. 하나님만을 예배해야 하는 예배의 본질은 사라지고 인간 심성의 만족에 초점을 맞춥니다. 설교에서는 하나님의 말씀은 들리지 않고 설교자의 판단과 경험과 지식과 예화의 나열만 들립니다. 그 결과 말씀의 주인이신 성삼위일체되신 하나님은 보이지 않고 설교자만 보입니다.

어찌하여 우리는 이 모양이 되었습니까? 하나님의 영광, 예수님 제일주의, 성령님의 역사와 인도하심을 부르짖던 우리의 입이 어찌 이리 조용합니까?

"우리가 살아도 주를 위하여 살고 죽어도 주를 위하여 죽나니 그러므로
사나 죽으나 우리가 주의 것이로다"(롬 14:8).

이 말씀을 수없이 외치던 주님을 향한 첫사랑의 고백은 영영 들리지 않습니다. 주님은 이 시간 다시 독촉하십니다.

(한국교회여,) 너희가 진정 처음 사랑을 버렸노라. 어디서 무엇에 의하
여 나와의 첫사랑의 줄이 끊어졌는지 반성하고 살펴보라. 그리고 회개

하라. 어서 처음 행위를 회복하라(4b-5a절).

그렇습니다. 주님과의 뜨거운 사랑의 관계를 가로막고 있는 것들을 모두 청산하고 방향의 전환을 가져와야 하겠습니다. 우리 주님은 한국 교회와 가졌던 그 아름다운 밀월관계를 회복하기 원하십니다. 그 사랑의 연줄을 회복할 것을 급하게 재촉하고 계십니다. 어느 때까지 머뭇거리다가 파멸의 늪에 빠지시렵니까? "회개하라"는 말씀은 주님이 우리를 아직도 사랑하고 계시기에 하신 말씀입니다. 우리를 버리시지 않고 그 품에 안아 주시기 위하여 부탁한 애정의 표현입니다. 우리와 아름다운 미래를 이어가기를 원하시는 주님의 깊은 정이 숨겨진 단어입니다. 이 시간 거듭 성령님께서 우리의 심령에 다가와 명령하십니다.

주님과의 그 아름다웠던 처음 사랑의 연줄이 어디서 무슨 이유로 끊어졌는지를 깊이 생각해 보라. 그리고 회개하라. 어서 처음 사랑의 행위를 회복하라.

3. 주님은 주님의 명령을 따르지 않으면 교회의 촛대를 옮기시겠다고 경고하십니다.

〈선포〉

"만일 그리하지 아니하고 회개하지 아니하면 내가 네게 가서 네 촛대를 그 자리에서 옮기리라"(5b절).

〈해석〉

계시록에서 계속 언급하신 일곱 촛대는 지상의 여러 형태의 교회를 상징하고 있습니다. 우리 주님은 서머나 교회와 빌라델비아 교회에는 순수한 칭찬만, 에베소 교회와 버가모 교회와 두아디라 교회에는 칭찬과 책망, 그리고 사데 교회와 라오디게아 교회는 책망만 하셨습니다. 그런데 그들에게 주는 보응 가운데 에베소 교회만이 명령대로 따르지 않으면 교회의 촛대를 옮기겠다는 매우 특별한 말씀을 하십니다.

기독교의 역사는 움직이는 역사입니다. 예루살렘에 세워졌던 교회의 촛대와 그 불길은 그들이 구실을 다하지 못했을 때 안디옥으로 옮겨갔습니다. 그 다음은 로마로, 그 다음은 유럽으로, 그 다음은 미주로 늘 옮겨갔습니다. 20세기 종반부터는 북미에서 그 교회의 촛대가 시들기 시작했습니다.

〈적용〉

그래서 미국 땅에서 타오르던 교회의 촛대가 어디로 옮겨갈 것인지 세계교회는 주목하고 있었습니다. 그곳이 브라질이 될 것인지 중국이 될 것인지 한국이 될 것인지 예측불허였습니다. 그러나 하나님은 세계교회의 촛대를 아시아의 한반도에 자리잡은 우리 한국교회에서 타오르게 할 때 모두가 놀랐습니다. 우리의 교회 성장과 선교의 열정은 어느 나라도 따라올 수 없을 정도로 지난 20년간 그 열기가 뜨거웠습니다.

기독교의 교회성장학을 비롯한 저명한 신학자들이 한국교회를 분주히 드나들면서 선교의 기적이라는 말을 남기고 있었습니다. 우리는 그 불길이 멈추지 않고 활활 이 땅에서 타오르리라 믿고 기뻐하며 감사했습니다. 지금도 그렇게 믿는 이들이 많습니다.

그러나 이상한 징조들이 2010년대에 접어들면서 우리에게서 나타나고 있습니다.

먼저 외적으로, 우리의 환경이 매우 불리하게 조성되고 있습니다. 저출산과 고령화 사회의 급속한 진입, 경제성장률의 저하, 물질만능의 풍조에 밀린 인간성의 상실, 이와 같은 수많은 환경 변화는 우리의 교회를 괴롭히고 있습니다.

거기에 더하여 한국교회의 내적인 문제는 더욱 심각한 지경에 이르고 있습니다.

* 그렇게 북적대던 주일학교가 여기저기서 문을 닫기 시작한 지 오래입니다.

* 교회의 주역들이 이제 은퇴를 하고 천국행 열차를 기다리고 있습니다. 그 자리를 다음세대가 이어주지를 못합니다.

* 목사들이 선지동산에서 교육받을 때는

"존귀영광 모든 권세 주님 홀로 받으소서

멸시천대 십자가는 제가 지고 가오리다

이름 없이 빛도 없이 감사하며 섬기리다

종의 몸에 지닌 것도 아낌없이 드리리다"

라는 찬송을 그렇게도 열심히 불렀지만 교회가 성장하면서 초심을 잃고 이 찬송의 정반대 길을 걷고 있습니다.

* 목회자와 당회는 살얼음판을 걷다가 끝내는 비방과 분쟁과 고발과 고소로 이어지는 현상이 여기저기서 속출하고 있습니다.

* 개척교회와 소형교회는 문을 닫는가 하면 축소현상이 뚜렷해지고

있습니다. 반면에 대형교회만이 더 비대해집니다.

 * 해외에 파송한 선교사의 생활비를 보내지 못하는 교회가 매년 증가하고 있습니다.

 * 최근에는 거대한 예배당 건물들이 은행의 부채상환이 어려워 경매물로 나와 있는데, 그 중에는 우리 교단 교회의 예배당들도 포함되어 있다는 서글픈 보도입니다.

이러한 현장을 취재한 어느 매스컴은 "이 현실은 외형적인 성장에 집착하는 한국교회의 타락을 보여주는 대표적인 장면이다"라고 보도하고 있습니다.

어느 미래학자는 "이 거대한 파도를 제대로 넘지 못하면 한국의 개신교는 기독교 역사상 가장 빠르게 몰락할 수 있다"고 말합니다.

생각해 보십시다. 우리가 주님과의 처음 사랑을 회복하지 않고 주님을 주님의 자리에서 밀어낸다면 주님은 촛대를 그 자리에서 옮기시게 됩니다. 만일 주님께서 한국교회에서 물러나시고 교회의 촛대가 이 땅에서 옮겨진다면 우리도 저 유럽의 교회들과 같이 폐허의 공간으로 남게 될 것입니다. 기쁨과 평안은 어둠 속에서 헤매게 될 것입니다. 우리의 이 화려한 예배당들은 그들처럼 다세대 주택, 유스호스텔, 술집으로 사용하게 될 것입니다.

우리 앞에 몰아친 이 거센 파도를 어려움 없이 넘을 수 있는 길이 어디에 있습니까?

어렵게 보이지만 어렵지 않습니다. 주님이 말씀하신 대로 우리의 어제와 오늘을 성찰하면서 섬세하게 살펴보십시다. 새롭게 거듭나는 회개의 통곡을 하십시다. 그리고 우리 교회가 주님에게 보여드렸던 처음 사랑을 회복하십시다. 이것이 주님의 뜻이며 요구이며 명령입니다. 우리의 교회가 모든 목표를 하나님의 영광에 초점을 맞추고 주님의 사랑으로 충만해 있다면 어찌 우리 주님이 우리 교회의 몰락을 그대로 방치하시겠습니까?

주제 실천의 결과

오늘의 에베소 교회인 한국교회가 주님의 명령을 따른다면 어떤 결과가 우리에게 주어집니까?

우리가 주님과의 처음 사랑의 회복을 위하여 노력을 할 때마다 사탄의 무리가 발광하면서 방해를 하고 있습니다. 하나님이 주신 선한 양심과 믿음과 희망을 흐리게 하는 사탄의 세력과 싸움을 해야 합니다. 바로 이 싸움터에서 주님의 도움을 요청합시다. 바로 이때 말씀하십니다.

이겨라. 승리하라. 네가 승리할 때 내가 하나님의 낙원에 있는 생명나무
의 열매를 네게 주어 먹게 할 것이다(7절).

실로 놀라운 은혜의 약속입니다. 에덴동산에서 이브가 금단의 선악과를 따서 아담에게 주었을 때 그들은 먹고 타락하였습니다. 그러나 우리가 처음 사랑을 회복한다면 두 번째 아담인 우리 주님이 직접 하나님의 낙원에 있는 생명나무의 열매를 따서, 신부로 비유된 우리 교회에 손수 주셔서 먹게 해주시겠다는 약속입니다. 그리고 영원히 살게 해주신다는 말씀입니다. 이 땅의 어떤 사연이 이렇게 장엄하고 기쁨의 극치를 이룰 수 있겠습니까?

주님 다시 오실 때까지 우리의 한국교회가 주님이 직접 주신 생명나무의 열매를 먹고 하나님의 낙원에 머물면서 기쁨을 향유할 수 있기를 우리 주님은 지금도 원하고 계십니다.

결론

어느 외국의 저명한 신학자가 1970년 초반에 한국교회에 대한 책을 썼습니다. 그 책 이름은 *Struggle for Christ*(그리스도를 위한 몸부림)이라는 책입니다. 그분은 한국교회가 주님을 뜨겁게 사랑하면서 가졌던 그 처음 행위를 한국교회의 5대 특징이라고 말했습니다.

첫째, 하나님을 예배하기 위하여 모이는 열심
둘째, 하나님의 말씀을 사모하는 성경공부
셋째, 이웃의 영혼을 불쌍히 여기면서 찾아가는 전도의 열심
넷째, 세계의 어느 교회도 모방할 수 없는 기도의 열정
다섯째, 외국에서는 좀처럼 보기 드문 십일조 생활

이 모두는 진정 주님을 사랑하기에 스스로 우러나와서 실천했던 아름다운 사랑의 처음 행위였으며 땀과 눈물이 어린 몸부림이었습니다. 그때 우리 모두는 그리스도의 사랑과 평강과 정의가 살아 숨 쉬는 것을 체험했습니다. 교회의 촛대가 세계를 향하여 타오르고 있음을 실감했습니다. 이러한 특성이 우리 교회가 에베소 교회처럼 성장하는 동력이었다면 우리가 회복해야 할 항목입니다. 이 항목들은 주님과의 첫사랑이 회복될 때만이 다시 꽃을 피우게 됩니다.

주님은 이 사랑의 처음 행위를 보면서 한국교회의 오늘을 허락하셨는데 그 사랑이, 그 성스러운 행위가 세속화되어 가고 사라져 가기에 안타까운 심정으로 살펴보라, 회개하라, 회복하라, 그리하면 교회의 촛대를 옮기지 않으실 뿐만 아니라 지금까지 경험해 보지 못한 놀라운 은혜를 한국교회에 주시겠다고 약속하십니다.

다시 한 번 더 주님의 말씀을 경청하십시다.

"내가 네 행위와 수고와 네 인내를 알고 또 악한 자들을 용납하지 아니한 것과 … 또 네가 참고 내 이름을 위하여 견디고 게으르지 아니한 것을 아노라 그러나 너를 책망할 것이 있나니 너의 처음 사랑을 버렸느니라 그러므로 어디서 떨어졌는지를 생각하고 회개하여 처음 행위를 가지라 만일 그리하지 아니하고 회개하지 아니하면 내가 네게 가서 네 촛대를 그 자리에서 옮기리라 … 귀 있는 자는 성령이 교회들에게 하시는 말씀을 들을지어다 이기는 그에게는 내가 하나님의 낙원에 있는 생명나무의 열매를 주어 먹게 하리라"(2-7절).

주님의 말씀입니다. 기도합시다.

2013년 제98회 총회 경건회

새 성전 새 출발

본문 : 역대하 6:1-11

주제 : 새 성전에서의 신앙생활

서론

부요한 나라라고 일컫는 미국의 시카고 근방에서 있었던 일입니다. 백 년이 넘은 벽돌 건물인 예배당을 허물고 새로운 성전을 짓기로 했습니다. 벽돌 하나하나를 조심스럽게 뜯고 있었는데 벽돌의 이곳저곳에서 이상한 붉은 반점이 있는 것을 발견했습니다. 신기한 일이라 화학연구소에 보내서 조사해 보았습니다. 그 결과는 사람의 핏방울이었습니다.

내용인즉 그 예배당을 건축했던 초기 교인들이 나와서 손에 피를 흘려가면서 벽돌을 쌓았다는 결론을 얻게 되었습니다. 자신의 예배당은 자신의 손으로 짓겠다는 초기 교인들의 뜨거운 신앙을 입증해 주는 하나의 기록이었습니다. 이러한 사실을 알게 된 모든 교인은 너도 나도 다 나와서 예배당을 건축하는 데 자신들의 재산을 내놓고 손수 일을 거들면서 뜻한 대로 아름다운 예배당을 지었습니다. 그리고 그 예배당에 입당하면서 하나님 앞에 모두가 뜨거운 감사의 눈물을 흘리며 행복감에 젖었다는 이야기입니다.

모스크바에서 5시간이 걸리는 곳에 한국의 어느 교회 지원으로 건립한 아름다운 예배당을 방문하게 되었습니다. 그곳의 목사가 반갑게 맞이하면서 악수를 건넸습니다. 그런데 그 손은 분명 사람의 손인데 느낌은 사람의 손이 아니었습니다. 짐승의 발바닥을 만지는 듯 돌덩이에 가까운 손이었습니다. 사연인즉, 복음을 받고 전도를 하여 교회를 설립하였는데 예배당이 없어서 간절한 기도로 여러 해를 보냈다고 합니다. 그때 한국의 어느 교회가 예배당 건축을 후원하여 소원을 이루게 되었답니다. 그런데 건축과정이 놀랍습니다. 교인들은 자신들이 기증한 벽돌을 가져오고 목사는 그 모든 벽돌 한 장 한 장을 받아 기도하고 자신의 맨손으로 깨끗한 물에 일일이 씻어서 벽을 쌓았다고 합니다. 그래서 그 손이 돌덩이처럼 굳었다는 이야기입니다. 그 이야기를 듣고 예배당 안에 들어갔는데 얼마나 지극정성을 다하였는지 감탄하였습니다.

본문 접근

오늘 봉독한 말씀은 이스라엘이 전성기를 누리던 시절에 있었던 기록입니다. 하나님은 이스라엘 백성들을 택하여 이집트에서 400년의 모진 시련을 경험하게 한 후에 하나님의 크신 권능의 손길로 10개의 재앙을 보여주시면서 바로 왕의 고집을 꺾고 이들을 탈출시켰습니다. 홍해를 건너 불과 2주면 도달할 약속된 가나안 땅인데 하나님은 시내 광야에서 40년의 긴 세월 동안 하나님이 내려주신 예배법규를 가지고 하나님을 바르게 예배하는 훈련을 시키셨습니다. 바알 종교에 젖어 있던 이들을 열심히 훈련시켰으나 이미 오염된 그들은 늘 바알 종교의 옛 구습을 버리지 못하였습니다. 결국 하나님은 1세대 중에서는 여호수아와 갈렙만을 선택하시고, 광야에서 하나님을 예배하는 훈련을 받으면서 출생한 2세들만이 약속된 땅 가나안에 들어가게 하셨습니다.

가나안에 들어온 이스라엘은 국가를 형성하게 되었습니다. 1대 왕 사울은 하나님을 기쁘시게 해드리는 왕으로서 실패했습니다. 2대 왕 다윗은 비록 한때 육체의 욕구를 이기지 못하고 실수를 범했어도, 오히려 그것을 거울삼아 하나님을 섬기는 데 최선을 다한 왕이 되었습니다. 다윗은 무엇보다도 하나님의 이름을 위해, 레위기를 중심하여 내려주신 예배의 규례를 온전히 지킬 성전을 지으려고 모든 준비를 완료하였습니다. 그러나 하나님은 다윗에게는 그 귀한 임무를 허락하지 않으시고 그 아들 솔로몬 왕에게 허락하셨습니다.

솔로몬 왕은 이 귀하고 존엄한 성전건축의 임무를 성실히 수행하여 성전을 완공하였습니다. 드디어 모세가 하나님으로부터 받은 십계명이 새겨진 두 돌비가 들어있는 언약궤를 성전의 지성소에 모셨습니다.

오늘의 본문은 66권의 성경 가운데서 매우 특별하고 장엄하고 깊은 감격이 스며있는 말씀입니다. 하나님은 거대한 성전건축을 완료한 후에 솔로몬으로 하여금 모든 백성 앞에서 감격의 봉헌사를 고백하도록 하셨습니다.

본문의 재경청

이제 다시 한 번 본문의 말씀을 현대어로 경청해 보십시다.

두 돌비가 든 언약궤를 지성소에 모신 후에 이들은 다 같이 나팔을 불고 노래를 불렀다. 여호와를 찬양하고 감사를 드리는 찬양의 소리가 한소리처럼 들렸다. 나팔을 비롯한 모든 악기에 맞추어 "여호와는 인자하시다 그 사랑 영원하여라" 하고 소리 높여 찬양하는데 여호와의 성전에는 구름이 가득차서 제사장이 예식을 거행할 수 없었다. 그만큼 여호와의 영광이 성전에 가득하였다.

그때에 솔로몬이 입을 열어 "여호와여 제가 주님을 위하여 성전을 건축하였사오니 주께서 이 성전에 영원히 계시옵소서"라고 말했다. 그리고 나서 왕은 모여 있는 온 회중 쪽으로 얼굴을 돌려 복을 빌어주면서 말했다.

"이스라엘 하나님 여호와를 송축하여라. 여호와는 나의 선왕 다윗에게 약속하신 것을 모두 이루어 주셨다. … 하나님이 하나님의 이름을 둘 곳으로 예루살렘을 정하고 다윗으로 왕을 삼아 … 여호와의 이름을 위하여 성전을 지을 마음을 품게 되었다. 그러나 하나님은 '네가 내 이름을 위하여 집을 짓겠다고 생각하는 것은 기특한 일이나 너는 나의 집을 짓지 못한다. 네 아들에 이르러 내 집을 지을 것이다' 하셨다. 이제 여호와께서 허락하신 대로 내가 왕이 되어 내 부친을 대신하여 여호와의 이름을 위하여 성전을 건축하고 하나님이 이스라엘 백성과 맺어주신 계약의 궤 곧 언약궤를 여기에 모셨다."

주제 부상

새로운 성전에 들어선 왕과 제사장들과 모든 백성은 새로운 신앙의 결단을 내리고 있는 순간이었습니다. 이들은 이 아름다운 성전을 허락하신 하나님을 찬양하고 있었습니다. 이들은 새로운 성전에서 헝클어지고 오염된 자신들의 과거를 청산하고 자신들의 몸과 마음과 정신과 신앙을 새롭게 단장하면서 하나님을 예배하고 있었습니다. 새로운 성전에 서 있다는 것은 모두를 엄숙하게 만드는 일이었으며 새로운 결단을 갖게 하는 순간이었습니다. 그리고 새로운 역사를 창조하게 하는 기대한 은혜의 순간이었습니다.

주제의 정의

성전이란 흔히들 아름답고 정교하게 만들어진 건물을 말합니다. 그러나 그것은 진정한 뜻이 아닙니다. 또는 성전이란 교인들이 자신들의 노력으로 만들어진 자신들의 작품으로 생각합니다. 그러나 그것은 잘못된 생각입니다. 어떤 이는 새로운 예배당을 잘 지어놓고 자신의 공로처럼 과시하는 경우도 있는데 이것 또한 잘못된 것입니다.

오늘의 말씀에서는 진정한 성전은 무엇보다도 하나님이 기뻐하시고 영광을 받으시는 곳임을 밝혀 주고 있습니다. 진정한 성전은 하나님의 이름을 위하여 세워지고, 오직 그분만을 예배하는 데 바쳐지는 하나님의 집이 성전임을 알려 주고 있습니다.

주제의 필요성

교회가 자신들이 예배할 성전이 필요한 이유가 어디 있습니까?

이민목회를 시작할 때의 일입니다. 미국교회의 예배당을 사용하게 되었는데 그 교회 담임목사의 학대에 교인들이 많이 불편해하고 눈물을 흘리기도 했습니다. 노인 몇 명만 모인 교회로서 예배당 유지가 어려워서 그 운영비의 많은 부분을 한인교회가 담당하고 있었는 데도 참으로 불편한 문제가 많았습니다. 그때마다 예배당을 갖지 못한 아픔이 실로 컸습니다.

최근에는 성전 곧 예배당이 필요없다고 하면서 어떤 사람은 TV 중계로 예배를 대신하고 살아가는 경우도 있습니다. 재택예배라는 어휘가 나오면서 성전을 떠난 예배들이 서서히 머리를 들고 있습니다. 집에서 드리는 예배는 처음에는 정성을 드릴 수도 있을 것입니다. 그러나 나와 내 식구를 중심하여 단수적인 개념으로 드리는 예배는 온전하지 못하고 언젠가는 문제를 유발합니다. 하나님의 자녀들이 지정된 시간에 거룩한 성소에 모여서 복수적인 개념으로 드리는 것이 예배입니다.

이러한 진정한 예배를 드리기 위해 여러분은 이 아름다운 성전을 마련하셨습니다. 여러분은 감격에 젖어 있습니다. 이제 좀 더 구체적으로 오늘의 말씀을 통해 주시는 메시지에 귀를 기울여봅시다.

주제를 위한 메시지

1. 오늘의 말씀에서 성전이란 하나님의 이름을 위하여 세워졌음을 밝혀 주고 있습니다.

〈선포〉

"내 아버지 다윗이 이스라엘의 하나님 여호와의 이름을 위하여 성전을 건축할 마음이 있었더니 여호와께서 내 아버지 다윗에게 이르시되 네가 내 이름을 위하여 성전을 건축할 마음이 있으니 이 마음이 네게 있는 것이 좋도다 그러나 너는 그 성전을 건축하지 못할 것이요 네 허리에서 나올 네 아들 그가 내 이름을 위하여 성전을 건축하리라 하시더니 이제 여호와께서 말씀하신 대로 이루셨도다 내가 여호와께서 말씀하신 대로 내 아버지 다윗을 대신하여 일어나 이스라엘 왕위에 앉고 이스라엘의 하나님 여호와의 이름을 위하여 성전을 건축하고"(7-10절).

〈해석〉

우리가 평소에는 쉽게 넘기면서 읽었던 말씀이었습니다. 그런데 놀라운 사실은 6절부터 10절까지 구절마다 하시는 말씀이 성전은 여호와 하나님의 이름을 위하여 세워져야 하고 또 그 이름을 위하여 세워졌음을 명기하고 있습니다.

여기서 이름이라는 단어는 히브리어에서 '쉠'이라 합니다. 그 뜻은 단순한 호칭을 말하는 것이 아니라 '명예', '권위', '영광', '기념물' 등의 뜻을 가지고 있습니다. 그래서 풀어 번역을 한다면 하나님의 영광, 하나님의 명예, 하나님의 권위를 위해 성전은 세워져야 한다는 뜻입니다. 다시 말하면 하나님을 예배하는 성전에서는 모든 행사가 여호와 하나님의 이름만을 위하여 진행되어야 한다는 것을 우리에게 엄격하게 가르치고 있습니다. 하나님의 존엄하신 영광과 권위와 명예가 최우선적으로 지켜져야 성전의 본래적 사명이 수행된다는 말씀입니다.

〈적용〉

그렇습니다. 여러분이 정성을 다하여 세운 이 성전은 어느 특정한 인간을 위한 것이 아니라 하나님을 위한 것이었기에 여러분은 눈물어린 고생을 하셨고 또 하셔야 합니다. 오직 우리가 섬기는 하나님을 위한 것이었기에 여러분은 그렇게 피땀 흘려 모은 재산을 이곳에 바쳤습니다. 여러분의 가슴에 하나님을 위한 것이라면 생명이라도 내어놓을 수 있는 믿음이 있기에 하나님을 위한 성전건축에 여러분은 발 벗고 나섰습니다. 오직 하나님의 이름이 거룩히 여김을 받으실 수 있는 성전건축이기에 시간마다 눈물을 흘리면서 기도를 하게 되었습니다.

앞으로 이 성전은 오직 하나님의 이름이 빛나고 거룩하여지고 그 이름만을 위하여 예배하는 귀한 성전이 되어야 합니다. 다윗이 아들 솔로몬에게 성전건축의 신성한 임무를 넘겨주던 순간, 하나님은 그의 입을 통하여 말씀하셨습니다.

> 이 전은 사람을 위한 것이 아니고 여호와 하나님을 위한 것이다
> (대상 29:1).

2. 오늘의 본문은 성전은 하나님이 영원히 계실 곳이라고 말씀하십니다.

〈선포〉

"내가 주를 위하여 거하실 성전을 건축하였사오니 주께서 영원히 계실 처소로소이다"(6:2).

〈해석〉

이 본문에 나타난 핵심단어는 '영원'과 '거하신다'입니다. 히브리어에 영원이라는 단어는 '올람'인데 그 뜻은 우리가 아는 '무궁' 또는 '영속', '언제나'의 뜻입니다. 그리고 거하다는 '야쇠브'인데 '남아있다', '거주하다', '머무르다'의 뜻입니다.

그래서 우리 성경의 번역대로 하나님이 영원토록 이 성전에 계셔주시기를 희망하는 간절한 호소가 담겨 있습니다. 이스라엘 백성들이 있는 정성을 다 기울여 건축하였사오니 부디 이 성전을 통하여 이스라엘을 지켜주시고 보우하여 주십사 하는 애절한 기도였습니다.

여기 우리가 드려야 할 기도를 솔로몬을 통하여 보여주십니다. 이

성스러운 현장에서 있었던 봉헌의 기도를 교독하시면서 그 깊은 감격을 함께 느껴보십시다.

인도자 : 하나님 여호와여, 천지에 주와 같은 신이 없습니다.

회　중 : 주는 온전한 마음으로 순종하고 주의 뜻대로 살려고 하는 모든 사람들에게 주의 언약을 지키시고 사랑을 베푸시는 신이십니다.

인도자 : 우리 주 하나님은 하늘에서 들으시고 우리의 기도에 응답하소서.

회　중 : 그러면 세상에 모든 민족이 주의 백성과 마찬가지로 주의 이름을 알고 주를 두려워할 것이며, 우리가 바친 이 성전이 주께서 경배를 받으시는 곳임을 알게 될 것입니다.

인도자 : 하나님 여호와여, 천하에 주와 같은 신이 없습니다.

회　중 : 주는 온전한 마음으로 순종하고 주의 뜻대로 살려고 하는 모든 사람들에게 주의 언약을 지키시고 사랑을 베푸시는 신이십니다.

인도자 : 하나님이시여, 그렇지만 주께서 정말 사람들과 함께 땅에 계실 수 있겠습니까?

회　중 : 가장 높은 하늘도 주를 모실 곳이 못되는데 하물며 우리가 세운 이 성전에 어떻게 주를 모실 수 있겠습니까?

인도자 : 하나님 여호와여, 주 앞에서 부르짖는 우리의 기도를 들으시고 우리의 소원을 들어주소서.

회　중 : 이제 이 성전을 밤낮으로 지켜보소서. 이곳은 주께서 경배를 받으시겠다고 말씀하신 곳입니다.

인도자 : 우리가 이 성전을 향해 부르짖을 때 주는 우리의 기도를 들어주소서.

함　께 : 주는 하늘에서 들으시고 우리에게 자비를 베푸소서. 그리고 우리의 모든 죄와 잘못을 용서해 주소서(6:14 - 21).

12절부터 이어진 이 봉헌기도는 사람들의 심금을 울리고 있습니다. 하나님은 성전을 봉헌하는 솔로몬 왕의 비장한 결심이 알알이 새겨져 있는 봉헌을 우리에게 다시 들려주셨습니다.

이스라엘 역사에 전무후무한 순간입니다. 새 성전에서 새 출발을 결심하는 아름다운 순간입니다. 누가 보아도 뜨거운 박수를 보낼 수밖에 없습니다. 그 충성, 그 맹세는 하나님의 마음을 흡족하게 하였습니다.

〈적용〉

오늘 이 교회 성도들은 이 아름다운 새 성전에서 새로운 출발을 다짐하는 순간입니다. 기대하지 않았던 예배당에 들어오면서 모두가 깊은 감격에 빠져 있습니다. 누구나 하나님이 이곳에 영원히 머물러 영광을 받으시기 원합니다. 우리 모두는 하나님이 기뻐하시는 사연만이 이 성전 안에서 발생되기를 원합니다.

이제 우리도 우리의 언어로 다음과 같은 다짐의 기도가 이어져야 합니다.

오! 주 여호와 하나님!

하나님의 이름을 위해 있는 정성을 다해 온 백성이 힘 모아 이 아름다운
성전을 건축하였사옵니다.

이곳에서 우리의 뜻과 정성과 생명을 다하여 하나님을 예배하렵니다.

부디 이 성전에 오셔서 오래오래 영원토록 저희와 함께하소서.

이곳은 하나님의 성전입니다.

이 성전을 통하여 하나님의 영광이 빛나도록 최선을 다하렵니다.

참으로 하나님이 기뻐하시고 인간이 감동되는 깊은 신앙이 담겨 있
는 봉헌의 기도입니다.

이러한 염원이 이룩되기 위해서는 이 성전을 지키고 출입하는 모
든 사람들이 정결해야 합니다. 인간 중심이 아니고 하나님 중심이 되
어야 합니다. 이곳에서 발생하는 모든 일이 인간의 기쁨을 위한 행사
가 아니라 하나님을 영화롭게 해드리는 행사여야 합니다. 이 성전에서
예배드리는 성도들이 마음과 뜻과 정성과 목숨을 다하여 하나님을 예
배하는 생활을 끊임없이 계속해야 이곳이 영원한 하나님의 집으로 존
재하게 됩니다. 특별히 화평케 하는 성령님의 역사가 끊임없이 계속
되어야 합니다.

3. 하나님의 성전에는 하나님의 언약이 모셔 있음을 오늘의 본문이
말씀하고 있습니다.

〈선포〉

"제사장들이 여호와의 언약궤를 그 처소로 메어 들였으니 곧 본전

지성소 그룹들의 날개 아래라"(5:7). "그리고 야훼께서 이스라엘 백성과 맺어주신 계약의 궤를 여기에 모셨다"(6:11, 공동번역).

〈해석〉

여기서 말하는 언약궤는 법궤라고도 하는데 모세가 하나님으로부터 받은 십계명이 새겨진 두 돌판을 비롯하여 아론의 싹튼 지팡이와 만나가 든 작은 항아리가 담긴 상자입니다. 크기는 길이가 111cm, 너비와 높이는 각 67cm 정도입니다. 이 언약궤는 아카시아나무로 만들고 안팎을 순금으로 입혀서 이스라엘 백성이 옮길 때마다 가장 정중하고 소중하게 다루었습니다. 언제 어떻게 유실되었는지는 정확한 기록이 없이 지금은 그 실체를 찾을 길이 없습니다.

하나님은 인간이 어떤 형상으로도 하나님을 표현하는 것을 엄격히 금했습니다. 대신 모세를 부르시고 그 앞에서 십계명을 돌판에 새겨주셨습니다. 다른 우상들처럼 하나님을 형상화할 수 없었던 이스라엘 백성은 거기에 새겨진 하나님이 주신 열 가지의 계명을 철저히 준수하는 것이 곧 하나님을 가장 가까이 모시는 것으로 알고 사는 신앙을 가지고 살았으며, 지금도 이스라엘 백성은 여전합니다. 세계의 모든 그리스도인들도 이 십계명을 준수하는 것이 하나님의 말씀을 따르는 기본 정신임을 알고 있습니다.

하나님은 형상을 가지고 계신 분이 아닙니다. 불당의 석가처럼 거대한 동상으로 형체를 가지신 분이 아닙니다. 그런데 어떻게 솔로몬의 성전에 영원히 계신다고 하는 것입니까? 하나님은 하나님이 이 성전에 영원히 계시겠다는 상징으로 십계명이 새겨진 두 돌비가 담긴 언약궤를 이 성전에 모시게 하셨습니다.

〈적용〉

성전은 단순히 예배만 드리고 끝나는 곳이 아닙니다. 우렁찬 찬송으로 일관하고 있는 장소가 아닙니다. 이곳은 하나님의 법도가 살아 움직이는 곳입니다. 오늘의 본문말씀대로 하나님이 인간에게 명령하시고 하나님의 백성들이 따르기로 약속한 언약, 곧 십계명이 담긴 언약궤가 모셔진 곳임을 우리에게 보여주셨습니다.

오늘 우리는 솔로몬 성전의 헌당 때와 같이 십계명이 담긴 언약궤를 어깨에 메고 뒤따라 이 새 성전에 들어오지 않았습니다. 그래서 언약궤 곧 법궤는 유명무실한 것이라고 생각하십니까? 아닙니다. 지금은 하나님이 주신 언약궤를 우리 성도들 개인이 손에 들고 다니고 있습니다. 십계명이 담긴 66권의 성경이 오늘 움직이는 언약궤로서 우리집에서나 예배당에서 언제나 펼쳐지고 있습니다.

우리가 손에 들고 있는 이 언약궤는 구약과 신약으로 분류되어 구약에서는 10계명 이후에 주신 하나님의 그 많은 말씀과 역사, 그리고 신약에서는 성자 하나님의 오심과 교훈과 생애와 수난과 부활과 승천과 재림의 기록, 그리고 우리가 따라야 할 진리의 말씀이 담겨 있습니다. 바로 이 언약궤에 담긴 내용이 이 성전에 출입하는 모든 성도에 의하여 철저히 깨닫고 지켜진다면 하나님이 기뻐하시고 우리 모두에게 복된 삶을 허락하실 것입니다. 그리고 이 예배당은 하나님이 지키시는 성전이 될 것입니다.

4. "내 집을 채우라는 주인의 명령"이 있습니다.

〈선포와 해석〉

누가복음 14장에서 우리 예수님은 매우 중요한 비유를 남기셨습니다. 어느 사람이 기쁨과 감사를 함께 나누고 싶어 큰 잔치를 베풀고 사람들을 초청하였습니다. 그런데 청함을 받은 사람들의 거의 모두가 이 핑계 저 핑계를 대고 오지를 않습니다. 화가 난 주인이 종들에게 명합니다.

"빨리 시내의 거리와 골목으로 나가서 가난한 자들과 몸 불편한 자들과 맹인들과 저는 자들을 데려오라."

그때 종이 말합니다.

"주인께서 명하신 대로 이 사람 저 사람 분별하지 않고 불러왔는데도 아직도 빈자리가 있습니다."

그 주인은 말합니다.

"길과 산울타리 가로 나가서 사람을 강권하여 데려다가 내 집을 채우라"(눅 14:23).

우리 주님은 빈자리를 매우 싫어하셨나 봅니다. 자리를 가득 채우고 말씀을 경청하는 무리가 빈틈없이 들어와 앉아 있기를 원하셨습니다.

〈적용〉

여러분은 이 아름다운 성전을 마련하느라 고생이 많으셨습니다. 편한 마음으로 새 성전에 조용히 앉아 있고 싶은 심정일 것입니다. 어려운 경제형편에 이 거대한 성전을 마련하시느라 여러분의 땀과 눈물이 많으셨습니다.

경제적으로 큰 부담을 하면서 공사를 진행시킨 성도들, 공사장에서 감독하느라 애쓰다가 천장에서 떨어져 주변을 놀라게 했던 성도, 매일 공사장을 찾아와 눈물 흘리며 아무 탈 없이 공사가 마무리되기를 간구했던 기도군단들…. 많은 땀과 눈물이 서려 있는 성전입니다.

이제는 긴장을 풀고 조용히 예배나 드리면서 좀 편하게 지내고 싶은 심정을 십분 이해합니다. 그러나 그리스도인들이 한가하게 쉬고 있을 때 사탄이 꼭 틈을 타고 들어와 하나님을 모시는 일에 방해를 합니다. 거룩한 성전에 흠이 가는 일들이 발생합니다.

어떤 사람은 텅 비어 있는 자리를 보면서 이제는 우리가 성전을 지었으니 목회자가 이 전을 채우리라는 생각을 합니다. 그래서 목회자는 또다시 심각한 심리적인 압박을 받게 됩니다. 그러나 목회자의 일차적인 임무는 길거리에 나가 새 교인을 전도하는 일이 아니라 전도해 온 사람을 예수 그리스도를 영접하게 만들고 그 심령이 하나님과 성공적인 만남이 이루어지도록 하는 데 있습니다.

이제 이 교회의 성도들 모두가 성전 마련을 위해 흘렸던 피나는 노력을 계속해야 합니다. 그것이 하나님의 영광을 위한 일이라면 휴식을 취할 수 없습니다. 주님이 말씀하신 대로 "길과 산으로 나가서 사람을 강권하여 데려다가 하나님의 집을 채우는 일"에 매진해야 합니다, 그래야 이 새 성전에 가득한 하나님의 영광이 지속됩니다.

오늘의 본문에서 보여주신 대로 예배 때마다 하늘의 불이 내려와서 제물을 태우고 하나님의 영광이 가득했던 것처럼, 이 교회가 이제 새롭게 단장한 몸과 마음으로 이 새 성전에서 하나님이 원하시는 예배를 드려야 합니다.

주님의 말씀대로 마음과 뜻과 성품과 목숨을 다하여 하나님을 예배하고 우리의 이웃을 내 몸처럼 사랑해야 합니다. 그리고 이 성전 안에서는 오직 하나님만을 중심하여 그 말씀대로 생각하고, 말하고, 행동해야 합니다.

주제 실천의 결과

새 성전에서 하나님의 영광을 보면서 감사의 기도를 드리고 감격의 찬송을 부르고 주신 말씀을 경청하는 여러분을 보면서 그림을 그려봅니다.

이렇게 아름다운 곳에 넉넉한 공간의 한복판에 자리잡은 이 아름다운 성전을 보기 위한 행렬이 가득함을 상상해 봅니다. 소문에 소문이 거듭되어 주일이면 이 근방에 서는 버스에서 내리는 사람마다, 차를 몰고 오는 사람마다 이 교회의 위치를 묻고 찾아오는 사람들이 줄을 이어오는 것을 상상해 봅니다.

그리고 이 성전에 들어와 아름다운 예배에 흠뻑 젖어 있으면서 남달리 성언운반일념으로 말씀을 전하는 여러분의 목사님 설교에 감명을 받는 모습을 그려봅니다. 그리고 오는 주일이면 주변의 사람들의 손목을 끌고 와서 새 신자들이 차고 넘치는 교회로 만드는 모습을 그려봅니다. 교회의 뜨락에는 유치원생부터 청년에 이르기까지 한주간 내내 북적거리는 매우 특수한 교회의 그림을 그려봅니다.

지금 여러분은 이러한 그림을 충분히 그릴 자신이 있는 듯 의욕에 차 있습니다. 사기와 의욕이 가득함을 봅니다. 대단한 긍지가 여러분의 가슴마다 충만함을 봅니다. 성전을 마련하느라 땀과 눈물을 흘렸던 피곤이나 지침이 없이 미래를 꿈꾸는 활기찬 언어와 행동과 신앙심이 가득합니다.

결론

이러한 남다른 놀라운 은혜를 누리는 여러분에게 하나님은 오늘도 거듭하여 원하시는 항목이 있습니다.

먼저, 이 성전에서 "여호와는 인자하시다 그 사랑 영원하여라"라는 찬송이 끝없이 이어져야 합니다. 둘째, 솔로몬 왕의 입을 통해서 들려온 고백, "제가 여호와를 위하여 성전을 건축하였사오니 주께서 이 성전에 영원히 계시옵소서"라는 고백이 멈추지 않아야 합니다. 셋째, 이 성전은 "여호와 하나님의 이름을 위하여" 지어졌음을 명심 또 명심해야 합니다.

그럴 때 진정한 경배가, 가슴에서 우러나오는 감사가, 뜨거운 찬양이 울려 퍼지게 됩니다. 그럴 때 이 성전에서 하나님의 생명의 말씀이 터져 나오게 됩니다. 뿐만 아니라 젊은이는 꿈과 비전을 받고 나아가는 성전이 됩니다. 그리고 예배를 위하여 드나드는 가정은 하나님을 뵙는 감격에 사로잡혀 진정한 행복을 경험하게 됩니다. 피곤과 좌절에 젖은 사람들은 이 성전에서 드리는 예배를 통하여 평안과 희망을 찾게 됩니다.

이러한 경배, 찬양, 말씀, 기도, 평화와 비전의 꽃이 만발하고 결실을 맺을 때 우리 주님이 지신 십자가의 구원의 소식이 복음으로 실감나게 이곳을 찾는 성도들의 가슴을 움직입니다. 그리고 "내가 길이요 진리요 생명이라"는 주님의 음성이 이 성전 안에서 우렁차게 들립니다.

다시 한 번 솔로몬의 입을 통하여 주신 귀한 고백을 경청하십시다.

"여호와여 제가 주님을 위하여 성전을 건축하였사오니 주께서 이 성전
에 영원히 계시옵소서."

기도합시다.

2017. 11. 5.

제2의 서머나 교회

본문 : 요한계시록 2:8-11

주제 : 인내로 이룩한 충성

서론

인간이 훌륭한 사람이 되고자 하는 데는 여러 가지 방법이 있습니다. 어떤 사람은 이 사람 저 사람 좋은 점만을 선택해서 자기 인생에 반영을 하는가 하면, 어떤 사람은 아예 한 사람을 모델로 정해 놓고 그 사람의 언행과 철학과 모습까지도 모방하려고 하는 사람도 있습니다. 나보다 더 위대하고 내가 갖고 싶은 나의 이상적 삶의 소유자들을 본받고 싶어 하는 것은 인간의 자연적인 심성임에 틀림이 없습니다.

교회도 마찬가지입니다. 우리 교회가 어떤 교회가 되어야 할 것인가를 생각하고 이상을 정하고 나아가는 것은 당연한 이치입니다. 하나님이 성경에서 보여주신 이상적인 교회를 본받아 우리의 교회가 그러한 교회가 되어 보겠다고 노력하고 나아갈 때 더욱 더 발전할 수 있고, 또 원하던 새로운 이상을 성취할 수 있습니다.

본문 접근

하나님은 오늘 본문말씀인 계시록 2장과 3장에서 일곱 교회를 우리에게 보여주십니다. 7교회 중에 3교회는 칭찬과 책망을 받고, 2교회는 책망만 받고, 서머나 교회와 빌라델피아 교회는 오직 칭찬만 받습니다.

오늘 우리에게 보여주신 세 유형의 교회, 즉 칭찬과 책망을 받은 교회, 책망만을 받은 교회, 칭찬만을 받은 교회, 이 셋 중에 어느 교회를 우리의 이상적인 교회로 삼고 싶은지를 물을 때에 누구나 다 칭찬만을 받은 서머나 교회와 빌라델피아 교회를 이상적인 교회의 모델로 하고 싶어 할 것입니다. 그 중에서도 가장 적극적인 칭찬과 사명을 받은 교회가 바로 오늘 서머나 교회입니다. 주님께서 사도 요한이 밧모섬에 있을 때 그에게 계시하시면서 일곱 교회에 주로 주신 말씀입니다. 이 말씀 가운데서 서머나 교회를 향하여 주신 말씀을 다시 한 번 우리의 현대 언어로 풀어서 경청하십시다.

본문의 재경청

처음이고 마지막이며 죽었었지만 살아 계신 분이 말씀하신다. 나는 네가 겪은 힘든 핍박의 환난과 어려운 궁핍을 잘 알고 있다. 그러나 사실 너는 부요하다. 네가 유대인으로 자칭하는 자들에게 비방을 당하고 있는 것도 나는 잘 알고 있다. 그러나 그들은 유대인이 아니라 사탄의 무리이다. 네가 장차 받을 수난의 고통을 두려워하지 말아라. 보아라. 악마가 너희를 시험하여 넘어뜨리려고, 너희 가운데서 몇 사람을 감옥에다 집어넣을 것이다. 너희는 열흘 동안 환난을 당할 것이다. 그러나 너는 죽기까지 충성을 다하여라. 그러면 내가 생명의 면류관을 너에게 씌어 주겠다. 귀 있는 자는 성령께서 여러 교회에 하시는 말씀을 들어야 한다. 승리하는 자는 둘째 사망의 해를 받지 않을 것이다(2:8-11).

본문의 정황 이해

이 말씀의 뜻을 좀 더 터득하기 위하여 서머나 교회를 다시 한 번 이해할 필요가 있습니다. 서머나 교회는 소아시아 서해안의 중요한 위치에 있었습니다. 서머나 도시는 경제적으로 환경적으로 아주 발전되어 있었고 아름다운 지형에 자리잡고 있었습니다. 특별히 당시에 지배국으로 있던 로마는 이 서머나를 자랑스러운 도시로 여기고 있었습니다. 왜냐하면 그들이 인간성이 좋고 적극적으로 로마에 충성을 다하는 모범된 식민지였기 때문입니다.

이 도시에 복음이 들어온 후에 소수의 교인들이 하나님을 예배하는 공동체 곧 교회를 세웠습니다. 그리고 그 교회는 로마에 바쳤던 충성을 버리고 하나님 앞에 모든 충성을 바치게 됨으로 문제가 발생되기 시작했습니다. 로마의 세력은 이들이 로마를 버리고 하나님을 향하여 새로운 종교심에 불이 붙은 모습을 보면서 심한 핍박을 가하였습니다. 모든 경제적인 제재도 가하기 시작하여 견디기 힘든 궁핍한 생활을 하게 되었습니다.

이때 주님은 그들의 충성이 너무나 갸륵하기에 이렇게 말씀하십니다. 참으로 귀한 말씀과 약속이 주어진 교회입니다.

죽도록 충성하라. 이미 하고 있는 그 충성을 계속해서 죽도록 충성하라.
그리하면 내가 생명의 면류관을 네게 주리라(10절).

주제 부상
우리의 교회가 제2의 서머나 교회가 될 수만 있다면 하는 바람을 갖는 것은 무리가 아닙니다. 가능한 사실입니다. 어떻게 하면 서머나 교회처럼 적극적인 칭찬만을 받는 교회가 될 수 있을까? 한번쯤 생각해 볼 문제입니다. 우리 주님이 서머나 교회에 어떻게 칭찬하셨고 무엇을 부탁하셨는지를 경청하면서 우리도 그러한 교회로 탈바꿈하겠다는 의지만 세운다면 하나님의 허락을 받을 수 있습니다.

교회의 정의

교회란 무엇입니까? 우리가 예배를 드리고 있는 이 건물이 교회가 아닙니다. 건물은 예배당이라고 이름합니다. 교회란 예수 그리스도의 십자가의 그 희생을 통하여 죄사함을 받은 무리가 하나님의 자녀가 되어 예배하는 공동체를 이룬 것을 말합니다. 다시 말하면 하나님의 백성들이 모여 있는 그 모임을 가리켜서 교회라고 이름합니다.

그러기 때문에 교회는 어느 때 어느 나라에 있는 교회를 막론하고 기본적으로 그 교회의 주인은 인간이 될 수 없고 하나님만이 그 교회의 주인이 되십니다. 교회의 성장과 실패가 전부 다 하나님의 손에 있다고 우리는 믿고 있습니다.

그러나 제2의 책임은 그 교회의 구성원이 된 우리 모두가 핵심적인 일꾼들로서 책임을 갖게 됩니다. 예를 들어, 하나님의 영광을 위해서 모인 교회가 인간적인 영광과 이익을 추구할 때 그 교회는 사양길에 접어들게 됩니다. 하나님의 말씀대로 살아야 할 교회가 인간들의 불의한 생각대로 살아간다면 그 교회는 칭찬받는 교회가 되지 못하고 오히려 책망받는 교회가 될 것입니다.

다시 말해서 예수 그리스도의 이름으로 모인 교회가 일차적인 자신들의 최선을 다할 때 하나님은 그 교회를 사랑하시고 칭찬하시고 성령을 통하여서 힘을 주시고 계속적인 큰 역사를 그 교회를 통하여서 이루십니다.

만약 그렇지 못할 때에 그 인간의 집단은 언제인가 파멸을 가져오게 됩니다. 인간이 주인이 되어서 내가 하나님이라고 부르짖는 이단 사이비 교회들의 출현은 곧 그 파멸이 우리 눈앞에서 전개되고 있습니다. 그래서 언제나 교회는 하나님이 주인이시고 하나님을 중심으로 해서 모이는 하나님 백성들의 모임임에 틀림이 없습니다.

그러하기에 이 교회를 섬기는 목회자를 비롯한 모든 교인은 이 교회가 하나님이 기뻐하시고 칭찬하시는 교회가 되기 위하여 자신의 건강까지 버리면서 불철주야 땀과 눈물을 흘리게 됩니다.

오늘 우리에게 보여주신 서머나 교회는 진정 하나님이 기뻐하시고 칭찬하시는 이상적인 교회입니다. 하나님은 그 교회를 통하여 오늘 우리에게 의미 깊은 메시지를 주고 있습니다.

주제를 위한 메시지

1. 이 교회는 외적으로나 내적으로 어려움이 있었고, 또 그러한 어려움이 계속적으로 다가올 교회로 우리 주님은 말씀하고 계십니다.

〈선포〉

"나는 네가 당한 환난과 궁핍을 알고 있다. … 네가 장차 받을 고난을 두려워하지 말아라. 보아라, 악마가 너희를 시험하여 넘어뜨리려고, 너희 가운데서 몇 사람을 감옥에다 집어넣으려고 한다. 너희는 열흘 동안 환난을 당할 것이다"(9-10절, 새번역).

〈해석〉

환난은 외적으로 당하게 되는 것으로 초대 그리스도인들이 가장 많이 직면하여 고통을 받은 단어입니다. 환난이라는 원어는 '틸립시스'인데, 핍박, 압제, 고통, 시련, 고뇌, 곤경의 뜻을 가진 말입니다. 그리고 궁핍은 '프토케이아'인데, 빈곤이나 가난 또는 걸인 등의 뜻을 가지고 있습니다. 이것은 육체적인 삶이 내적으로 직면하게 되는 아픔을 뜻합니다. 서머나 교회가 극심한 환난과 궁핍 속에서 몹시도 시달렸다는 것을 충분히 알 수 있습니다. 하나님 앞에 충성을 다하기 위해서 몹시도 시달렸던 교회입니다. 그러나 그 시달림은 그날로 끝나지 않고 훗날에도 고난이 계속될 것을 말씀하고 계십니다.

하나님을 섬기는 교회가, 하나님을 섬기는 개인이 왜 환난과 궁핍과 같은 어려움을 당해야 하는지의 어려운 질문을 종종 던지게 됩니다. 이것은 지극히 단편적인 질문입니다. 하나님은 자신이 선택한 백성, 이스라엘 백성들을 이집트에서 탈출시켜서 가나안까지 가는 길은 불과 두 주간이면 갈 수 있는데 40년을 배회시키면서 연단을 시키셨습니다. 그 숱한 환난과 궁핍과 피곤과 방황을 경험하게 했습니다. 그 이유는 사랑하는 자를 더 튼튼히 키우시고자 하는 차원이 높으신 하나님의 뜻이 있기 때문입니다.

〈적용〉

독일에서 나치 정권이 유대인 600만을 학살했다는 기록 속에서 분노를 터뜨리고 있습니다. 왜 하나님을 섬기는 그 민족이 그렇게 학살당했느냐고 많은 사람들이 말하고 있습니다. 그러나 그 진하고 아팠던 그 죽음과 그 피를 통해서 모든 유대 민족은 더욱 더 깊은 각성을 하면서 오늘 전 세계를 지배하는 민족으로 등장되고 있습니다.

수난과 고통의 현장에서 많은 백성들은 때로는 하나님이 나를 버리셨다고 원망을 하기도 합니다. "나를 버리실 수 있을까? 내가 하나님 앞에 무슨 잘못을 했기에 나에게 시련이 주이질까? 우리 교회가 왜 이렇게 어려움을 당하게 될까?" 하는 때도 많이 있습니다. 거기에 대한 대답은 다음의 예화에서 충분히 주어지고 있습니다.

〈예화〉

오대양 육대주라고 하는데 육대주 중에 아마도 저 아메리카라는 미국이 있는 캐나다, 남미가 있는 그 대륙이 가장 복 받은 땅 중의 하나로 보입니다. 사실 그 땅은 원래는 우리 황인종에게 주어졌습니다. 백인종에게 준 땅이 아닙니다. 우리 황인종이 있으면서 마야 문명과 같은 아름다운 문화를 가지면서 살았습니다마는 그 거대한 땅을 개척하기에는 힘이 부족했던 것 같습니다. 드디어 백인들이 점령하고 지금은 주인행세를 하면서 살아가고 있습니다.

그런데 그들이 가장 사랑하는 아들을 훈련시키는 이야기가 참으로 흥미롭습니다. 보통 10살 미만 때에 해가 지는 저녁 무렵 아이를 업고 산으로 갑니다. 맹수가 우글거리는 아주 깊은 산 중에 데리고 가서 넓은 바위 위에 앉혀 놓습니다. 그리고 "너는 여기서 밤을 새워야 한다"는 엄격한 규율을 줍니다. 이 아들은 "사랑하는 내 아버지가 나를 이렇게 버릴 수 있을까?"라고 원망을 거듭하면서 공포에 질려 눈물 흘리고 소리내어 밤새도록 울부짖는다고 합니다. 대체적으로 약간의 달빛이 있는 날에 그 행사를 했던 것 같습니다. 아버지는 그 아들을 버리고 집으로 간다고 말하고는 사실 집으로 가지 않습니다. 아들이 알아볼 수 없는 높은 나무 위에 올라가서 단단한 활에 화살을 재어 밤새도록 당기고 있습니다. 만약에 맹수가 나타난다면 즉시 쏠 수 있도록 준비하고 있습니다. 눈 한 번 깜빡하지 않고 아들을 보호하고 있습니다.

그렇습니다. 하나님은 사랑하는 자에게 무관심하지 않습니다. 사랑하는 교회를 결코 버리지 않습니다. 하나님을 위하여서 전심전력으로 마음과 뜻과 성품을 다하여 예배하는 무리를 하나님께서는 결코 버리시지 않습니다. 너무나도 어려움을 모르고 살아가다가 뜻밖의 사건에 힘없이 무너지는 것을 원하시지 않는 하나님. 그러기 때문에 이모저모로 훈련을 시키고 연단을 시킵니다만 결코 버리시지 않습니다. 교회도 마찬가지입니다. 개인도 마찬가지입니다.

이런 연단을 통해서 성숙은 이룩됩니다. 하나의 교회가 성장해 가는데에 순풍의 돛을 달고 그저 죽죽 전진했으면 얼마나 좋겠습니까마는 그렇지 않습니다. 때로는 숱한 어려움과 수난과 시험 속을 헤쳐 나가야 하는 경우가 발생합니다. 개인도 마찬가지입니다. 견딜 수 없는 아픔이 올 때도 있습니다. 그러나 이 아픔과 고통은 반드시 성장을 위한 것이고 결코 파멸을 위한 것은 아닙니다. 하나님은 살아 계셔서 보다 더 나은 내일을 위해서 오늘에 훈련을 시키십니다. 여기에 낙심되는 자는 하나님과의 관계가 무너지기 때문에 그 관계를 이으시려고 하나님은 오히려 더 큰 관심을 가지십니다.

하나님은 개인마다 교회마다 감당할 수 없는 훈련을 시킨 적이 없습니다. 고린도전서를 통하여 하나님은 말씀하십니다.

"사람이 감당할 시험밖에는 너희가 당한 것이 없나니 오직 하나님은 미쁘사 너희가 감당하지 못할 시험 당함을 허락하지 아니하시고 시험 당할 즈음에 또한 피할 길을 내사 너희로 능히 감당하게 하시느니라"(고전 10:13).

그러기 때문에 이 수난의 현장을 어떻게 슬기롭게 이겨나갈 것이냐 하는 지혜를 구하는 것이 이 연단 속에서 가져야 할 우리의 자세입니다.

로마의 풍자 시인 펄시어스는 "편히 사는 것은 사는 것이 아니다"라는 말을 남겼습니다. 옳은 말입니다. 편히 사는 것은 사는 것이 아닙니다. 편히 살아온 사람은 어려운 역경 속에서 쉽게 무너집니다. 에머슨이 유대인의 학살을 바라보면서 "유대인의 수난은 유대인이 세계의 지배자들의 지배자가 되기 위해서 나온 것이다"라고 한 말은 의미하는 바가 큽니다.

옥토 속에서 바람 없이 쑥쑥 자란 큰 아름의 나무가 태풍이 불면 힘없이 넘어지는 것을 보게 됩니다. 평소에 태풍을 만나지 않았기 때문입니다. 어릴 때부터 태풍을 겪으면서 자란 나무는 비록 땅이 얕고 흙이 얕다고 하여도 강인한 뿌리를 가지고 이겨내는 힘을 가지고 있습니다.

우리의 이상이 될 수 있는 서머나 교회는 초대 기독교의 가장 극심한 핍박과 환난과 궁핍의 환경을 헤쳐 나온 교회였습니다. 그 시련의 장을 그들이 넘길 수 있었기에 하나님은 역사 속에서 그토록 이상적 교회로 우리 앞에 보여주고 있습니다.

하나님이 사랑하는 여러분!

이 교회가 어려움을 당한 적이 있습니까? 개인으로서 하나님 앞에 어려움을 당한 적이 있습니까? 더 밝은 내일을 주시기 위한 하나님의 섭리요 훈련의 과정입니다.

2. 하나님은 서머나 교회의 환난과 궁핍을 이겨내는 인내를 알아주시고 지속할 것을 말씀하십니다.

〈선포〉

"내가 네 환난과 궁핍을 알거니와 … 네가 장차 받을 고난을 두려워 말라 … 너희가 십 일 동안 환난을 받으리라…"(9-10절).

〈해석〉

핍박, 압제, 고통, 시련, 고뇌, 곤경의 뜻을 가진 환난이나 빈곤, 가난 또는 걸인의 뜻을 가진 궁핍은 인내가 없이는 한순간도 이겨낼 수 없는 항목들입니다. 우리 주님은 서머나 교회가 이 환난과 궁핍을 이겨내기 위해 피나는 인내심을 발휘함에 칭찬을 아끼지 않았습니다. 그렇게 로마의 황제를 신으로 숭배하면서 충성을 다했던 서머나 사람들은 복음을 받고 돌아섰습니다. 로마에 바쳤던 그 충성을 주님 앞에 바치면서 십자가를 붙들고 나아갈 때 로마 정부는 갖은 탄압과 학대와 세금의 부과를 함으로 서머나 교인들은 이 환난을 견디기 힘들었고 가난해질 수밖에 없었습니다. 그러나 주님이 십자가를 지시기까지 보여주셨던 그 인내심을 발휘하면서 그들은 끝까지 충성된 교회로 남게 되어 칭찬을 받게 되었습니다.

성경에서 인내라는 단어는 '후포모네이'로서 확고함, 변치 않는 기다림, 지속성의 뜻입니다. 즉, 굳은 마음으로 뜻한 일을 이루기 위해 어려운 고비를 잘 견디어 내는 일을 말합니다.

성경은 환난과 핍박을 통하여 인내가 발생되고, 그 인내가 연단의 힘을 가져오고, 그 연단이 소망을 이루어낸다고 다음과 같이 말씀하십니다.

> "… 우리가 환난 중에도 즐거워하나니 이는 환난은 인내를, 인내는 연
> 단을, 연단은 소망을 이루는 줄 앎이로다"(롬 5:3-4).

서머나 교회는 그 심한 핍박과 환난 가운데서도 주님을 향한 믿음 그 하나를 위하여 인내에 인내를 쌓으면서 수많은 날을 보냈습니다. 그 길고도 험한 길을 믿음 안에서 인내의 힘으로 지탱했던 교회입니다. 우리 주님은 이러한 그들의 무서운 인내의 힘을 보시면서 칭찬을 아끼시지 않았습니다.

인내가 없는 개인은 망합니다. 인내가 없는 민족은 파멸합니다. 인내가 없는 교회도 허물어지게 됩니다. 인내를 감수하지 못한 채 쉽사리 넘어지는 사람들을 우리의 주변에서 많이 보게 됩니다. 왜 그렇게 많이 무너지게 될까요? 우리 한국인의 성격이 너무 급합니다. 모든 것을 단숨에 해결하고 성취하려는 급한 성격이 우리의 모순입니다. 무엇이 잘못되었을까? 내 마음대로 되지 않을 때는 화를 금방 내고, 내 마음대로 될 때는 웃음을 터뜨리는 흑백 논리가 심한 우리의 민족입니다.

〈적용〉

어느 신문에서 흥미있는 한 기사를 볼 수 있었습니다. 기사가 아니라 만든 이야기인 것 같습니다. 자동차 한 대가 신호등 앞에서 갑자기 시동이 꺼졌습니다. 바짝 뒤따라오던 자동차들이 비껴가지 못하고 어쩔 수 없이 같이 서 있게 되었습니다. 고장난 차를 고치기까지 시간이 걸려서 뒤따라오던 차들도 모두 다 시동을 끄고 기다립니다. 고장난 차의 다음 차는 일본사람이 운전을 했고, 그 다음 차는 중국사람이었고, 세 번째 차는 한국사람이 탄 차였답니다. 일본사람은 상황을 보더니 '저 차가 고쳐지기까지는 못 가겠다'는 판단을 내리자마자 계산기를 꺼내어 두들겨 가면서 그 자리에서 사무를 보더랍니다. 그 다음 중국사람은 신문을 보는 척하더니 그만 신문을 얼굴에 덮고는 코를 골면서 잘 자더랍니다. 그 다음 한국사람은 어떠했을 것 같습니까? 급한 성격을 가지고 있는 우리 한국사람 말입니다. 대답을 다 하시고 계신 것 같습니다. 엔진도 끄지 않고 빵빵 차를 누르면서 빨리 비키라고 소리를 지릅니다. 끝내는 그 한국사람 차가 기름과 배터리가 다 소진되어 움직일 수 없는 차가 되었다는 이야기입니다. 확실히 급한 성격입니다.

프랭클린 같은 사람은 "인내할 수 있는 사람은 그가 바라는 것을 손에 넣을 수 있다"고 말합니다. 말을 바꾸면, 인내할 수 없는 사람은 그가 바라는 것을 손에 넣을 수 없다는 말입니다. 인내가 없는 곳에서는 결코 성취가 없습니다.

참을 줄 모르는 인간의 결점은 언제나 실수를 합니다. 마라톤을 하는 현장에서 출발하는 사람들은 많습니다만 인내의 인내를 거듭하면서 땀을 흘리고 참고 견디는 사람만이 결승선을 통과하게 됩니다. 야

고보서를 통해서 하나님은 말씀하십니다.

> "인내를 온전히 이루라 이는 너희로 온전하고 구비하여 조금도 부족함
> 이 없게 하려 함이라"(약 1:4).
> "보라 인내하는 자를 우리가 복되다 하나니 너희 욥의 인내를 들었고 주
> 께서 주신 결말을 보았거니와"(약 5:11a).

서머나 교회는 그 핍박을 견디는 인내가 있었습니다. 그 환난을 견디
는 인내가 있었습니다. 그 궁핍을 견디는 인내가 있었습니다.

우리 교회 성도님들은 남다른 인내 속에 오늘까지 왔습니다. 우선 신
앙생활을 하는 데 하나님의 말씀을 배우고 가르치는 과정이 복잡한 교
회입니다. 그런데도 여러분은 어떻게 그 지루하고 단순하지 않은 과정
을 통과하여 이 교회의 일원으로 남아 중직을 맡고 말씀을 배우고 가
르치는 일을 할 수 있는지 도무지 이해가 안 될 때가 많습니다. 그러나
여러분은 하나님이 명하신 인내심을 가지고 어떤 어려움도, 궁핍도, 핍
박도 이겨낼 수 있는 주님의 자녀로 오늘에 이르렀습니다.

참고 견디면서 연단을 쌓고 미래를 구상하는 슬기가 필요합니다. 오
늘의 불편을 견딜 수 있는 훈련이 필요합니다. 모든 사람들이 하지 못
한다는 일을 할 수 있는 인내를 가지고 참고 나가야 합니다. 나의 일들
이 풀리지 않는 오늘 속에서 미소를 잃지 않는 인내가 있어야 합니다.
우리의 교회가 나의 희망대로 되지 않는 시점에 넉넉한 인내와 협동이
필요합니다. 진정 하나님의 말씀대로 인내하는 개인과 가정과 교회가
복되다는 말씀입니다.

3. 하나님은 서머나 교회를 통하여서 충성이 있는 교회의 모습을 오늘 우리에게 보여주고 계십니다.

〈선포〉

"죽도록 충성하라 그리하면 내가 생명의 관을 네게 주리라"(10b절).

〈해석〉

충성이란 무엇입니까? 본문의 충성, '피스토스'라는 단어는 '믿을 만한, 신실한, 확신하는, 진실한, 쉽게 설득 당하는'이라는 뜻을 가지고 있습니다.

구약에서는 하나님을 믿는 굳은 신앙을 충성이라고 말하고 있습니다. 신약에서도 마찬가지입니다. 진리의 주인을 굳게 신뢰하고 그에게 신실하게 나아가는 것을 충성이라고 말하고 있습니다. 그분의 말을 쉽게 받아들이고 순종하는 것을 말합니다. 그래서 성경에서 믿음이라는 말과 충성이라는 말은 동의어로 사용하고 있습니다. 바로 이 충성이라는 말이 서머나 교회에 내린 이후에 이 말씀의 실천자들은 참으로 심각한 자세로 실천적 행동을 가져왔습니다.

로마의 정부에 최선을 다 기울였던 이 서머나의 사람들 중에서는 예수 그리스도를 영접한 후 예수 그리스도 앞에 그 충성을 다 바쳤습니다. 그럴 때에 로마는 핍박의 손을 가합니다. 156년경 서머나 교회의 목사님이었던 폴리캅은 순교의 역사에 으뜸가는 기록을 남겼습니다. 그는 오늘의 본문말씀처럼 자기의 생명을 던져 지켰던 훌륭한 목회자였습니다.

로마의 핍박 속에 복음을 전하다가 여러 번의 경고를 받았는데 그 경고가 효과를 발휘하지 못하자 마지막에는 그를 붙잡아서 취조를 하고 이제 사형장으로 끌고 가려고 합니다. 워낙 86세의 노구에 존경을 받는 몸이기에 취조관이 동경을 하면서 한마디 말을 합니다. "이 순간이라도 예수 그리스도를 모른다고 한마디만 하십시오. 그러면 그 생명을 건질 수 있습니다." 그에 대한 대답은 의외였습니다.

"내가 86년 동안 주 하나님을 섬겼는데 내가 잘못을 저질러도, 내가 실수하여도, 내가 불충성해도, 내가 죄 속에 빠져도 하나님께서는 한 번도 나를 모른다고 부정하지 않으시고 나를 한 번도 외면하시지 않았는데 어떻게 내가 감히 나를 구원한 왕 중의 왕이시요 그리스도이신 예수님을 부정할 수 있겠느냐?"

이 말을 하고 순교의 형장으로 끌려가서 높은 장대에 매달려 장렬한 순교의 죽음을 갖게 되었습니다. 그 영혼은 하나님의 품에 안기게 되었습니다.

〈적용〉

오늘 우리에게는 폴리캅이 당하였던 그러한 핍박이나 환난이 없습니다. 그러나 더 무서운 것은 물질만능과 육체를 즐겁게 해주는 모든 죄악의 세력입니다. 핍박이나 환난이 가득한 시대보다 더욱 견디기 어려운 것이 발전된 물질문화 가운데서 순수한 나의 신앙의 정조를 지키는 일입니다. 하나님을 먼저 생각하고 교회를 먼저 생각하는 우리의 신앙에 무서운 변질이 확산되어 가고 있습니다. 도덕적인 순결을 지키는 고지식한 신앙생활이 파괴되는 무서운 시대에 우리가 살고 있습니다.

현대는 이기주의가 팽창해 있는 시대입니다. 나에게 유익이 있을 때는 충성의 모습을 보입니다. 그러나 나에게 유익이 없고 더 이상의 이용가치가 없다고 생각하면 서슴없이 떠나버리는 야속한 인간들의 세계가 바로 오늘의 세계입니다. 비록 과거에 많은 사랑을 받고 은혜를 받았다고 하여도 오늘 내게 도움이 되지 않으면 교회를 미련 없이 떠나 버리는 비정한 세계입니다.

그러나 하나님은 한 번도 우리를 사랑하는 그 손길로부터 버리시지 않았습니다. 한 번도 그 자비의 손길을 우리에게서 거두신 적이 없습니다. 우리가 깊은 죄악에 빠져서 신음할 때도 하나님은 우리를 버리시지 않았습니다. 우리의 실수로 모진 환난 속에 빠져도 하나님은 우리를 버리시지 않았습니다. 우리가 게으르고 태만하여서 주님의 마음을 아프게 할 때도 한 번도 우리를 버리시지 않았습니다. 계속해서 십자가 위에서 그 붉은 피를 흘려 주시고 그 살을 찢겨 주시면서 우리를 붙잡아 주시고 사랑해 주시는 하나님이십니다.

그러나 하나님에 대한 굳건한 충성의 열정이 우리에게서 발견되지 않고 있습니다. 오히려 하나님이 우리를 신실하게 지금까지 간수해 주셨습니다. 그렇습니다. 서머나 교회 감독 폴리캅의 말대로 우리의 일생 동안 한 번도 주님이 나를 모른다고 하신 적이 없습니다. 그런데 어떻게 나 하나의 생명과 유익을 구하기 위해서 우리는 순간순간 주님을 모른다고 배반하는 행동을, 주님을 외면하는 행동을 하고 있는지요? 가슴 아픈 사연입니다.

하나님은 서머나 교회와 같은 충성된 교회와 충성된 종을 한국의 땅에서 찾고 계십니다.

결론

오늘 우리 교회가 제2의 서머나 교회가 되어 보려는 의지를 세워 보시지 않겠습니까? 이 교회가 최선을 다 기울일 때 오늘 21세기에 서머나 교회로 이곳에 우뚝 설 수 있습니다. 이 교회는 특수한 사명을 부여받은 교회입니다. 주변의 많은 심령들을 그리스도의 품으로 인도하여 말씀으로 양육해야 할 사명이 주어진 교회입니다. 그러기 위하여 이 아름다운 땅과 건물을 주시고, 이 교회를 구원의 방주로 만들어 주셨습니다.

우리에게는 비전이 필요합니다. 거대한 비전과 희망을 가지고 일어서야 합니다. 복음의 십자군으로서 새로운 용기와 희망을 가슴에 품고 행진해야 할 교회입니다. 하나님을 기쁘시게 하고 그에게 영광을 드리기 위해서 땀 흘려 충성하는 교회가 되지 않을 수 없는 입지적인 사명을 가지고 있습니다.

충성을 다한 교회가 되어서 하나님이 기뻐하신다면 생명의 면류관을 우리 모두의 손에 들고 우렁찬 감격과 감사를 드릴 수 있는 그러한 날은 필연코 여러분에게 주어지게 될 것입니다. 교회는 언제나 연단을 위하여서 시련을 경험하기 마련입니다. 그 가운데서 인내를 키우면서 성숙해집니다. 그리고 거기서 변함없이 주님을 사랑하는 충성을 보입니다. 하나님은 우리에게 다시 말씀하십니다.

"선을 행하되 낙심하지 말지니 포기하지 아니하면 때가 이르매 거두리라"(갈 6:9).

"죽도록 충성하라 그리하면 내가 생명의 관을 네게 주리라"(10b절).

오늘 다시 들려주신 하나님의 말씀입니다. 기도합시다.

2018. 10. 7.

집념 때문에

본문 : 누가복음 5:17-26
주제 : 주님을 향한 집념

서론

우리 축구선수들이 엊그제 27일 2018년 러시아 월드컵대회에서 특등을 하고 돌아왔습니다. 57등이 1등을 격파시키는 것은 분명히 특등입니다. 지난 80년(1938년 프랑스대회) 동안 한 번도 16강 진출에 실패한 적이 없는 나라, 월드컵 우승을 작년까지 4차례나(브라질 5회) 차지한 나라, 세계축구연맹인 FIFA 랭킹 1위인 나라 독일 팀을 대한민국의 선수들이 2:0으로 승리한 것은 특등 중에 특등입니다. 영국의 BBC 방송은 대한민국 선수들이 거대한 무적의 독일 팀을 격파시킨 것은 아시아 팀 최초의 사건으로 이번 대회에 '가장 값진 기록'이라고 크게 보도했습니다.

경기를 보면서 우리 선수들이 몸을 사리지 않고 사력을 다하여 뛰는 모습은 감동적이었습니다. 마지막 싸움에서 자랑스러운 기록을 조국에 바치겠다는 그들의 집념어린 모습은 참으로 장하고 눈물겨웠습니다.

'가장 값진 기록' 앞에서는 두 갈래의 반응이 있습니다. 하나는 패배를 당한 독일의 입장에서는 '어이없는 일' 또는 '어처구니없는 일'이 되어 총리 메르켈을 비롯하여 온 국민이 충격에 싸였습니다. 둘째는, 골리앗을 무너뜨린 다윗의 심성으로 만세를 부르고 있는 대한민국입니다. 이겨야 한다는 집념을 불태워 16강, 8강에 가는 것보다 더 큰 승리의 개가를 부르면서 기뻐 날뛰고 있습니다.

우리 민족은 목표를 세우면 그것을 이루고야 말겠다는 집념의 농도가 대단합니다. 집념이 불타오를 때 포기할 줄 모르고 끝장을 보고야 마는 독특한 민족입니다. 시들어진 듯 하다가도 생기를 찾고, 쓰러졌다가도 일어서는 끈기가 있습니다. 실패의 쓴 잔을 마시면서도 내일을 향한 희망을 붙드는 집념이 있는 우리 민족입니다.

본문 접근

오늘 우리에게 주신 하나님의 말씀 누가복음 5장에서는 어느 중풍병자의 간절한 소망과 굽힐 줄 모르는 집념이 어떻게 움직였으며 그 결과는 어떠했는가를 말씀해 주십니다.

어느 날 예수님께서 유대 땅 가버나움 지방에 계실 때의 일입니다. 어느 집에서 바리새인들과 율법사들이 지켜보는 가운데 말씀을 전하시고 육신이 병든 이들을 치유하고 계셨습니다. 그때 중풍병에 걸려 몹시 고생하고 있던 사람이 예수님께서 그 지역에 오셨다는 소식을 들었습니다. 이 중풍병자는 병에 걸린 이후 건강 회복을 위하여 몸부림쳤지만 아무런 진전을 보지 못하고 고통을 겪던 사람이었습니다. 그의 소망은 예수님을 한 번만 뵈올 수 있다면, 그 놀라운 치유의 손길을 한 번만 받아 볼 수 있다면 하는 것이 그의 간절한 소망이었습니다. 이제나 저제나 예수님이 이 지역을 지나가시기를 학수고대(鶴首苦待)하고 있었습니다. 그러한 그에게 예수님이 나타났다는 소식은 가장 반갑고 소중한 소식이었습니다.

친구들을 부릅니다. "친구들아, 나 좀 도와줘. 천추의 한을 풀 수 있는 절호의 기회가 주어졌어. 내가 그토록 뵙기를 원하던 예수님이 이곳에 오신다고 해. 나는 그분을 꼭 뵈어야 해. 친구들아, 나를 살려줘"라고 더듬거리며 애원을 합니다.

그 환자는 평생 동안 불구가 되어 슬픈 나날을 보내게 될 인생임을 잘 인식하고 있었습니다. 그 무렵, 주변의 소문이 자자합니다. 인간의 힘으로 고칠 수 없는 병을 예수님은 말씀 한마디로 깨끗이 고쳐주신다는 소문이 세상을 떠들썩하게 만들고 있었습니다. 그 말을 들은 이후 그는 이 놀라운 능력을 가지고 계시는 예수님 앞에 서는 것이 자신에게 있어 단 하나의 소원이었습니다. 만약 예수님 앞에만 서게 된다면 자신의 병이 분명히 낫게 될 것이라는 믿음이 생겼습니다. 그 소원은 누구도 말릴 수 없는 그의 집념이 되었습니다. 그의 친구들은 그 간절하고 절박한 집념을 보면서 그를 돕기로 마음먹습니다.

네 친구는 들것 위에 요를 깔고 그 위에 환자를 눕게 하고 예수님이 계시는 곳을 찾아갔습니다. 그러나 예수님 앞에는 인산인해를 이루고 있었습니다. 모두가 뜨거운 열기를 가지고 예수님을 바라보며 말씀 듣기에 정신이 없었습니다. 아무리 사정을 해도 예수님 앞까지 갈 수 있는 길을 열어주지 않았습니다. 수많은 인파 앞에서 그 일행은 막막했습니다. 그 일행은 길이 열릴 때까지 한없이 기다리던지, 아니면 포기할 수밖에 없는 상황이었습니다.

그러나 이 중풍병을 앓고 있는 환자의 집념은 언제 열릴지 모를 차례를 기다리다 날이 저물고 어두워지면 예수님 앞에 다다를 수 없다는 판단을 하게 됩니다. 그는 무슨 수를 써서라도 자신의 목적을 달성하겠다는 결단을 내립니다. 이 환자는 그의 집념을 실천하기 위하여 그를 돕는 친구들과 희한한 묘안을 만들어 냅니다. 그 묘안은 예수님이 계시는 방의 지붕으로 올라가 그 지붕을 뚫고 들것의 네 모서리에 줄을 달아 예수님 앞에 내려놓는 방법이었습니다.

그 당시 유대인들의 주택은 그러한 방법이 가능한 주택구조였습니다. 마침내 그들은 지붕 덮개를 하나하나 들어내고 구멍을 만듭니다. 그리고 그 들것의 네 모서리에 줄을 달아 사람들에게 둘러싸여 있는 예수님 앞에 그 환자를 내려놓습니다.

예수님은 난데없이 천장에서 흙이 떨어지고 구멍이 뚫리고 들것이 예수님 앞에 놓인 것을 보고 놀라셨습니다. 그 들것에는 반신불수의 중풍병 환자가 애처로운 눈을 깜박거리고 있었습니다.

예수님은 지금까지 만난 아픈 사람들 중에서 가장 기상천외한 방법을 동원한 이 환자를 주의 깊게 쳐다보십니다. 참으로 어안이 벙벙한 일입니다. 참으로 어이없는 이 환자의 돌출행동 앞에 놀라시고 당황하셨을 텐데 아무 말 없이 오로지 애처로운 눈길로 그를 주시하셨습니다.

우리 예수님은 그들의 소원이 얼마나 절박한지를 아셨습니다. 그리고 얼마나 주님을 신뢰하고 있는지를 충분히 인식하셨습니다. 중풍병자는 죄송해서 아무 말도 못하고 예수님의 처분만 바라고 있습니다.

예수님이 입을 열어 드디어 말씀하십니다. "너의 죄를 용서받았다." "내가 말하는 대로 하여라. 일어나 요를 걷어들고 집으로 돌아가거라." 그러자 그 중풍병자는 사람들이 보는 앞에서 벌떡 일어나 깔고 누웠던 요를 걷어들고 집으로 돌아갔습니다. 그토록 고통스럽던 병으로부터 해방되어 날 듯이 달라진 자신의 건강을 확인합니다. 감격의 눈길을 주님께 드립니다. 하나님께 한없는 영광과 찬양을 드립니다. 이 광경을 지켜보던 사람들은 모두 놀라 하나님을 찬양하면서도 마음은 두려움에 싸여 "우리는 오늘 참으로 신기한 일을 보았다"고 말하며 입을 다물지 못했습니다.

주제 부상

인간 사회는 두 종류의 인간상이 있습니다. 하나는 감나무 밑에서 입을 벌리고 그 감이 입에 들어오기를 기다리는 사람입니다. 땀 흘리는 노력과 도전과는 거리가 먼 인간 형태입니다. 또 하나의 인간상은 필요한 것을 달성하려는 집념이 강하고 그것을 향하여 땀과 눈물을 흘리는 부류의 사람입니다.

그 실례로서 열대지역에서 사철 열매가 주렁주렁 열려 그것만 따먹고 평화롭게 사는 환경의 인간이 있는가 하면, 추위와 더위의 열악한 환경 속에서 개척과 도전을 이어가면서 삶을 유지하는 인간세계가 있습니다.

하나님의 창조 질서를 볼 때 에덴동산에서는 인간의 땀과 수고가 불필요한 환경이었지만, 아담과 하와가 하나님께 불순종한 피조물로 전락되자 우리 인간은 그때부터 땀 흘리고 온갖 수고를 다해야 생존할 수 있게 되었습니다.

이 생존의 무대는 치열한 도전과 경쟁을 통하여 오늘에 이르렀습니다. 이제 누가 더 강렬한 집념을 가지고 오늘과 내일에 도전하느냐에 승패가 가름되는 환경에 우리는 살게 되었습니다.

주제 정의

집념이란 무엇입니까? 자신의 못된 습관을 버리지 못하고 지탱하려는 헛된 고집 따위를 집념이라고 말하지 않습니다. 어떤 사람은 사리사욕의 성취를 위해 주변의 모든 것을 외면하고 홀로 달리는 것을 집념이라고 하는데, 여기서는 그러한 행동을 뜻하지 않습니다. 사전적 의미는 "한 가지 일에 매달려 마음을 쏟는 것"을 말합니다.

오늘의 본문을 통하여 주신 집념의 실체는 자신의 정신과 육체와 생명 전체를 통하여 자신이 필요로 하는 분을 뵙고야 말겠다는 강한 의지의 발로를 말합니다. 그분을 뵈올 때 나는 새롭게 태어날 수 있다는 확실한 신앙을 불태우는 행위를 말하고 있습니다. 곧 이 땅에서 질병으로 고통당하는 무리를 불쌍히 여기시고, 구원의 손길을 펴 주실 분은 오직 예수님뿐이라는 사실을 믿는 마음과 정신을 말합니다. 그리고 자신이 할 수 있는 최선을 다하여 주님을 뵙고 목적을 달성한 그 신념과 상태를 집념이라고 말합니다.

주제의 필요성

오늘의 현대인들에게 본문의 주인공이 보여준 집념이 필요한 이유가 무엇입니까? 자연의 풍부한 자원과 조건을 갖춘 나라들이 정치적으로 낙후되고 경제적으로 안정을 찾지 못한 경우가 허다합니다. 반면에 자원이나 기타의 조건이 열악한 나라들은 정치적으로나 경제적으로 기타의 분야에서 오히려 선진국 대열에서 살고 있습니다.

특히 우리나라의 경우는 자연의 자원이 거의 없습니다. 기름 한 방울 나지 않는 나라입니다. 남과 북이 갈라져 서로가 막대한 예산을 국방에 쏟아 부어야 하는 나라입니다. 6·25 전쟁이라는 무서운 폭탄에 폐허가 되었던 나라입니다. 그러나 다시 일어서야 한다는 우리만의 집념이 있었기에 오늘에 이르렀습니다.

〈예화〉

제가 잘 아는 두 친구가 있습니다. 두 사람 모두가 60대 초반일 때 거의 같은 시기에 척추 디스크 수술을 받아야 했습니다. 할 수만 있으면 수술을 피하려 했는데 여러 병원을 다녀보았으나 수술을 받을 수밖에 없는 지경에 이르렀습니다.

수술을 마친 후에 두 사람 다 절뚝거리면서 보행에 불편을 느끼고 살아갔습니다. 두 사람 모두 충실하고 착한 성도들입니다. 한 사람은 체중조절도 하고 자신이 할 수 있는 운동에 최선을 다하면서 완벽하게 걷게 해달라는 기도를 쉬지 않았습니다. 다른 한 사람 역시 하나님의 도우심으로 완치의 보행을 하고 싶어 기도생활을 꾸준히 합니다. 그러나 자신이 할 수 있는 운동의 노력은 미비했습니다. 얼마 전 80이다 된 두 사람을 만날 수 있었습니다. 기도만 하고 자신이 해야 할 육체적인 운동을 게을리한 친구는 지팡이를 짚고 20년이 지난 지금까지 절뚝거리면서 걷는 노인으로 나타났습니다. 그런데 한 사람은 보행에 문제없고 아주 건강한 몸으로 나타났습니다. 건강을 회복한 그는 자랑합니다. 눈이 오나 비가 오나 쉬지 않고 기도하면서 건강하고야 말겠다는 집념을 불태웠다는 이야기입니다. 신실한 신앙의 바탕 위에 지칠 줄 모르는 집념이 살아 숨 쉬는 것을 그에게서 발견할 수 있었습니다.

주제를 위한 메시지

오늘의 본문은 예수님의 생애 가운데 매우 특이한 사건이었습니다. 중풍으로 쓰러진 불구의 몸으로 주님을 찾아뵙는 이 사건을 통하여 우리는 여러 가지의 메시지를 받게 됩니다.

1. 오늘의 사건에서 하나님은 한 인간의 굽힐 줄 모르는 집념을 보여주십니다.

〈선포〉

"한 중풍병자를 사람들이 침상에 메고 와서 예수 앞에 들여놓고자 하였으나 무리 때문에 메고 들어갈 길을 얻지 못한지라 지붕에 올라가 기와를 벗기고 병자를 침상째 무리 가운데로 예수 앞에 달아 내리니"(18-19절)

〈해석〉

오늘 본문의 장면을 유심히 보십시오.

이 사건의 주인공은 뇌혈관의 장애로 손발이 마비되고 언어장애와 호흡곤란뿐만 아니라 반신불수의 몸이 된 사람입니다. 그에게는 자신의 힘으로 예수님을 뵈올 수 있는 길이 전혀 없었습니다. 그는 3단계의 장애물을 넘고 넘어 예수님을 뵙게 되는 집념을 발산하게 됩니다. 먼저, 자신이 걸어갈 수 없는 장애인으로서 이동할 수 있는 길을 찾아야 했습니다. 그것은 두 명 이상의 친구의 도움을 필요로 했습니다. 그의 인간됨이 좋았든지 동정의 대상이 되었든지 간에 친구들이 들것에 그를 누인 채 예수님이 무리를 가르치고 계신 집으로 찾아갑니다. 두 번째는 수많은 인파를 헤치고 예수님 앞에 나아갈 수가 없었습니다. 그는 예수님의 음성을 들을 수는 있었으나 예수님 앞에 나아가기 위해서는 도저히 뚫을 수 없는 인파라는 장애물을 넘어야 했습니다. 아무리 사정해도 아무도 쉽게 비켜주지 않아 포기할 수밖에 없는 상황이었습니다. 세 번째로, 그는 최종의 수단과 방법을 가리지 않고 예수님을 뵙고 그 앞에 자신의 불구의 몸을 보이고야 말겠다는 집념을 불태우고 있습니다. 친구들은 아마 포기할 것을 권했을지도 모릅니다. 그러나 그는 친구들과 기상천외한 아이디어를 짜냅니다. 그것은 지붕으로 올라가 지붕을 뚫고 들것의 네 모서리에 줄을 달아 예수님 앞에 그를 내려놓을 것을 결의하고 행동에 옮기기로 한 것입니다. 지붕을 뚫을 때 천장에서 흙이 쏟아져 내리게 되는 큰 결례도 계산하지 않았습니다. 예수님을 둘러싸고 있는 제자들이 화를 내고 쫓아낼 수밖에 없는 행동을 하고 있습니다. 드디어 사람이 누운 들것이 내릴 만큼 지붕은 뚫리고, 네 손잡이에 줄을 묶고 최초의 인조 엘리베이터가 예수님 앞에 도달했습니다. 불가능의 세계에서 가능의 세계를 이루어 냈습니다.

생각하면 참으로 이 환자는 어이없는 일을 저지른 사람입니다. 어이없다는 말은 너무 뜻밖이어서 기가 막힌다는 의미를 가지고 있습니다. 복음서를 다 읽어보아도 예수님의 생애에 이렇게 맹랑한 일은 처음입니다. 참으로 특이한 행동을 통하여 자신의 집념을 주님께 보이는 사건이었습니다.

〈적용〉

지난 월요일이 68주년을 맞는 6·25 기념일입니다. 우리 민족은 일본의 36년 식민지 기간 동안 모든 것을 수탈당하고 지치고 피폐해졌습니다. 그때 오직 하나님만을 향하여 이 민족은 울부짖었습니다. 하나님은 이 민족을 불쌍히 여기셨고 1945년 광복의 선물을 주셨습니다. 그 선물을 받고 감격하여 정신을 차리려고 할 무렵, 우리는 1950년 6·25라는 전 세계를 놀라게 하는 한국전쟁을 겪어야 했습니다.

그날의 기록을 보면 너무나 믿어지지 않는 부분이 많습니다. 그리고 우리 아군은 완전한 반신불수였다는 사실을 알게 됩니다.

1950년 봄, 육군본부 정보국은 이북이 38도선에서 전면적인 공격을 할 것이라는 종합정보 보고서를 작성하여 국방장관(신성모)과 육군참모총장(채병덕)에게 보고했고, 미 극동군사령부에도 알려 주면서 무력증강의 필요성을 강조했습니다. 그러나 미국 측은 "공산군의 남침은 없다"고 단언하면서 한국군의 정보를 군사원조를 얻기 위한 구실로 여겼습니다. 종국에는 미군이 우리 군의 전차와 전투기를 모두 압수하고, 곡사포와 대전차포 90% 이상을 압수했다는 기록을 보았습니다. 1950년 6월 23일에 국방장관은 남침정보를 무시하고 오히려 육군참모총장에게 명령을 내려 전군 비상경계령을 모두 해제하였고, 육군참모총장은 국군병력 반 이상을 휴가와 외출을 보냈습니다. 이 정보를 입수한 북한은 25일에 큰 손실 없이 남침하였고, 3일 후에 서울은 함락되고 말았습니다.

이러한 기록을 보면서 어찌 이런 일이 있을 수 있을까 하면서 화가 치밀어 오르기도 합니다. 이러한 우리가 반신불수의 몸으로 이북의 남침을 받아야 했던 날이 벌써 68년이 지났습니다.

이때 우리 그리스도인들은 본문의 반신불수의 몸보다 더 피폐해진 처참한 현실 앞에서 이 나라 이 민족을 위해 무엇을 어떻게 해야 할지 도무지 앞이 보이지 않았습니다. 오직 하나, 그것은 하나님 앞에 매달리는 길밖에 없었습니다. 하나님만이 이 처절한 반신불수의 몸으로 생명을 잃어가고 있는 이 나라 이 민족을 살리신다는 믿음을 간직했습니다. 그리고 모두가 하나님의 보호를 받고야 말겠다는 집념 하나로 땀과 눈물을 아끼지 않고 살아왔습니다. 그 하나님을 찾고 있었습니다. 진정 아무것도 할 수 없었던 이 나라 이 민족이었습니다.

한국교회를 가리켜 극성스러운 그리스도인들이라고 말합니다. 극성이라는 단어는 "성질이나 행동이 몹시 드세거나 지나치게 적극적임"을 뜻한다고 사전에서는 설명하면서 '억세다'라는 말과 비슷하다고 제시하고 있습니다.

우리의 한국교회 성도들이 극성스러운 면을 가지고 있다는 것은 일제의 강점기, 그리고 비참한 6·25 전쟁과 같은 슬픈 역사의 터널을 통과하면서 잘 나타나고 있습니다. 하나님을 절박하게 찾던 그 유전자가 아직도 우리에게 살아 있습니다. 예수님을 뵙고야 말겠다는 집념을 불태웠던 중풍병자의 그 혈맥이 우리에게 살아 있습니다. 하나님의 관심을 충분히 살 수 있다는 집념을 불태운 기도의 함성은 우리에게서 지금도 떠나지 않고 있습니다.

2. 우리 주님을 뵙고야 말겠다는 집념의 사람을 보면서 주님이 어떻게 반응하셨는지를 보여주십니다.

〈선포〉

예수께서는 그들의 믿음을 보시고 "너는 죄를 용서받았다." 하고 말씀하셨다. 이 말을 들은 율법학자와 바리사이파 사람들은 "저 사람이 누구인데 저런 말을 하여 하나님을 모독하는가? 하나님 말고 누가 죄를 용서할 수 있단 말인가?" 하고 수군거리기 시작하였다. 예수께서는 그들의 생각을 알아채시고 이렇게 말씀하셨다. "어찌하여 너희는 그런 생각을 품고 있느냐? '너는 죄를 용서받았다.' 하는 것과 '일어나 걸어가라.' 하는 것과 어느 편이 더 쉽겠느냐? 이제 땅에서 죄를 용서하는 권한이 사람의 아들에게 있다는 것을 보여주겠다"(20-24b절, 공동번역).

〈해석〉

오늘의 본문을 보십시오.

지붕은 뚫려 하늘이 보이고 방안에는 온통 먼지로 가득합니다. 얼마나 놀랐으며 불쾌한 행동입니까? 천장에서 밧줄을 맨 들것에 누인 채 중풍병자가 예수님 앞에 놓입니다. 참으로 어이없는 일입니다. 만일 예수님께 경호원들이 있었다면 대소동이 벌어질 일이었습니다. 예수님은 바로 앞에 누워있는 중풍병자를 물끄러미 봅니다. 그 환자는 아무 말도 못하고 죄송스러운 표정만 짓고 처분만 바라고 있습니다.

이 순간 예수님의 마음이 움직였습니다. 다른 사역의 장에서 느껴보지 못한 진한 느낌이었습니다. 예수님만 뵈면 모든 것이 해결된다는 그들의 강렬한 믿음을 보셨습니다. 예수님은 다음과 같은 생각을 계속 하셨을 것입니다.

"네가 기상천외한 방법을 총동원하여 나를 찾아왔구나." "얼마나 나의 도움이 필요했기에 지붕을 뚫고 온방에 이 흙먼지를 일으키는 결례를 범하면서까지 나를 찾아왔느냐?" "너의 눈길만 보아도 너의 애절함을 알겠노라." "나를 만나보고야 말겠다는 네 집념이 유별나도다."

분명히 이러한 생각을 계속하시면서 그 마음이 움직였을 것입니다. 드디어 말씀을 하십니다.

"너는 죄를 용서받았다."

이 말을 들은 율법학자와 바리새파 사람들은 수군댑니다.

"저 사람이 누구인데 죄를 용서한다는 말을 하여 하나님을 모독하는가? 하나님 말고 누가 죄를 용서할 수 있단 말인가?"

이때 예수님은 아주 중요한 말씀을 하십니다.

"이제 땅에서 죄를 용서하는 권한이 나에게 있다는 것을 보여주겠다."

이 말씀에서 예수님은 자신의 정체성을 보여주십니다. 곧 자신이 죄의 용서를 선언하실 수 있는 성자 하나님임을 밝히십니다.

〈적용〉

우리가 이웃 사람의 마음을 움직인다, 또는 감동을 시킨다는 것은 참으로 어려운 일입니다. 부모도 자식의 마음을 쉽게 감동시키지 못합니다. 자식 역시 부모의 마음을 감동시킨다는 것이 그리 쉽지 않습니다.

그런데 우리 주님의 마음을 우리가 감동시킨다는 것은 생각보다 어렵지 않습니다. 우리 주님은 순수한 마음으로 찾아와 울부짖고 예배하는 무리를 만나주십니다. 절박하고 슬프고 아픈 환경에 직면하여 부르짖는 기도를 외면하시지 않습니다. 이미 하나님은 분명히 말씀하셨습니다.

> "내가 환난 중에서 여호와께 아뢰며 나의 하나님께 부르짖었더니 그가
> 그의 성전에서 내 소리를 들으심이여 그의 앞에서 나의 부르짖음이 그
> 의 귀에 들렸도다"(시 18:6).
> "너희가 내게 부르짖으며 내게 와서 기도하면 내가 너희들의 기도를 들
> 을 것이요"(렘 29:12).

그러나 우리가 부르짖고 기도할 때 조심할 것이 있습니다. 그 부르짖음의 내용입니다. 자신의 소원성취와 부귀영화와 무병장수를 위한 부르짖음은 그 응답이 보장되지 않습니다. 우리 주님은 일찍이 말씀하셨습니다.

> "그런즉 너희는 먼저 그의 나라와 그의 의를 구하라 그리하면 이 모든
> 것을 너희에게 더하시리라"(마 6:33).

하나님의 영광을 위한 사연에 도취된 사람들, 하나님이 기뻐하시는 사연에 몸을 아끼지 않은 사람들, 하나님의 나라를 펼치는 복음 전파에 최우선을 두는 사람들에게는 주님의 응답이 필연코 있게 됩니다. 오늘 본문의 중풍병자에 못지않은 응답이 주어집니다.

6·25의 참화 속에서 울부짖는 그리스도인들의 절박한 기도는 주님의 심금을 울렸습니다. 그때의 기도 내용은 단순하고 솔직했습니다.

* 하나님이 없다고 하는 적그리스도 무리의 침공으로 주님의 몸 된 교회가 무너져서는 안 됩니다.

* 교회가 하나 되지 못한 죄가 큽니다. 교회가 이 사회에 소금과 빛이 되지 못한 죄가 큽니다. 먼저 우리의 죄를 용서하소서.

* 새벽마다 울려 퍼지는 하나님을 향한 울부짖음이 이 땅에서 멈추어서는 안 됩니다.

* 도처에 십자가의 불빛이 한국의 밤하늘을 지키고 있는데 이 십자가가 사라져 버리면 우리가 어디서 하나님을 예배합니까?

우리의 선배 성도들의 기도는 지붕을 뚫고 주님 앞에 내려진 중풍병자의 집념이나 절박함보다 더 간절했습니다. 하나님의 도움을 요청하는 울부짖음은 뜨겁게 불타오르고 있었습니다. 그럴 때 우리 주님은 우리에게 응답하셨습니다. "너는 죄를 용서받았다. 일어나 걸어가라. 이제 땅에서 죄를 용서하는 권한이 나에게 있다는 것을 보여주겠다"(24절).

이 놀라운 주님의 용서와 허락이 있었기에 우리는 일어났습니다. 걷게 되었습니다. 마침내 하나님이 16개국의 병사를 보내 우리를 위해 총칼을 들고 싸우게 하셨고, 5개국의 의료지원 및 시설을 돕도록 하셨습니다. 이 나라 이 민족의 목숨이 다시 살아나게 하셨습니다. 하나님을 외면하고 그리스도인들을 무참히 죽이는 공산국가의 손아귀에 들어가지 않도록 지켜주셨습니다. 주님을 뵙겠다는 집념에 불탄 중풍병자에게 내밀었던 용서와 치유의 손길을 우리의 울부짖음을 보시면서 펼쳐주셔서 오늘에 이르렀습니다.

3. 오늘의 말씀은 죄의 용서와 치유를 받은 중풍병자와 더불어 모든 사람들의 반응을 우리에게 보여주십니다.

〈선포〉

"중풍병자에게 '내가 너에게 말한다. 일어나 네 침구를 걷어 가지고 집으로 돌아가거라.' 하고 말씀하셨다. 그러자 그는 즉시 사람들 앞에서 일어나 침구를 걷어들고 하나님을 찬양하며 집으로 돌아갔다. 사람들은 모두 놀라 하나님을 찬양하면서도 두렵다는 듯이 '오늘 우리가 본 것은 정말 굉장한 일이다!' 하고 감탄하였다"(24b-26절, 현대인의 성경).

〈해석〉

우리 주님은 율법학자와 바리새파 사람들의 싸늘한 비판을 무시하십니다. 성자 하나님의 신분도 몰라보고 "저 사람이 누구인데 저런 말을 하여 하나님을 모독하는가? 하나님 말고 누가 죄를 용서할 수 있단 말인가?" 하고 수군거리는 현장에서도 모두를 무시하고 말씀하십니다.

"내가 너에게 말한다. 일어나 네 침구를 걷어 가지고 집으로 돌아가거라"(24b절, 현대인의 성경).

그때 그는 그 많은 사람들이 보는 앞에서 즉시 일어납니다. 그리고 손수 침구를 걷어듭니다. 지체 없이 하나님을 찬양합니다. 거기에 있던 모든 사람들은 모두 놀랍니다. 자신들도 모르게 그 환자와 함께 하나님을 찬양합니다. 그러면서도 방금 전에 주님을 비판했던 자신들이

화를 입을까 두려워합니다. 그리고 자기들끼리 말합니다. "오늘 우리가 본 것은 정말 신기한 일이다", "굉장한 일이다", "놀라운 일이다" 하면서 감탄하였습니다.

본문에 '놀라운 일', '신기한 일', '굉장한 일'로 번역된 원문의 '파라독소스'는 '기대에 어긋난', '믿을 수 없는', '보기 드문'의 뜻을 가지고 있습니다. 이 믿을 수 없는 일이 나타난 현장에서 결론적인 행동이 있습니다. 그것은 병 고침을 받은 사람이나 예수님의 치유행위를 못마땅하게 생각했던 사람들이나 모두가 하나님을 찬양했다는 사실입니다.

〈적용〉

오늘 본문은 중요한 메시지를 우리에게 주십니다.

중풍병자는 자신의 건강을 회복하자 즉시 하나님을 찬양하고 영광을 돌리는 고백이 터져 나왔습니다. 이제 자신의 시선을 하나님께 향하여 감사하고 그 뜻을 헤아리는 데 집중했습니다. 그 감사와 찬양의 목표는 하나님께 영광을 돌리는 데 초점이 있었습니다.

68년 전 우리나라 대한민국은 전쟁의 참화 속에 잿더미가 되어 고통과 슬픔의 큰 재난 속에서 울부짖고 있었습니다. 중풍병자처럼 이 나라는 영원히 일어설 수 없는 나라로, 세계의 가장 비참한 나라로 남을 줄 알았는데 반세기 만에 하나님의 손에 이끌리어 일어섰습니다.

최근에는 우리나라가 세계를 놀라게 하는 일들을 연속적으로 나타내고 있습니다. 북한의 핵탄두 미사일과 수소폭탄을 폐기시키는 데 세계가 함께하고 있습니다. 촛불혁명으로 세계의 이목을 집중시켰습니다. 최근에는 판문점에서 만난 남과 북의 정상회담으로 세계의 이목을 집중시켰습니다. 싱가포르와 베트남에서 열린 김정은과 트럼프의 세기적인 회담으로 한반도가 큰 쟁점이 되었습니다. 엊그제는 2018년 러시아 월드컵 대회에서 이변을 일으켜 세계를 놀라게 하였습니다.

세계 앞에 쑥스럽고 부끄러운 음주문화와 같은 1등 항목도 많습니다. 그러나 60년 전 가장 비참한 나라가 IT 산업, 대학 진학률, 반도체 산업, 핸드폰, 조선소 분야에서 1위를 차지하고, 외환보유고 9위, 세계 무역규모 7위, 그리고 선교사 파송수 세계 2위의 기록은 예사로운 일이 아닙니다.

이제 이 나라는 68년 전의 전쟁의 상처를 찾아볼 수 없을 정도로 하나님의 치유를 받고 일어선 나라가 되었습니다. 이 모두가 인간의 힘으로 이룩된 기록이 아닙니다.

이제 우리의 결론적인 행위는 어떤 것이어야 합니까? 이제는 하나님께 모든 영광을 돌리는 이 나라 이 민족이 되어야 합니다. 하나님을 더 뜨겁게 찬양하고 예배하는 민족으로 세계 앞에 나타나야 합니다. 전쟁의 위험을 털어버리고 안정을 추구하겠다는 우리의 집념이 이룩되었으면 이제는 하나님을 향하여 고마운 머리를 숙일 줄 알아야 합니다.

이러한 성숙한 신앙인의 행동은 개인과 가정에서 먼저 실천되어야 합니다. 집념을 불태우고 하나님을 찾아 도움의 호소를 한 사람이 많습니다. 그러나 그 목적을 달성한 후에 하나님께 뜨거운 감사와 찬양을 드리는 발길은 극소수입니다. 집념의 성취를 자신의 노력의 대가로 여기는 사람은 어떤 경우에도 하나님께 영광을 돌리지 못합니다.

오늘의 본문에 등장한 중풍병자는 오랜 시간 하나의 목표를 세우고 있었습니다. 그것은 부를 추구하는 것도 아니었습니다. 명예를 추구하는 것도 아니었고 권력을 추구하는 것도 아니었습니다. 자신의 초라한 모습, 자신의 병든 이 부끄러운 모습을 주님 앞에 보이고야 말겠다는 강렬한 결심이었습니다. 주님만이 가지고 있는 권능의 손길, 그 거룩한 사랑의 손길에 자신을 맡기고 싶어 하는 것이 그 집념의 전부였습니다. 그 예수님이 나를 외면하시든지 말든지, 나의 병을 고쳐주시든지 말든지, 어떻게 하시든지 그 예수님을 뵙게 되기를 바라는 것이 그 집념의 내용이었습니다. 그분 앞에서 나의 간절한 소원을 보여드리는 것이 전부였습니다. 그 집념의 성취를 위하여 갖은 방해물을 다 헤치고 문으로 못 들어가면 지붕을 뚫고라도 우리 주님 예수님을 뵙는 것이 그의 소원이었습니다.

그가 그 목적을 달성했을 때 그는 치유된 몸으로 지체 없이 하나님을 찬양합니다. 그리고 비난을 일삼았던 사람들까지 입을 모아 감탄을 합니다. "오늘 우리가 본 것은 정말 굉장한 일이다. 놀라운 일이다. 신기한 일이다. 오! 하나님은 위대하십니다. 모든 영광 홀로 받으소서"를 외치고 있었습니다.

이제 우리 주 여호와 하나님을 목자로 모시고 사는 백성된 우리는 하나님께 영광을 돌려드리는 성숙한 삶을 이어가야 합니다. 그리고 힘찬 찬송을 불러야 합니다.

"나 비록 음산한 죽음의 골짜기를 지날지라도 내 곁에 주님 계시오니 무서울 것 없어라 막대기와 지팡이로 인도하시니 걱정할 것 없어라"(시 23:4, 공동번역).

오늘의 본문에 나타난 중풍병자는 누구를 그렇게도 애타게 기다리고 찾았습니까? 하나님은 이 시간도 우리의 길과 진리요 생명이신 주님을 찾는 발길을 기다리십니다. 행복해도 주님을 찾고, 불행해도 주님을 찾고, 기뻐도 주님을 찾고, 슬퍼도 주님을 찾는 그 생명을 하나님은 지금도 기다리십니다. 은혜를 입은 무리가 하나님께 감사와 영광을 돌리는 함성을 지르면서 예배의 행진을 이어가는 사람들을 찾고 기다리고 계십니다.

결론

방안에 있는 전등의 스위치를 꺼보십시오. 깜깜합니다. 우리의 삶에 아름다운 이상의 전등이 꺼진다면 암흑 속에 내가 서 있게 됩니다. 그러나 아름다운 꿈의 스위치가 켜 있을 때는 나의 삶에 길이 보입니다.

하나님 중심, 말씀 중심의 이상향에 혼신의 노력을 기울인다면 주님을 언제나 뵈올 수 있습니다. 그 주님 앞에서 하나님을 찬양하고 그 영광을 위하여 땀 흘리는 결실을 보인다면 주님은 우리의 상상을 초월한 삶의 풍요로움과 행복의 문을 열어주십니다. 우리 주님 예수님을 나의 길이요 진리요 생명으로 모시고 사는 이상향을 그린다면 거기에는 새로운 용기와 힘이 솟아납니다.

20세기 중반 프랑스의 소설가이며 정치가였던 앙드레 말로는 그의 〈정복자〉라는 소설에서 "이 세상의 공허함을 분명히 의식하고 자신의 목표에 대한 집념이 없이는 우리의 힘은 우러나지 않으며 참된 생활이란 있을 수 없다"고 말한 바 있습니다. 그렇습니다. 집념은 우리의 힘이 솟구치게 합니다. 참된 생활을 찾게 해줍니다.

오늘도 성령님은 오직 주님 중심의 이상향을 향하여 집념을 불태우는 사람들과 동행하십니다. 성령님은 쓰러지지 않는 용기를 북돋아 주십니다. 그리고 그 가슴에서 감격의 파도가 일게 하시고 그 입에서 감사가 연발하는 삶을 살도록 역사하십니다.

하나님은 우리에게 시편의 말씀으로 주님만을 바라보고 집념을 불태우는 사람의 행복론을 들려주십니다.

> 하나님, 나를 지켜주소서. 이 몸은 주님께로 피합니다. 여호와께 아뢰옵니다. "당신은 나의 주님, 당신만이 나의 행복이십니다." … 여호와여, 언제나 내 앞에 모시오니 내 옆에 주님 계시면 흔들릴 것 없사옵니다. 그러므로 이 마음 이 넋이 기쁘고 즐거워 육신마저 걱정 없이 사오리다. … 삶의 길을 몸소 가르쳐주시니 당신 모시고 흡족할 기꺼움이, 당신 오른편에서 누릴 즐거움이 영원합니다(시편 16편, 공동번역).

기도합시다.

2018. 7. 1.

그 품에 안기고 싶다

본문 : 누가복음 15:12-24

주제 : 하나님 사랑의 실상

서론

지난 2002년 6월 월드컵 경기 도중 재미있는 일이 많았습니다. 붉은 유니폼을 입은 응원단의 장관을 이룬 모습 속에는 갖가지 일화들이 발생했습니다.

어느 젊은 대학생이 서울 시청 앞에 스크린이 잘 보이는 장소에 자리를 잡았습니다. 그런데 한 사람 건너 맘에 드는 여학생이 있었습니다. 그 남학생은 단단한 마음을 품었습니다. 한 골만 터지면 즉시 달려가 저 여학생을 내 품에 끌어안아야 하겠다는 생각이었습니다. 아니나 다를까 얼마 안 가서 우리 팀이 한 골을 넣었습니다. 이미 준비된 자세인지라 신속히 몸을 날려 그 여학생을 마음껏 끌어안고 뛰면서 환호성을 질렀습니다. 그런데 감각이 이상했습니다. 여자답지 않았습니다. 여성이 가지고 있어야 할 부드러운 근육이 아니라 딱딱한 남성의 근육이었습니다. 알고 보니 머리를 길게 기른 꽃미남이었습니다. 안타깝게도 그가 찾던 품이 아니었다는 이야기입니다.

본문 접근

오늘 우리에게 주신 복음서의 말씀은 심오하고 특수한 진리가 가득하게 쌓인 말씀입니다. 예수님이 들려주신 이 한 편의 비유에는 무수히 많은 메시지가 담겨 있습니다. 우리 기독교 이외의 세계에서도 이 비유의 말씀을 많이 사용하고 있습니다.

오늘의 말씀에서 보여주신 하나님의 품은 인간의 품과는 전혀 다른 모습을 보여주고 있습니다. 스스로 배신의 길을 택하고, 소중한 유산도 탕진해 버리고, 아버지의 품을 멀리 떠난 자식을 기다리는 아버지의 그 고결하고 뜨거운 품을 보여주는 이야기입니다. 인간의 상상을 초월한 아름다운 한 폭의 그림입니다. 더군다나 버려야 할 자식을 반기며 잔치까지 열어준 상상할 수 없는 아버지의 정을 보여주는 한 편의 드라마입니다.

이 말씀이야말로 버림받은 한 인간을 얼마나 사랑하시는지를 뚜렷하게 보여주시는 위대한 진리입니다. 이 말씀을 통하여 수많은 지친 영혼들이 위로를 받고 구원의 품을 찾아들었습니다. 그래서 탕자의 비유는 수많은 그리스도인들의 가슴에서 지워지지 않는 메시지의 보고(寶庫)입니다. 불신자들도 흥미진진하게 경청하는 비유입니다

오늘의 말씀이 그토록 많은 사람들의 마음에 새겨진 이유는 바로 이 비유 속에 높고, 깊고, 넓은 하나님의 품이 우리를 향하여 열려 있기 때문입니다.

율법에 의하여 각인된 하나님의 준엄한 속성이 은혜의 하나님으로 바뀐 거대한 변화의 그림이 인류에게 보이고 있기에, 오늘의 이 탕자의 비유는 수많은 사람들이 매우 좋아하고 있습니다.

주제 부상

미국에서 1970년대 초반에 보았던 광경입니다. 도로를 주행하는 자

동차의 뒷 범퍼에 붙어 있는 글이었습니다. "오늘도 당신의 식구들에게 포옹을 해주셨나요?" 그 의미는 집을 나설 때 자신에게 속한 가족들과 서로 안아 주면서 사랑을 확인하고 나섰는지를 묻는 하나의 캠페인 문구였습니다.

인간은 세상에 태어나서부터 어머니의 품에 안기어 자랍니다. 그래서 자신을 안아 주는 고마운 품을 모두가 좋아합니다. 그래서 인간마다 자신이 안기고 싶은 품을 그리워합니다. 자신을 반기는 품을 그리워하고 그 품을 찾는 것이 인간의 본성입니다.

주제 정의

오늘 본문을 통하여 들려주신 사랑의 품은 어떤 것을 말합니까?

흔히들 우리가 경험한 대로 나를 사랑하고 존경하고 아껴주는 사람만을 향한 그러한 사랑의 품을 의미하는 것이 아닙니다. 나의 육적인 쾌락을 위하여 주고받은 사랑의 품을 말하는 것도 전혀 아닙니다. 인간의 슬픔과 기쁨의 감정을 나누기 위하여 껴안고 있는 그러한 것을 말하는 것도 아닙니다.

영국의 시인 바이런(Byron)은 "먹고, 마시고, 사랑의 포옹을 하라. 그외에 무엇이 우리에게 유익할 수 있겠는가?"라는 말을 남겼습니다. 그러나 이것은 한시적인 인간의 쾌락만을 추구하는 것뿐입니다. 독일의 시인 라이너 릴케(Rainer M. Rilke)는 그의 〈젊은 시인에게 보낸 편지〉라는 작품에서 "사랑의 포옹은 두 고독한 사람이 서로 보호하고, 접촉하고, 인사하는 데에 존재한다"라는 말을 남기면서 단순한 삶의 격식으로 사랑의 포옹을 정의하고 있습니다.

사랑의 품에 대한 사전적 정의는 한 인간을 따뜻이 감싸주는 환경을 비유하는 의미라고 설명합니다. 사실 인간세계에서 한 인간을 안아 주는 품은 사랑의 현주소를 확인해 주는 행위입니다. 자신이 가까이하고 반기는 한 인격의 표현이기도 합니다.

오늘 하나님이 보여주신 사랑의 품은 인간의 것과는 전혀 다른 차원의 것입니다. 집을 떠나 죄악의 물결에 휩싸여 처절한 죄인으로 전락한 자식을 반기는 아버지의 넓고 깊고 높은 사랑의 가슴을 말하고 있습니다. 상속받은 재산을 모두 탕진하고 철저한 걸인이 되어 나타난 자식을 향하여 눈물을 흘리면서 끌어안은 그 위대한 사랑의 행위를 말합니다. 여기서의 사랑의 포옹이란 과거의 허물을 묻지 않고 자신의 모든 것을 내주어 새로운 미래를 안겨주는 것을 의미합니다.

주제의 필요성

목회를 잘하고 있는 어느 제자로부터 전화상담 요청이 왔습니다. 날이 갈수록 은퇴권사님들의 상담이 많아진다고 합니다. 그런데 매우 어려운 상담이기에 어떤 조언을 해야 할지 몰라 전화를 한다고 했습니다. 내용인즉, 황혼이혼을 하고 싶은데 이것이 하나님 앞에 죄가 되는지, 그리고 어떻게 하면 지혜로운 이혼이 되는지 알고 싶다는 질문이 상당히 많다는 이야기입니다.

우리나라가 가입해 있는 OECD 나라 가운데 우리나라는 이혼율과 자살률이 가장 높은 국가에 속해 있다고 합니다. 이러한 현상은 무엇때문입니까? 대답은 매우 간단합니다. 오늘의 탕자의 비유에서 보여주신 하나님 아버지의 그 높고 깊고 넓은 사랑의 품이 우리의 가정과 사회에서 사라졌기 때문입니다.

주제의 실천 방안

하나님이 보여주신 사랑의 품은 어떤 것이라고 우리에게 가르쳐 주고 있습니까?

1. 우리 주님은 오늘의 비유를 통하여 하나님의 품은 세상에서 버림받은 인간을 반겨주심을 말씀하십니다.

〈선포〉

"둘째 아들이 재물을 다 모아 가지고 먼 나라에 가 거기서 허랑방탕하여 그 재산을 낭비하더니 다 없앤 후 그 나라에 크게 흉년이 들어 그가 비로소 궁핍한지라 가서 그 나라 백성 중 한 사람에게 붙여 사니 그가 그를 들로 보내어 돼지를 치게 하였는데 그가 돼지 먹는 쥐엄 열매로 배를 채우고자 하되 주는 자가 없는지라"(13b-16절).

〈해석〉

탕자, 그는 부모의 간섭이 없는 자유의 세상을 추구하였습니다. 그 자유는 자신을 절제하지 못하였습니다. 곧바로 죄악의 파도에 휩싸이게 되었습니다. 그가 받았던 아버지의 교육은 망각의 세계에 접어두었습니다. 그리고 육적인 속성이 이끄는 대로 끌려갑니다. 그에게 재물이 있을 때는 사람들이 그 주변에 모여들었지만 가진 것이 모두 없어질 때 그는 가차 없이 버림받았습니다. 굶주린 배를 채울 길이 없어서 돼지를 치는 일을 얻어 돼지가 먹어야 할 쥐엄나무 열매라도 먹으며 배를 채워보려 했으나, 그에게 먹을 것을 주는 이는 아무도 없었습니다.

그가 머물고 있던 사회에서 그는 완전히 버림받은 몸이었습니다. 이 세상에서는 아무도 반겨주지 않는 몸이었습니다. 그러나 그를 사랑한 아버지는 그 넓은 품을 벌려 그를 반기고 있습니다.

〈적용〉

인간 세계는 언제나 잔인합니다. 자신이 머물고 있는 현장에 필요가 없어지면 모두가 외면해 버립니다. 쓸모가 없는 인간에게는 매정한 눈길만이 있을 뿐입니다. 경제적인 수준이나 교육적인 수준이 자신들의 반열에 들어오지 못할 때는 상대를 해주지 않습니다. 이것이 인간 사회의 현실입니다.

그러나 우리의 아버지 하나님이 가지고 있는 사랑의 품은 전혀 다른 차원입니다. 오히려 이 땅 위에서 우대받은 인간보다는 천대받은 인간에게 더욱 깊은 관심을 가지고 계십니다. 비록 그것이 자신의 부주의에 의해서 발생된 결과일지라도 하나님은 그 버려진 인간을 사랑하십니다. 세상에서 상한 갈대는 일찌감치 제거하지만 우리의 하나님은 상한 갈대도 꺾지 않으십니다. 세상에서 꺼져가는 등불은 일찍이 꺼버리지만 하나님은 그 마지막까지 끄지 않으십니다.

여러분은 세상에서 버림을 받아본 경험이 있으십니까? 홀로 눈물을 흘리면서 외로운 삶의 길을 터벅터벅 걸어보신 적이 있습니까? 그때 "내가 너희를 고아와 같이 버려두지 아니하고 너희에게로 오리라"(요 14:18)는 말씀을 들어 보신 적이 있으십니까? 여러분은 버림받은 사람들에게 여러분이 이미 받은 사랑의 포옹을 주어 본 적이 있습니까? 그 사랑의 품에 안기고 싶다는 부르짖음이 우리의 주변에서는 오늘도 끊임없이 들려오고 있습니다.

2. 우리 주님은 오늘의 복음서를 통하여 하나님의 품은 패배자를 반겨주심을 가르쳐 주십니다.

〈선포〉

"그제서야 그는 제정신이 들어서, 이렇게 말하였다. '내 아버지의 그 많은 품꾼들에게는 먹을 것이 남아도는데, 나는 여기서 굶어 죽는구나'"(17절, 새번역).

〈해석〉

탕자가 정신을 차리고 자신이 직면한 그의 육체와 정신과 환경을 보면서 그는 드디어 자신이 실패한 존재임을 인정하였습니다. 그의 입에서는 서슴없이 처절한 패배자의 몸임을 고백합니다. "내 아버지의 그 많은 품꾼들에게는 먹을 것이 남아도는데, 나는 여기에서 굶어 죽는구나." 이 고백은 단순히 허기진 육체적인 현상만을 고백하는 말이 아닙니다. 뒤돌아본 자신의 과거 앞에 슬퍼하는 통곡입니다. 돌이킬 수 없는 실패자 모습인 자신을 보면서 쏟아 놓은 후회의 고백입니다. 자신의 육체와 영혼이 모두 메말라 죽어가는 것을 경험하면서 실토한 눈물의 탄성입니다.

우리가 사는 인간 사회에서는 패배자에게 주는 상이 없습니다. 환영이 없습니다. 오직 매섭고 차가운 눈길이 있을 뿐입니다. 우대하는 흔적이 없고 냉대만 있을 뿐입니다. 오직 승자에게 칭찬이 있고 뜨거운 포옹이 있을 뿐입니다. 패자가 찾아가야 할 자리도 없습니다. 동성의 눈길도 이제는 흔적을 감추고 없습니다. 오직 승자에게만 따뜻한 보금자리와 화려한 박수가 있을 뿐입니다. 그리고 그 승자를 안아 주려는 포옹의 팔만이 여기저기서 기다리고 있을 뿐입니다.

〈예화〉

지난 월드컵 경기에서 보여준 갖가지 잊을 수 없는 광경들 중에 가장 인상적인 한 장면이 있었습니다. 우리 선수가 상대의 골대 앞에서 제기차기 하는 것처럼 한두 번 공을 튀기더니 시원스럽게 골을 터뜨렸습니다. 바로 그때 히딩크 감독이 두 주먹을 쥐고 흔들면서 팔을 벌리는 장면이 보였습니다. 그때 그 선수가 마치 어린 아이처럼 쏜살같이 달려가서 히딩크 감독 앞에 서서 껑충 뛰어 그의 품에 안기는 것을 보았습니다.

그 순간입니다. 이 설교자의 가슴에는 다음과 같은 두 가지의 질문과 대답이 교차되었습니다.

먼저, "하나님의 품이 너를 향하여 저렇게도 감격스럽게 열려 있다고 생각하는가?" 갑작스럽게 찾아든 질문 앞에 할 말을 잃고 다음과 같이 메모를 했습니다.

"아닙니다. 나를 향한 하나님의 품은 저렇게 감격적이고 열광적이될 턱이 없습니다."

연이어 두 번째의 질문이 찾아들었습니다. "너는 어떤 기록을 가지고 하나님의 품에 저렇게 자신 있게 달려가 안길 수 있는가?"

"없습니다. 저 선수처럼 하나님을 감동시킬 수 있는 성공적인 기록이 저에게는 전혀 없습니다."

이러한 고백을 하자마자 눈시울이 뜨거워지고 부끄러운 고개를 떨어뜨렸습니다. 순간적으로 심각할 정도로 우울했습니다.

그 순간 오늘의 탕자의 비유를 통한 음성을 듣게 되었습니다. 우리 주님은 오늘의 말씀을 통하여 하나님의 품은 이 땅 위에서 성공적인 기록을 남기지 못했더라도, 부끄러운 실패자의 기록으로 가득할지라도 아버지 하나님만 찾아 발길을 돌려 그 앞에 도달하면 어떤 실패자도 그 품에 안아 주신다는 사실을 가르쳐 주십니다.

실패로 얼룩진 인생들에게는 진정한 Good News입니다. 복된 소식입니다.

여러분의 품은 아직도 성공한 인간들만을 안아 주고 계십니까?

아니면 후회와 눈물로 지새운 실패자들도 안아 주십니까?

지금 우리의 주변에 수많은 패배자들은 완전히 실패한 아들을 안아 주었던 그 아버지의 품을 찾고 있습니다. 그 품에 안기고 싶다고 부르짖고 있습니다.

3. 우리 주님은 오늘의 복음서를 통하여 하나님의 품은 죄인 된 인간들을 반겨주심을 보여주십니다.

〈선포〉

"내가 일어나 아버지에게 돌아가서, 이렇게 말씀드려야 하겠다. 아버지, 내가 하늘과 아버지 앞에 죄를 지었습니다. 나는 더 이상 아버지의 아들이라고 불릴 자격이 없으니, 나를 품꾼의 하나로 삼아 주십시오"(18-21절, 새번역).

〈해석〉

정신을 차린 탕자는 자신의 의지와 결단의 결과가 실패의 차원을 넘어서 하나님 앞에, 그리고 부모님 앞에 죄인이 되었음을 알게 됩니다. 그는 죄인 된 몸으로 이방 땅에서 죽음으로 서서히 침몰되어 감을 인식하게 되었습니다.

그럴 때 그는 발길을 옮깁니다. 그는 드디어 방향을 바꿉니다. 지금까지 머물던 세계를 벗어나 아버지의 품을 찾아 나섭니다. 그리고 그 앞에서 정직한 고백을 합니다.

"아버지, 내가 하늘과 아버지 앞에 죄를 지었습니다."

"이제 아들이 아니오라 품꾼으로 아버지 곁에 있게 해주십시오."

아버지는 그가 저지른 과거의 죄에 대한 분석이나 보고나 추궁이 없었습니다. 오직 사랑의 품에 그 죄인 된 아들을 꽉 껴안을 뿐입니다.

〈적용〉

우리가 가지고 있는 품은 착하고 예쁜 사람만 안아 줍니다. 내가 낳은 자식도 미울 때는 안아 줄 생각이 전혀 없습니다. 그러나 그 자식이 눈물을 흘리면서 "아빠! 엄마! 잘못했어요"하면서 울부짖으면 어떤 강퍅하고 엄격한 부모라도 함께 눈시울을 적시며 �꽉 안아 주고 용서합니다. 그리고 새롭게 사랑합니다. 이것이야말로 진정한 의미에서 창조의 질서입니다.

인간은 하나님 앞에 죄인일 수밖에 없습니다. 그러나 그 넓고 깊고 높은 용서의 가슴을 신뢰하고 찾아올 때 그 하나님의 품은 언제나 뜨겁게 우리를 안아 주십니다. 마치 어떤 잘못을 저질러도 언제나 열려 있는 어머님의 품과 같습니다.

죄인을 안아 주시는 주님의 품은 인간 사회에서는 구경할 수 없는 특수한 모습을 가지고 있습니다. 그 얼굴에 침을 뱉어도 분노의 눈길 한 번 주시지 않고 우리를 향하여 팔을 벌리고 그 품에 우리가 안기기를 원하십니다. 조롱과 멸시를 당하셔도 우리를 향한 뜨거운 품은 식지를 아니하십니다. 머리에 가시 면류관을 눌러 씌어 이마에 피가 솟아나도, 채찍을 맞아 멍이 들어도 아프시다는 한 마디의 말도 없이 오직 우리를 향한 사랑의 두 손을 벌리고 우리를 부르시고 계십니다. 그 옥체에 창이 깊숙이 꽂혀 그 온몸에 물 한 방울, 피 한 방울 남김없이 다 흘러도 우리의 과거를 묻지 않고 오직 사랑의 품만을 우리에게 내어주십니다.

여러분은 의인만을 사랑하는 품을 펼치시렵니까? 착하고 충성된 사람들만을 반기는 품을 소유하시렵니까? 나의 가슴에 통증을 안겨주는 사람들은 어떻게 하시렵니까? 죄인 된 우리 자신을 반겨주시는 주님의 품에 안기고 싶습니까? 그렇다면 우리의 사랑의 품도 넓어져야 합니다. 깊어져야 합니다. 높아져야 합니다.

주제 실천의 결과

하나님은 이미 우리를 그의 넓고 깊고 높은 품에 안고 계십니다. 우리가 백발이 되기까지 그 품에 우리를 안아 주신다고 말씀하십니다. 어떤 역경에서도, 실패의 현장에서도, 어떤 죄인 된 몸일지라도 우리를 품어 주시고 구하여 주신다고 하십니다. 이 얼마나 행복한 일입니까? 진정한 행복은 하나님의 품을 경험하고 그 품을 내 가정과 내 이웃에게 펼치는 데 있습니다.

결론

히브리서 11장을 통하여 하나님은 분명히 말씀하십니다.

우리가 비록 탕자와 같이 자신의 잘못으로 세상에서 버림받고, 패배자가 되고, 죄인이 되더라도, 하나님 앞에 진정 부끄러운 사연이 가득한 데도 말씀하십니다.

> 하나님은 우리의 하나님이라 일컬음 받으심을 부끄러워하지 아니하시고 우리를 위하여 한 성을 예비하셨느니라(히 11:16 참조).

그렇습니다.
우리가 최종적으로 안기어야 할 곳은 주님의 품입니다.
그곳에 진정한 평화가 있습니다.

거기에 항상 기쁨이 있습니다.

거기에 진정한 감동의 찬송이 있습니다.

그 품에서는 겁과 두려움이 없습니다.

그 품만이 영원하십니다.

하나님은 이사야를 통하여 말씀하십니다.

"배에서 태어남으로부터 내게 안겼고 태에서 남으로부터 내게 업힌 너
희여 너희가 노년에 이르기까지 내가 그리하겠고 백발이 되기까지 내
가 너희를 품을 것이라 내가 지었은즉 내가 업을 것이요 내가 품고 구하
여 내리라"(사 46:3b-4).

하나님의 말씀입니다. 기도합시다.

2003. 10. 7.

아리마대 사람 요셉

본문 : 마가복음 15:37-47

주제 : 이해타산이 없는 담대한 신앙

서론

하나님은 언제나 66권의 성경을 통하여 우리 영육의 숨결이 이어지는 생명의 양식을 주십니다. 그 양식은 준엄한 말씀을 통하여 주시기도 하고, 역사와 인물들을 통하여 주시기도 합니다. 때로는 어떤 사건을 통하여 심오한 진리를 깨닫게 하십니다. 이 생명의 양식은 단순한 한 인간의 지성적인 기능에 의함이 아니라, 성령님의 역사하심에 의하여 뜻밖의 진리를 깨닫게 하십니다.

성경에는 많은 인물들이 하나님에 의하여 쓰임을 받았습니다. 우리는 성경에 등장한 인물들이 하나님의 손에 의하여 무슨 목적으로 어떻게 쓰임을 받았는지를 많이 듣고 배웠습니다. 그동안 일반적으로 모세나 여호수아, 엘리야 같은 선지자들을 비롯하여 베드로, 요한, 바울에 이르기까지 크게 쓰임 받은 인물들을 집중적으로 듣고 그들을 통하여 주신 메시지를 많이 받았습니다.

반면에 성경에 한두 번 나온 이름에는 관심을 두지 않고 스쳐가는 경우가 많았습니다. 오늘의 본문에 나타난 아리마대 사람 요셉도 별로 우리의 관심을 끌지 못한 사람입니다. 그래서 성경을 읽은 사람마다 그 이름을 대수롭지 않게 생각하고 넘깁니다.

이 설교자도 그의 이름과 그의 행동에 대한 기록만 보았을 뿐, 그를 통한 메시지는 한 번도 깊이 생각해 본 적이 없습니다. 예수님이 십자가 위에 매달리시고 죽으시고 부활하신 것만 마음에 두었습니다. 그런데 어느 날 십자가 위에서 "다 이루었다"는 함성을 지르시고 운명하신 주님의 시신을 연상해 보았습니다. 그리고 누가 그 시신을 어떻게 돌무덤에까지 안치하였는지에 관심을 갖게 되었습니다. 4복음서를 읽으면서 깊이 명상을 하였습니다. 거기 아리마대 사람 요셉이라는 이름이 떠오르고 하나님이 그를 통하여 주신 메시지가 가슴에 깊이 새겨졌습니다.

본문 접근과 재경청

오늘의 본문에 나타난 인물 아리마대라는 지역 출신 요셉이라는 사람은 4복음서마다 마지막 부분에 딱 한 번 등장합니다.

아리마대라는 성읍은 별로 잘 알려지지 않는 지역인데 그곳에서 예루살렘에 들어와 사는 거주민으로서 요셉은 의외의 출세를 한 사람입니다. 인간적으로는 선하고 의로운 인격을 갖추었습니다. 경제적으로는 부자가 된 사람이고, 사회적으로는 산헤드린이라고 일컫는 최고 종교회의의 의원이었습니다. 산헤드린 공의회에서 예수님을 사형에 처하는 결의를 할 때는 니고데모와 함께 부표를 던져 동료들의 눈총을 받았고, 신앙적으로는 예수님의 지극히 소극적인 제자들 중에 하나였습니다.

산헤드린 공의회는 70명 정도가 모인 유대인들의 최고 통치 기관이었습니다. 최고의장은 대제사장으로 그 구성원은 제사장, 장로, 서기관들로 구성되어 있었습니다. 그리고 공회의 다수는 바리새인들이 차지했습니다.

이 공회의 중요 기능은 백성들의 종교생활과 일상생활에 관해 재판하는 일이었습니다. 공회의 판결을 통해 벌금형이나 태형을 선고하고 경찰권을 행사할 수 있을 만큼 공회의 권한은 막강했습니다(요 7:32). 오직 사형은 집행할 수 없었는데 사형집행권은 로마에 속한 권한이었기 때문입니다(요 18:31). 이 공회는 안식일과 특별 절기를 제외하고는 매일 열렸습니다. 회의 장소는 회의가 열리는 시간에 따라 달랐습니다. 우리 주님 예수님은 대제사장 가야바의 집 뜰에서 열린 공회에서 재판을 받으셨고(마 26:59), 베드로, 요한(행 4:15), 스데반(행6:12), 바울(행 23:1-10)은 이 공회에서 심문받았습니다.

아리마대 사람 요셉은 바로 이러한 막강한 공회의 의원이었습니다. 그런데 그에게 가장 아쉬운 부분은 유대인들의 비위에 거슬리거나 마찰을 일으킬 일에는 언제나 나서지 않고, 자신의 입신양명(立身揚名)에 매우 민감한 사람처럼 보이는 부분입니다. 요한복음 19장에서는 "예수님의 제자이면서도 유대인 지도자들이 두려워서 자기가 제자라는 것을 숨기고 있었다"고 기록하고 있습니다. 그는 조용히 안일하게 혼자서 예수님을 따르는 제자로서 하나님의 나라를 기다리는 신앙인이었습니다. 그래서 사도들의 환영이나 관심을 받지 못하였고 예수님의 공생애 동안 어디에도 그 이름이 등장하지 않습니다.

때는 우리 주님 예수님께서 십자가 위에서 처절하게 죽으신 금요일 오후였습니다. 그때의 분위기는 매우 살벌하였습니다. 그래서 베드로를 비롯한 그의 추종자들은 모두 도망을 치기에 여념이 없었습니다. '잡히면 나도 저렇게 죽는다'는 공포심이 만연해 있었기 때문입니다.

이 살벌한 분위기가 계속되고 있던 금요일 오후는 평소와는 다른 시간입니다. 금요일 해가 질 무렵에 시작하여 토요일 해질녘에 마치게 되는 안식일에는 시신을 만지는 것이 일체 허용되지 않았습니다. 십자가 위에 주님의 시신이 몇 시간만 그대로 방치된다면 안식일이 끝나는 토요일 저녁까지 그 시신이 어떻게 손상될지 모르는 참으로 안타까운 시간이었습니다. 예수님의 제자들도, 마리아도 멀리서 쳐다만 볼 뿐 시신을 어떻게 모실 것인지 감히 엄두도 못 내고 떨고만 있던 시간이었습니다.

이때 아리마대 사람 요셉이 등장합니다. 요셉은 자신의 행동이 대제사장들의 비위를 거스르는 일이며, 불이익이 자신에게 다가올 것이라는 것을 예상하면서도 빌라도를 만납니다. "제가 예수님의 시신을 모셔다 장사 지내려 하오니 시신을 저에게 주십시오." 하는 당돌한 요청을 합니다. 그때 빌라도는 예수님이 벌써 죽었을까 하는 생각을 하면서 백부장을 불러 십자가 위의 예수님이 "확실히 죽었고, 죽은 후 시간이 충분히 지났는지"를 확인하는 질문을 합니다(막 15:44). 그 이유는 어떤 사람은 십자가 형틀 위에서 3일을 살아 있었던 일이 있었기에, 살아 있는 예수님의 시신을 모셔가서 3일 후에 거짓 부활을 조작할 가능성을 염두에 두고 죽음을 확인했습니다. 예수님의 완전한 죽음을 확인한 빌라도는 요셉에게 그리스도의 시체를 십자가에서 내려 그가 원하는 대로 할 수 있도록 위임했습니다.

아리마대 요셉이 그의 종들과 함께 갈보리 산정에 우뚝 솟은 십자가에 매달린 주님 앞에 다가갔습니다. 주님의 시신은 가시관에 찔린 머리의 상처, 쇠못에 박혀 부서진 두 손과 두 발의 상처, 창으로 찔린 옆구리의 상처에서 나온 피로 물든 참으로 눈을 뜨고 볼 수 없는 야윈 시신이었습니다. 로마의 억센 군인들이 튼튼히 세운 십자가 위에 매달린 주님의 시신을 더 이상의 상처를 입히지 않고 안전하게 내린다는 것은 매우 어려운 일이었습니다. 정성을 다해 어렵게 내린 주님의 시신은 요셉과 그 수하들의 손에 의하여 해가 지기 전에 서둘러 씻게 되었고, 준비해 간 새로운 세마포로 쌌습니다. 이때 니고데모도 함께하였습니다 (요 19:39). 그리고 요셉은 자신을 위해 만들어 놓은 바위 속에 판 무덤에 주님의 시신을 정중히 모셨습니다. 유대인의 관습대로 거대한 돌을 굴려 무덤의 입구에 놓았습니다.

이상이 아리마대 사람 요셉이 무엇을 어떻게 했는지에 대한 이야기의 줄거리입니다.

깨닫게 된 메시지

우리 주변에는 다양한 인간들이 존재합니다. 평소에 용기가 넘쳐나 매우 적극적으로 신앙생활을 하면서 용기 있는 그리스도인으로 살았는데, 어느 날 교회에 어려운 문제가 생기면 막상 흔적을 감추는 사람이 있습니다. 반면에, 평소에 용기가 없고 수줍어하고 소극적인 사람이었는데, 막상 어려운 문제가 발생했을 때 아무도 흉내 낼 수 없는 대담무쌍한 인물로 등장하여 주변을 놀라게 하는 사람도 있습니다.

바로 아리마대 사람 요셉과 같은 인물입니다. 이 사람을 주목하여 보면서 깊은 명상을 합니다. 메시지를 깨닫게 해달라는 기도 중에 다음과 같은 질문을 하게 됩니다.

먼저, "하나님은 무슨 뜻이 있으시기에 하나님의 말씀으로 엮인 성경에 아리마대 사람 요셉의 이름을 담아 주셨을까? 그를 통하여 무슨 메시지를 하나님은 오늘 우리에게 주고 계시는가?" 하는 질문입니다.

오늘 우리가 맑은 정신과 순결한 믿음의 눈과 귀를 열고 기도하면서 아리마대 사람 요셉을 함께 보십시다. 그의 뜻밖의 돌출 행위를 유심히 보노라면 성령님의 인도하심을 통하여 다음과 같은 중요한 메시지를 받게 됩니다.

본론

1. 하나님은 지극히 소극적으로 주님을 섬겨 온 사람도 때가 되면 들어 쓰신다는 진리를 가르쳐 주십니다.

아리마대 사람 요셉은 자기 안일과 이익을 추구하는 데 급급하던 사람처럼 보입니다. 예수님을 따르기는 하지만 언제나 뒷전에 서 있던 사람이었습니다. 살벌한 분위기에 바른 말 한번 똑 부러지게 하지 못했던 사람으로 보입니다. 그런데 무슨 이유로 하나님은 그러한 소극적인 믿음의 사람을 등장시켜 우리 주님의 시신을 모시게 했는지 참으로 미스터리에 속합니다.

여기서 우리가 새롭게 깨달아야 할 메시지가 있습니다.

하나님은 역시 인간 사회에서 인정받는 자녀만을 소중히 여기시지 않고, 지극히 소극적으로 주님을 섬겨 온 사람도 때가 되면 들어 쓰신다는 위대한 메시지를 주고 계십니다. 우리는 흔히들 일손이 필요할 때 멀리서 자신의 이익만을 챙기고 있는 형제자매들을 보면서 미워한 때가 있습니다. 피리를 불면 함께 춤을 추고, 애곡을 하면 함께 눈물을 흘려주면 참 좋으련만 그렇지 못한 사람들을 종종 봅니다.

〈예화〉

이 설교자는 1970년대 중반에 이민목회를 개척하여 땀과 눈물을 흘리면서 지내던 만 3년의 짧은 목회현장의 경험이 있습니다. 그때 저와 함께 교회를 일구는 데 적극적으로 희생봉사를 했던 형제자매들을 잊을 수가 없습니다. 몇 년 전 35여 년 만에 그 교회를 찾아 함께 예배를 드리고 교인들을 만나게 되었습니다.

초기 개척 멤버들 가운데 다섯 가정만 남아있었습니다. 놀라운 사실은 그 다섯 가정 모두가 제가 목회할 때 한 달에 한두 번 정도 예배에 참석할 정도로 참으로 소극적인 성도들이었다는 점입니다. 그때 저는 그분들을 사랑하기보다 원망했습니다. 좀 더 뜨겁고 적극적으로 움직여 주기를 원했으나, 끝내 그러한 모습을 보지 못하고 저는 귀국했습니다. 그런데 그분들이 지금까지 40년이 다 되도록 그 교회를 지키고 중심된 훌륭한 일꾼들이 되어 있었습니다. 저는 그분들의 손목을 붙잡고 고맙다는 말을 수십 번을 하면서 돌아왔습니다. 그때 스펄전 목사가 남긴 설교의 한 대목이 떠올랐습니다.

"교회에서 중요한 하나님의 일꾼이 사라진다고 하여도 또 다른 그리스도의 일꾼이 그곳에 등장하며 여호와께서 그로 자기의 증거를 삼으신다."

맞는 말입니다. 하나님은 적극적인 주님의 자녀만 사랑하시고 귀히 쓰신 것이 아니라, 소극적이고 모자란 자녀도 때가 되면 들어 쓰신다는 큰 진리입니다.

지금 돌이켜보면, 이 설교자는 적극적인 사람들만을 너 좋아하고 사랑했던 부끄러운 기록을 많이 저지른 사람입니다.

예수님은 믿음이 작은 자들을 책망하셨지 소극적으로 움직이는 무리를 책망하시지 않았습니다. 오히려 그들을 사랑하시고 기다려 주셨습니다. 하나님은 바울을 통하여 말씀하십니다.

"믿음이 약한 사람을 따뜻이 맞아 주고 그의 의견을 함부로 비판하지 마십시오"(롬 14:1, 현대인의 성경).

"믿음이 강한 우리는 믿음이 약한 사람들의 약점을 돌보아 주어야 한다. 우리는 자기에게 좋을 대로만 해서는 안 됩니다"(롬 15:1, 새번역).

주님은 우리의 심중에 겨자씨 한 알만한 믿음이 있다면 그것이 언제인가 자라서 위력을 발하게 됨을 말씀하십니다(마 17:20).

하나님은 아리마대 사람 요셉을 통하여 놀라운 사실을 보여주십니다. 비록 소극적인 신앙인으로 살아온 요셉이지만 때가 되어 그를 세상을 놀라게 하는 도구로 쓰셨습니다.

오늘 이 자리에 주님을 섬기는 믿음은 있지만 지극히 소극적인 믿음의 생활과 활동을 하고 있는 분들이 계십니까? 하나님이 함께하시면 언젠가는 세상을 놀라게 하는 믿음의 큰 그릇으로 쓰임 받게 될 것입니다. 이 자리에 남달리 적극적으로 주님을 섬기면서 소극적인 형제자매를 아쉽게 생각하는 분들이 있습니까? 지금 우리 인간의 눈으로 볼 때는 아쉬움이 많을 정도로 소극적이지만, 하나님은 때가 되면 그들을 아리마대 사람 요셉처럼 들어 훌륭하게 쓰십니다.

주님의 제자들 가운데 어느 누구도 공포에 질려 감히 예수님의 시신을 맡겠다고 나서지 못하고 있을 때, 하나님께서는 아리마대 사람 요

셉을 세워 니고데모의 협조를 받아 역사에 길이 새겨질 이처럼 위대한
봉사를 하게 하셨습니다.

2. 하나님은 아리마대 요셉을 통하여 담대한 신앙의 실체를 보여주셨습니다.

> "주님, 나는 주님과 함께 감옥에도, 사형장에도 갈 준비가 되어 있습니다"(눅 22:33, 현대인의 성경).

이렇게 자신만만한 고백을 했던 베드로마저도 모두 도망을 칠 정도로, 성금요일 오후는 살벌한 분위기였습니다. 아무도 나는 예수 그리스도의 사람이라고 나서는 사람이 없었습니다. 모두가 예수님과는 아무 관계가 없는 사람들처럼 말하고 행동했습니다. 그러하기에 감히 십자가 위에 매달린 주님의 시신을 모시겠다고 하는 사람은 아무도 없었습니다. 만약 예수님을 위한 태도를 취한다면 그것은 목숨을 포기한 무모한 행동이 될 수밖에 없었습니다.

아리마대 사람 요셉은 바로 이때 등장하여 목숨을 걸고 빌라도를 찾아가서 예수님의 시신을 모시도록 해달라는 청을 합니다. 유난히도 유대 종교지도자들의 눈치를 보던 그 사람이었습니다. 예수님을 따르는 제자 된 신분을 감추면서 살아왔던 사람이었습니다. 권력의 실세들과 마찰을 일으키지 않아야 자신의 자리를 지킬 수 있는 사람이었습니다. 성금요일의 예루살렘 분위기는 예수님을 십자가 사형에 처한 바리새인들을 비롯한 종교인들이 살기등등한 자세로 날뛰는 밝은 대낮이었

습니다. 이러한 환경을 직접 보고 있던 산헤드린 공회의원 요셉이 전면에 나선다는 것은 도저히 상상할 수 없는 일입니다.

그런데 하나님은 우리에게 오늘 이 시간 아리마대 요셉의 대담한 신앙인의 모습을 보여주십니다. 오늘의 본문말씀을 조금만 주의를 기울여 읽어보면, 이 분의 담대한 신앙인의 모습 앞에 머리가 숙여집니다. 나에게 이 분처럼 주님을 위하여 목숨을 건 용기 있는 신앙이 솟구치는 순간이 있었는지 깊은 반성을 하게 합니다.

나폴레옹 1세(Napoleon Ⅰ세)를 격파한 영국의 장군이자 정치가였던 웰링턴(Wellington)은 "무서움을 알고, 그런데도 그것을 무서워하지 않는 자만이 참다운 용기의 소유자이다"라는 말을 남겼습니다. 그런데 보통사람들은 무서움을 보고 두려움을 느끼고 주저하는 것이 일반적인 상식입니다.

많은 시간 우리는 그리스도인으로서 대담한 용기가 부족함을 경험할 때가 많습니다. 그러나 하나님은 우리의 신앙이 언제나 어려울 때, 부담스러울 때, 힘들 때 용기 있게 나타나기를 원하십니다. 그러하기에 하나님은 사도들의 입에서 다음의 고백을 이어가도록 하셨습니다.

"우리가 살아도 주를 위하여 살고 죽어도 주를 위하여 죽나니 그러므로 사나 죽으나 우리가 주의 것이로다"(롬 14:8).

이 말씀은 주님을 사랑하되 자신의 목숨까지 바쳐 사랑하는 용기가 담겨 있다는 깊은 뜻이 있습니다.

<예화>

　노벨문학상을 수상하고 20세기 문학의 진전에 지대한 공헌을 남긴 앙드레 지드(1869-1951)가 성공적인 연인들을 위한 말을 다음과 같이 남겼습니다.

> "사랑을 하는 자의 첫째 조건은 그 마음이 순결해야 한다. … 마음과 뜻이 흔들림이 없어야 한다. 하나님 앞에서도 부끄러움이 없고 동요함이 없어야 한다. 동시에 대담성이 있어야 한다. 장애물에 굴하지 않는 용기를 지녀야 한다. 이와 같은 조건이 갖추어졌다면 그것은 참된 애정이고 진실한 연애이다."

　지드의 말을 음미하면서 다음과 같은 질문을 해봅니다.

　나는 나의 주님 예수님 앞에 순결한 사랑이 있는가? 주님을 향한 마음과 뜻이 흔들림 없는가? 아무 부끄러움이 없이 튼튼하게 뿌리를 내리고 있는가? 주님을 위하여 목숨도 내놓을 수 있는 대담한 용기가 나에게 있는가? 주님을 위해 어떤 장애물에도 굴하지 않고 오로지 전진할 수 있는 진실한 사랑이 나에게 있는가?

　십자가 위의 예수 그리스도님은 우리의 죄를 담당하시고 십자가 위의 제물이 되신 구원의 주님이십니다. 이제 그 주님의 옥체가 찢기시고 피 한 방울 남김없이 다 흘리신 채 싸늘한 시신으로 십자가 위에 방치해 놓았습니다. 아무도 그 시신을 모시려는 사람이 없습니다. 모두가 고개를 돌리고 돌아섭니다. 불안과 공포 속에 도망을 칩니다. 해가 지기 전에 그 시신을 정중히 모셔야 하는데….

누가 나서서 주님의 시신을 모시겠습니까? 누가 목숨을 걸고 나서는 대담한 용기를 보이겠습니까? 누가 빌라도를 찾아가 주님의 시신을 달라고 요청하겠습니까? 누가 피로 물든 그 시신을 씻기고 세마포로 싸서 자신을 위하여 준비한 무덤에 모시겠습니까?

아무리 굳은 신앙이 내게 있더라도 침묵으로 가슴속에 품고만 있다면 높은 평가를 받을 수 없습니다. 어떤 대가를 치르고라도, 아니 목숨을 걸고라도 실천하는 용기가 필요합니다. 하나님은 아리마대 사람 요셉을 통하여 주님을 향한 진실한 사랑은 자신의 물질과 목숨까지도 내놓는 담대하고 행동적인 용기가 필요함을 오늘 우리에게 보여주십니다.

3. 하나님은 아리마대 요셉을 통하여 진정한 신앙은 이해타산이 연결되지 않음을 깨닫게 하십니다.

이해타산이란 자신에게 어떤 일이 이익이 되는지 손해가 되는지를 이모저모로 따져 헤아려보는 것을 말합니다. 인간이란 뛰어난 이성의 기능을 갖추고 태어난 피조물입니다. 그래서 말을 하고 사물을 보고 판단하는 인지능력이 조금이라도 있다면 언제 어디서나 이해타산을 먼저 계산하기 마련입니다.

예수님이 떡 다섯 덩이와 물고기 두 마리로 5천이 넘는 사람들을 배불리 먹이고, 난치병 환자들을 척척 고치시고, 죽은 자를 살려 내실 때 그 인기는 하늘 높이 치솟았습니다. 예수님을 모시고 다녔던 제자들도 이러한 기적의 현장에서 기고만장했습니다. 많은 군중은 너도 나도 할 것 없이 자신들이 희망하는 모든 것을 예수님만 따르면 얻을 수 있다는 판단을 하고 예수님 앞에 인산인해를 이루었습니다.

이러한 예수님의 행적을 아리마대 요셉은 유심히 보아왔습니다. 예수님의 숨어 지낸 제자로서 많은 생각을 하면서 살아온 사람입니다. 혹시 여러분 가운데 이런 생각을 해보신 분이 있으십니까? 아리마대 요셉은 남다른 영특한 머리를 가진 사람이기에 혹시 다음과 같은 생각을 품고 예수님의 시신을 모신 것은 아닐까 가상을 해보십시다.

하나, 저렇게 방치해 놓은 하나님의 아들 예수님의 시신을 모시면 내게 큰 복이 내려 자자손손 행복을 누릴 것이다. 둘, 인류 역사에 나의 이름이 길이 남아 칭송을 받고 흠모의 대상이 될 것이다. 셋, 예수님이 부활하셔서 세상의 권세를 제압하고 나설 때 나는 그의 우편에서 칭찬받는 제자가 될 것이다. 넷, 하나님의 나라가 임할 때 나는 이 공적을 인정받아 좌정승이나 우정승이 될 것이다.

그럴듯한 항목들입니다. 그러나 아리마대 요셉의 행적에서는 이러한 엉뚱한 가상들이 전혀 맞지 않습니다. 가상해 본 이러한 이해타산은 상대가 생명을 유지하고 그 지위를 누릴 때 가능한 항목들이기 때문입니다. 시신 앞에서는 있을 수 없는 것들입니다.

보십시오. 예수님이 십자가 위에서 힘없이 매달려 죽게 되자 자신들의 이해타산이 잘못되었음을 알고 모두가 실망을 하고 뿔뿔이 다 흩어졌습니다. 우리 속담에 "정승 집 개가 죽으면 문지방이 닳도록 사람이 많아도, 막상 정승이 죽으면 파리만 날린다"는 속담이 있습니다. 죽은 시신 앞에서는 어떤 기대도 희망도 찾을 수 없기 때문입니다.

진정 갈보리 산 정상에 우뚝 솟은 십자가 위에 덜렁 매달려 있는 예수님의 시신을 볼 때, 모든 소망은 사라지고 맥이 빠지는 상태였습니다. 오히려 공포와 허무와 실망만이 가득한 순간입니다. 그래서 모두가 그 시신을 외면한 채 뿔뿔이 흩어지고 말았습니다.

이때 하나님은 아리마대 요셉을 불러내 아무도 경험할 수 없던 귀하고 아름다운 역사를 감당하게 하셨습니다. 아무런 이해타산과 연결될 수 없는 우리 주님의 시신을 십자가에서 내려 그 가슴에 두 팔로 힘껏 껴안을 수 있게 하십니다. 생전에 그리던 그 주님의 가슴을 자신의 가슴에 부여안고 슬픔의 눈물을 흘리게 하십니다. 말없는 주님의 시신 앞에 자신의 뜨거운 사랑을 행동으로 실토하게 하십니다. 하나님은 그를 통하여 진정으로 주님을 사랑하는 사람이 취해야 할 기본자세를 보여주십니다. 오직 주님을 섬기는 진정한 열정과 실천이 어떤 것인지를 깨닫게 하십니다.

기독교는 인간의 이해타산을 뒤로하는 종교입니다. 오늘 한국의 많은 그리스도인들이 탈선의 길을 걷고 있습니다. 타 종교처럼 소원성취, 부귀영화, 무병장수에 초점을 맞추고 이해타산에 급급한 종교인들로 전락하고 있습니다. 우리 주님은 철저히 인간의 이해타산을 배제합니다. 오히려 누구든지 오리를 가자고 하면 십리를 가주고, 겉옷을 달라면 내의까지 주고, 오른 뺨을 치거든 왼 뺨까지 대주라(마 5:39-41 참조)고 가르치십니다. 그리고 자신을 위한 섬김은 철저히 외면하고 남을 위한 섬김에 최선을 다할 것을 가르치시면서 우리 주님의 심중에 담겨 있는 섬김의 사상을 분명하게 외치십니다.

"나는 섬김을 받으러 온 것이 아니라 섬기러 왔으며 많은 사람의 죄값을 치르기 위해 내 생명마저 주려고 왔다"(막 10:45, 현대인의 성경).

우리의 주님 예수님은 이 가르침을 십자가의 대속의 죽음으로 실천하셨습니다. 그 주님이 십자가 위의 싸늘한 시신으로 십자가 위에 버려져 있을 때는 가장 무력한 주인공이 되었습니다. 아무런 이해타산이 연결될 수 없는 시신이었습니다. 그때 아리마대 요셉이 나타나 그 시신을 모시려 합니다. 자신에게 불이익이 있을 뿐 아니라 아무런 유익이 발생될 수 없다는 사실을 훤히 알면서도 무거운 발길을 내디뎠습니다. 소극적이었지만 사랑했던 주님이시기에 이해관계를 이모저모로 따져볼 필요 없이 주님의 시신을 모시려는 뜨거운 사랑이 매우 세차게 북받쳐 올랐습니다.

과연 오늘 나도 주님을 모시는 것이 불이익, 공포, 절망, 그리고 손실만을 가져올 것이 뻔한 순간에도 주님을 향한 사랑이 용솟음칠 수 있을지 이 시간 하나님이 물으신다면 그 대답은 어떻게 준비되어 있습니까?

결론

주님을 사랑한다는 함성은 요란합니다. 나의 이해타산이 맞아 떨어지는 현장에는 그리스도인들이 가득합니다. 그러나 하나님의 자녀이기에 감수해야 할 고단하고 아픈 현장, 고독과 슬픔이 가득한 현장, 실패와 좌절의 현장에는 그리스도인들이 보이지를 않습니다. 어느 때인가 어느 장소에 용기 있게 나서야 할 그리스도인들이 모두 자취를 감춥니다. 교회를 벗어나면 그리스도인의 옷을 벗은 하나님의 자녀들이 너무 많습니다. 소극적인 그리스도인으로 속세의 한복판 그 넓은 길에서 함께 춤을 추고 있는 주님의 자녀들이 허다합니다.

하나님은 오늘도 아리마대 사람 요셉을 통하여 우리도 언제나 담대한 신앙의 소유자들로 살아가기를 원하십니다. 어떤 이해타산도 하지 않고 순수한 십자가 위의 주님만 쳐다보기를 원하십니다. 어떤 위험도 고통도 감수하고 나서는 뜨거운 사랑을 십자가 앞에 내놓기를 원하십니다.

우리 주님은 십자가 위에서 대속의 죽음으로 끝을 맺지 않으셨습니다. 그 죽음을 박차고 부활하셨습니다. 다시 오신다는 약속을 남기시고 승천하셨습니다. 우리 모두는 주님이 다시 오실 때에 부활하여 주님을 뜨겁게 사랑하고 그 품에 안기는 영광을 맞이해야 합니다.

우리 주님이 말씀하십니다.

"보라 내가 속히 오리니 내가 줄 상이 내게 있어 각 사람에게 그가 행한 대로 갚아 주리라 나는 알파와 오메가요 처음과 마지막이요 시작과 마침이라"(계 22:12-13).

주님의 말씀입니다. 기도합시다.

2017. 7. 2.